高等院校**电子商务类**
新形态系列教材

U0683898

电子商务
系统分析与设计

微课版 第2版

胡雷 黄红丽◎主编

周倜 叶李 吴小丽◎副主编

Electronic
Commerce

人民邮电出版社
北京

图书在版编目（CIP）数据

电子商务系统分析与设计：微课版／胡雷，黄红丽
主编. -- 2版. -- 北京：人民邮电出版社，2025.1
高等院校电子商务类新形态系列教材
ISBN 978-7-115-64377-3

Ⅰ. ①电… Ⅱ. ①胡… ②黄… Ⅲ. ①电子商务－系
统分析－高等学校－教材②电子商务－系统设计－高等学
校－教材 Ⅳ. ①F713.36

中国国家版本馆CIP数据核字(2024)第091790号

内 容 提 要

本书共 11 章，第 1~5 章介绍了电子商务系统的相关概念、开发方法、建模语言、开发基础及电子商务项目管理；第 6~8 章介绍了电子商务系统规划、分析与设计的相关内容；第 9~10 章介绍了电子商务系统实施的内容及步骤，并对系统的日常运行维护工作进行了说明；第 11 章介绍了以电子商务系统分析与设计为主的 11 个实验项目。

本书可作为高等院校电子商务、跨境电子商务、信息管理与信息系统等专业相关课程的教材，也可作为从事电子商务系统分析与设计、项目管理等相关工作人员的参考书。

- ◆ 主 编 胡 雷 黄红丽
  副主编 周 偶 叶 李 吴小丽
  责任编辑 赵广宇
  责任印制 胡 南
- ◆ 人民邮电出版社出版发行　北京市丰台区成寿寺路 11 号
  邮编 100164　电子邮件 315@ptpress.com.cn
  网址 https://www.ptpress.com.cn
  大厂回族自治县聚鑫印刷有限责任公司印刷
- ◆ 开本：787×1092　1/16
  印张：13.75　　　　　　　2025 年 1 月第 2 版
  字数：360 千字　　　　　2025 年 1 月河北第 1 次印刷

定价：54.00 元

读者服务热线：(010)81055256　印装质量热线：(010)81055316
反盗版热线：(010)81055315
广告经营许可证：京东市监广登字 20170147 号

前言

党的二十大报告指出："教育、科技、人才是全面建设社会主义现代化国家的基础性、战略性支撑。"电子商务系统分析与设计是高等院校电子商务专业的核心课程之一，同时也是信息管理与信息系统专业的选修课程。这门课程不仅注重培养读者电子商务系统规划、分析、设计和实施能力，同时也注重对读者系统开发实践能力的训练与培养。

本书内容的编排科学合理，且综合性较强，所涉及的知识范围较广，涵盖了电子商务系统分析与设计的思想和方法、系统实现的相关技术和开发工具等多个方面。通过对本书的学习，读者能够了解电子商务系统的发展过程、基本概念、体系结构和实现方式，掌握电子商务系统规划、分析和设计的基本原理，明确电子商务系统实施及运行维护的主要任务，并将电子商务系统开发各个阶段的理论知识和实践过程联系起来，形成整体的认识，最终可以独立完成电子商务系统的开发工作。

当前，电子商务系统的主流开发方法是结构化方法和基于 UML 的面向对象方法。本书以这两种方法为主线，结合案例，全面、系统地介绍了电子商务系统分析与设计的相关内容。全书共 11 章，第 1 ～ 5 章介绍了电子商务系统的相关概念、开发方法、建模语言、开发基础及电子商务项目管理；第 6 ～ 8 章介绍了电子商务系统规划、分析与设计的相关内容；第 9 ～ 10 章介绍了电子商务系统实施的内容及步骤，并对系统的日常运行维护工作进行了说明；第 11 章介绍了以电子商务系统分析与设计为主的 11 个实验项目，其中包括用例建模、类图建模、序列图（顺序图）建模、状态图建模、活动图建模、单代号网络图和双代号网络图、业务流程图、撰写可行性分析报告、数据流程图、E-R 图构建数据库和电子商务网站（或应用程序）设计等，并给出了实验的主要步骤、注意事项和思考题等。

本书的主要特点如下。

（1）**内容讲解详细，定位零基础**。本书定位于零基础人群，内容讲解循序渐进、由浅入深，全面、系统地阐述了电子商务系统分析与设计的相关基础理论和实践知识。

前言

（2）**体例新颖，助力教学。**本书第 1 ～ 10 章的开头以案例做引导，将基础理论与实际案例相结合，并设置了"学习目标""能力目标"模块，引导章节教学；第 1 ～ 10 章的末尾还设置了总结全章知识的思维导图，帮助读者更清晰地了解章节知识。

（3）**实验赋能，注重应用性。**本书的第 11 章设计了 11 个实验项目，这些实验项目贯穿电子商务系统分析与设计的整个过程。通过对实验项目的学习，读者可以强化对电子商务系统分析与设计相关知识的理解。

（4）**资源丰富，赋能立体化教学。**本书教学资源丰富，提供 PPT 课件、思考与练习答案、教学大纲、电子教案、教学日历、实验指导书、微课视频等资源，用书教师如有需要，可登录人邮教育社区（www.ryjiaoyu.com）免费下载。

本书由胡雷、黄红丽担任主编，由周倜、叶李、吴小丽担任副主编。在编写本书的过程中，编者参考了国内外众多专家和学者的研究成果，在此向他们表示衷心的感谢。由于编者水平有限，书中不当之处在所难免，恳请广大读者批评指正。

编者

2024 年 12 月

目录

目录

目录

目录

第1章
绪论

【学习目标】

- 熟悉信息及信息处理的基本概念。
- 熟悉信息系统的概念和结构。
- 掌握电子商务系统的体系结构。
- 掌握电子商务系统生命周期各阶段的主要任务。

【能力目标】

- 提高对电子商务系统建设的认识程度。
- 能够把相关理论知识应用到实践中。

引导案例

萤火虫在夜晚是依据发光器官所发出的闪光来寻找配偶的。雄萤飞来飞去，严格地按每隔5.8秒发一次光。雌萤则停歇在草叶上以发光应答，发光间隔时间与雄萤相同，但总是在雄萤发光2秒后才发光。据研究，每一种萤火虫的发光频率都不相同，这避免了种间信号混淆和种间杂交。

生活在南美洲的响尾蛇，在眼睛和鼻孔之间叫颊窝的地方长着一只"热眼"。颊窝一般深5毫米，只有一粒米那么长。这个颊窝是喇叭形的，喇叭口朝着斜前方，其被一片薄膜分成内外两个部分。薄膜内侧一面有一个细管与外界相通，所以里面的温度和蛇所在的周围环境的温度是一样的。而薄膜外侧一面是一个热收集器，喇叭口所对的方向如果有热的物体，红外线就经过这里照射到薄膜外侧一面。显然，这要比薄膜内侧一面的温度高，布满薄膜的神经末梢就会感觉到温差，并产生生物电流，传给蛇的大脑。蛇知道了前方什么位置有热的物体，大脑就会发出相应的"命令"，去捕获这个物体。

[问题1] 萤火虫是如何交流的？

[问题2] 响尾蛇是靠什么捕获猎物的？

[问题3] 结合本案例，谈谈你身边的生物是如何交流的。

1.1 信息与信息处理

1.1.1 信息概述

成语"一鼓作气""鸣锣收兵"表达的是古战场上用声音传递进攻和撤

素养课堂

退的信息，图书、报纸是人们用文字和图片传递信息，电视、电影是人们用影像传递信息。听课、读书、看报、看电视等是人们在接收信息，同时人们点头、摆手、说、唱等一举一动都在发出或传递信息。当今时代是信息时代，人们每天都会接触来自报纸、电视、电台、互联网等形形色色的信息。那么，什么是信息呢？

信息与信息处理

1. 信息的定义

生活中需要信息，科研中需要信息，一切金融和工商业活动更离不开信息。信息起着关键性、决定性的作用。信息、物质与能源已成为人类社会的三大资源，是推进人类社会发展的三大要素。其中，物质是社会发展的基础，能源为社会提供发展动力，而信息则为社会提供思维、知识和决策，三者的有机结合和相辅相成使人类社会不断地向前发展。然而，目前学术界对信息仍无统一的定义。

信息定义的提出有3个关键的阶段。第一阶段是1948年，香农和维纳提出了信息论和控制论，虽然不完全，但具有革命意义。第二阶段是中国学者钟义信对信息的定义，该定义有阶段性的突破，即"信息是被反映的物质属性"。第三阶段是逆香农、逆维纳的信息定义，信息是确定性的增加，即肯定性的确认。信息是物质、能量、信息及其属性的标示。

1996年，中国学者钟义信在《信息科学原理》中详尽阐述了信息的概念。他指出，在信息概念的诸多层次中，有两个最重要的层次：一个是没有任何约束条件的本体论层次，另一个是受主体约束的认识论层次。从本体论的角度考察，信息可被定义为"事物运动的状态以及它的状态改变的方式"。在此，"事物"泛指一切可能的研究对象，包括客观世界的物质客体和主观世界的精神现象；"运动"泛指一切意义上的变化，包括机械运动、物理运动、化学运动、生物运动、思维运动和社会运动等；"运动的状态"则是事物运动在空间上所展示的性状与态势；"方式"是指事物运动在时间上所呈现的过程和规律。由于宇宙间一切事物都在运动，都有一定的运动状态和状态改变的方式，因而一切事物都在产生信息。从认识论的角度考察，信息可被定义为："主体所感知或者主体所描述的事物运动状态及其状态变化的方式"。认识论层次的信息概念的内涵包括3个方面。

① 语法信息。由于主体具有观察力，能够感知事物的运动状态及其变化方式的外在形式，由此获得的信息可称为语法信息。

② 语义信息。由于主体具有理解力，能够领悟事物的运动状态及其变化方式的逻辑含义，由此获得的信息可称为语义信息。

③ 语用信息。由于主体具有明确的目的性，能够判断事物的运动状态及其变化的效用，由此获得的信息可称为语用信息。

语法信息、语义信息、语用信息三者综合在一起构成认识论层次上的全部信息，即全信息。钟义信的信息定义与概念体系为信息研究和信息科学的发展提供了一个新的基点。

国际标准化组织（International Organization for Standardization，ISO）对信息的定义：信息是对人有用的数据，这些数据可能会影响人们的行为与决策。

2. 信息的特征

信息的特征是指信息区别于其他事物的本质属性。信息的基本特征主要有普遍性、时效性、相对性、与物质不可分割性、可传递性和可干扰性、可加工性及可共享性等。

（1）普遍性

信息是事物运动的状态和方式。只要有事物存在，就会有其运动的状态和方式，就存在着信息。因此，信息是普遍存在着的。

（2）时效性

客观事物本身在不停地运动变化，信息是事物运动的状态和方式，信息也在不断发展更新。因此，信息的存在有一定的时效性，在获取与利用信息时必须树立时效观念。

（3）相对性

客观上，信息是无限的，但相对于认知主体，人们实际获得的信息总是有限的。由于不同认知主体有着不同的感知能力，因此，对同一事物获得的信息是因人而异的。

（4）与物质不可分割性

信息本身是看不见、摸不着的，它必须依附于一定的物质形式（如纸张、声波、电磁波、化学材料、磁性材料等），不可能脱离物质而单独存在。这些以承载信息为主要任务的物质形式称为信息的载体。信息没有语言、文字、图形图像、符号等记录手段便不能表述，没有物质载体便不能存储和传播，但其内容并不因记录手段或物质载体的变化而发生变化。

（5）可传递性和可干扰性

信息能够通过多种渠道，采用多种方式进行传递。信息从时间或空间上的某一点向其他点移动的过程称为信息传递。信息传递要借助一定的物质载体。一个完整的信息传递过程必须具备信源（信息发送方）、信宿（信息接收方）、信道（信息媒介，实现信息传递功能的载体）和信息 4 个基本要素。信道对信息传递有干扰和阻碍作用。任何不属于信源原意而加之于其信号上的附加物都称为信息干扰。例如，噪声就是一种典型的干扰。产生噪声的因素很多，有传输设备发热引起的热噪声、不同频率的信号相互干扰产生的调制噪声等。

（6）可加工性

信息可以被分拆或综合，扩充或浓缩，也就是说，人们可以对信息进行加工处理。所谓信息加工，是把信息从一种形式变换成另一种形式。如果在信息加工过程中没有任何信息量的增加或损失，即内容保持不变，那么意味着这个信息的加工过程是可逆的，反之则是不可逆的。实际上由于人为因素，信息加工鲜有内容保持不变，因此信息加工过程都是不可逆的过程。

（7）可共享性

信息区别于物质、能源的一个重要特征是它可以被共同占有、共同享用，也就是说，信息在传递过程中不但可以被信源和信宿共同拥有，还可以被众多的信宿同时接收利用。根据能量转化定理和物与物交换原则，得到一物或一种形式的能源，必失去另一物或另一种形式的能源。但是，信息交换的双方不仅不会失去原有信息，还会增加新的信息；信息可以广泛地传播扩散，供全体接收者共享。

3. 信息的类型

信息存在的范围极其广泛，内容非常丰富。为了科学研究活动的需要，不同科学领域的研究人员往往依据不同的分类标准，对信息进行分类。

（1）按照产生和作用机制分类

按照产生和作用机制，信息可分为自然信息和社会信息。自然信息是指自然界中的各种信息以及人类生产的物质产生的信息，包括生命信息、非生命物质存在与运动信息、生命物质和非生命物质之间的作用信息等。社会信息是指人类各种活动所产生、传递与利用的信息，包括一切人类运动变化状态的描述。按照人类活动领域的不同，社会信息又分为科技信息、经济信息、政治信息、军事信息、文化艺术信息和生活信息等。社会信息是人类社会活动的重要资源，是社会构成要素和演化动力。

（2）按照表现形式分类

按照表现形式，信息可分为消息、资料和知识。消息是指关于客观事物发展变化情况的最新报道，因此，消息强调的是事物当前的动态信息，有较强的时效性，主要用于了解情况。资料是指客观事物的静态描述与社会现象的原始记录，因此，资料强调的是客观现实的真实记载，有较强的累积性，主要用作论证的依据。知识是指人类社会实践经验的总结，是人类发现、发明与创造的成果，因此，知识强调的是人类对客观事物的普遍认识和科学评价。

（3）按照主体的认识论层次分类

按照主体的认识论层次，信息可划分为语法信息、语义信息和语用信息。

前面已经介绍过，全信息是语法信息、语义信息和语用信息的总和，它们共同构成认识论层次上的全部信息。

（4）按照加工处理程度分类

按照加工处理程度，信息可划分为一次信息、二次信息、三次信息。一次信息是指未经加工或略微加工的原始信息，如会议记录、论文、专著、统计报表等。二次信息是指在原始信息的基础上加工整理而成的供检索用的信息，如文摘、书目、索引等。三次信息是指根据二次信息提供的线索，查找和使用一次信息以及其他材料，进行浓缩、整合后产生的信息，如研究报告、综述、述评等。

（5）按照事物的发展过程分类

按照事物从产生、成长直至结束的发展过程，信息可分为预测性信息、动态性信息、反馈信息。预测性信息是指事物在酝酿、萌芽等阶段产生的信息，它对管理人员把握事物的发展和及时采取有效决策至关重要。动态性信息一般是指在事物的发展、成长阶段产生的信息，可帮助决策者及时掌握决策实施情况并及时修正决策。反馈信息是指在事物结束阶段或者某一阶段完成后产生的信息。

（6）按照动静状态分类

按照动静状态，信息可分为动态信息和静态信息。动态信息是指时效性较强、瞬息万变的新闻和情报（如军事情报、股票信息等），静态信息是指历史文献、档案资料等相对稳定、固化的信息。

（7）按照传递的范围分类

按照传递的范围，信息可分为公开信息、内部信息、机密信息。公开信息是指传递和使用的范围没有限制，可在国内外公开发表的信息。以各种形式公开发表的一次信息、二次信息、三次信息都属于公开信息。内部信息是指不能公开传播，只供内部掌握和使用的信息。机密信息是指必须严格限定使用范围的信息。

（8）按照反映的事物状态分类

按照反映的事物状态，信息可分为常规性信息和偶然性信息。常规性信息是指反映在正常条件下的常规事件的信息，如统计月报信息、天气预报信息等。偶然性信息是指反映偶然的非常规事件的信息，如某地发生地震、飞机失事、大面积森林火灾等。

（9）按照稳定程度分类

按照稳定程度，信息可分为固定信息和流动信息。固定信息是指通过对不断变化的大量信息进行长期观察和分析，揭示客观事物发展过程中的内在联系和必然趋势所形成的各项原则、制度、标准、定额、系数等内容。流动信息是指反映事物发展过程中每一时间变化的信息，如市场价格信息、商品供求信息等。

（10）按照发布的渠道分类

按照发布的渠道，信息可分为正式渠道信息和非正式渠道信息。正式渠道信息是指由正式组织发布并向外传播的各类信息，如官方新闻发布会、正式报告、国家统计部门发布的统计信息等。非正式渠道信息是指从正式渠道以外获取的各类信息。

（11）按照范围分类

按照范围，信息可分为内部信息和外部信息。内部信息是指反映事物内部状态的信息。外部信息是指与特定系统有关联的信息。

正如对其他事物的认识一样，对信息的认识从不同角度、以不同标准、按不同方式来进行分类，是符合辩证法原理的。在不同研究领域，人们可以对信息做出更恰当、更具体、更详细的分类。

4. 信息的功能

根据信息在社会中的利用过程和发挥作用的特点，可以把其主要功能归纳如下。

（1）经济功能

信息作为重要的经济资源，本身就具有经济功能。信息的经济功能表现在多个方面，其中最重要的是它的生产力功能。

现代理论认为，除了劳动者、劳动工具和劳动对象这三要素外，信息也是社会生产力的重要构成要素，信息的生产力功能是在信息要素和信息技术要素有机结合的条件下实现的。在信息技术支持下，信息可以有效地改善其对生产力各个要素施加影响的条件，因此，信息资源开发利用的程度是衡量现代国家信息化和社会生产力水平高低的重要标志。一般来说，一个国家信息资源开发和利用的水平越高，生产力水平就越高。

信息还具有直接创造财富、放大经济效益的功能。信息不但本身就是财富的象征，而且可以通过流通和利用直接创造财富。信息创造财富的主要途径可以归纳为：运用信息使非资源转化为资源创造财富；使用信息取代资金、材料等资源创造财富，实现经济效益倍增；直接将信息作为商品在市场流通中创造财富，通过信息进行科学决策，能减少失误，提高效益。

（2）管理与协调功能

在人类社会中，物质和能源不断从生产者流向消费者，这种客观存在的物质流和能源流的运动表现为相应信息的运动，即信息流的运动。信息流反映物质和能源的运动，我们正是借助信息流来控制和管理物质流、能源流的运动和运动方向，对其进行合理配置，创造最大效益的。

对于一个企业，信息的管理与协调功能主要表现为协调和控制企业的 5 种基本资源，以实现企业的目标。这 5 种资源包括人、财、物、设备和管理方法（即所谓的"5M"），企业是通过有关这些资源的信息（如记录在图纸、账单、订货单、统计表等上的数据）来协调和控制它们的。例如，在企业活动中，伴随着物质和能源的输入，反映上述"5M"资源的信息流就会以相互联系的方式扩散和活动，并最终作用于物质流和能源流的协调以及控制其活动，从而实现优质、高效的产品或服务输出。由此可见，信息的管理与协调功能在企业活动中的作用主要体现在：传递整个企业系统的运行目的，有效管理"5M"资源；调节和控制物质流和能源流的数量、方向和速度；传递外界对系统的作用，保持企业系统的内部环境稳定。

（3）选择与决策功能

选择与决策是人类最基本、最普遍的活动之一。信息广泛作用于人类选择与决策活动的各个环节，并优化其选择与决策行为，实现预期目标。信息的选择与决策功能体现在两个方面：没有信息，就无任何选择和决策可言；没有信息的反馈，选择和决策就无优化可言。一个典型的选择（或决策）遵循这样的程序：针对某一目标，考虑所受的条件限制和其他约束，从几种可能的方案中选择一种。选择单元中的目标、限制条件、多种方案都必须依赖信息的支持。而当一次选择成功之后，还必须依赖反馈信息不断修正，才能达到选择和决策结果的优化。

（4）研究与开发功能

信息的研究与开发功能实际上是信息的科学功能的具体体现，即在人类科学研究和技术开发活动中，信息具有激活知识、生产知识的功能。

科学研究和技术开发是在前人已经取得的成果的基础上进行的，因此，人类在从事科学研究和技术开发的各个阶段，都需要获取和利用相关信息，掌握方向，开阔视野，启迪思维，生产出新知识、新技术和新产品。发挥这一功能的信息基本上是科学技术信息。

以上只是在一般意义层面讨论了信息的基本功能。在不同的场合，这些功能有不同的表现形式和实现方式，并发挥不同的作用，因此，信息给人的印象是其功能千差万别。

1.1.2 信息处理过程

随着社会的不断发展，人类已进入信息时代。目前，人们的生活、工作和学习等诸方面已越来越多地需要进行信息处理，而社会、个人各方面的有序运转也要求必须对获取的信息进行科学和系统的处理，有效地处理信息是当前社会发展和人类生活的必然要求。信息处理的有效化过程（即信息处理的科学化程序）主要包括信息的收集、整理与加工、传递和存储 4 个环节，每个环节都有严格、科学的要求，需要信息处理工作人员严格遵守并熟练掌握。

1. 信息的收集

信息的收集是信息处理的第一环节和基础，其实质是根据目标指令，将目标涉及的管理要素资源、技术要素资源、相关的其他要素资源，用信息资源和数字化的形式来反映。信息收集工作贯穿并影响信息处理的全过程，它的好与坏直接关系整个信息处理工作的进程和质量。

信息收集环节要达到有效化要求，必须规定质和量两方面的标准。其质的标准是：尽可能保证收集信息的真实性、时效性和有用性。在收集信息的过程中，不仅要收集能够真实反映事物表象的信息，更要注重收集能够深刻体现事物内在规律的信息，收集有一定使用价值和高使用价值的信息。衡量的标准是：保证所收集信息的覆盖面广泛，按应用所需形成系列化、系统化的信息内容。通过质和量两方面相结合的保证，所收集的信息能够反映目标的运行过程，并揭示其运行现象、本质及发展规律。这就要求信息收集者不仅要有敏锐的洞察力、判断力和科学的工作方法，还要积极地调动自身的工作热情和保持严谨的工作作风。信息收集所涉及的范围包括目标涉及的主要部门、行业及其关联的部门、行业，信息包括宏观的、微观的、定性的、定量的，信息收集者都要尽可能地收集到。

信息收集的基本程序是：首先，按照目标对信息的要求制订收集计划，选择好信息源点，确定收集的内容、方式或方法；其次，按照计划进行采集和收集，不但要注意直接资料的系统收集，而且要注意间接资料的搜索和采集以及历史资料和现实资料的收集，另外，在收集中若发现问题，要寻找原因并进行追踪采集；最后，对所收集的信息资料进行初步的程序化处理。

2. 信息的整理与加工

信息的整理与加工是指将收集来的经初步程序化处理的信息按照一定的程序和方法进行分类、分析、判断、编制，使之成为一套真实的信息资料，方便利用、传递和存储。第一环节收集的信息严格来讲处于原始状态，大都无法利用、传递和存储，必须对其进行整理和加工，去粗存精，去伪存真，即剔除不真实、不可靠、不准确的信息，从而增强信息的真实性、准确性和可用性。通过整理和加工，零乱、纷杂的资料和数据成为有序化的信息，形成新的信息组合，信息的价值和潜能被挖掘出来，从而体现信息的有用性和价值创造的本性。

具体来说，信息整理和加工的主要内容包括 4 个方面。

（1）分类整理

分类有粗分和细分两步。分类的标准包括时间、空间、目的、事件性质、目标要件、问题属性等方面。分类整理即对信息的量、价值、时效性、真实性、可靠性进行鉴别和梳理，剔除无用的、不可靠的信息，让收集的信息各得其所，让有用的信息有序化。

（2）比较分析

比较分析即对信息进行去粗存精，鉴别优劣，提高质量，使信息能够展现目标变化状态及发展趋势。

（3）综合提炼

综合提炼即利用信息加工者的智力，从纷繁的信息资料中提炼生成新的概念、论点，按照一定的要求和程序，综合改造原始信息，从中提炼出所需要的具有综合性和更大价值的信息。

（4）编制程序

编制程序即把加工过的新的信息资料进行编目排序，以便使用。

这 4 个方面是相互关联、制约、有机结合的，工作中要注意顺序递进和交叉进行。

3. 信息的传递

信息的传递是信息借助媒介或通道循环往复的运动过程，它是目标有效运行及目标系统与其他系统交换的基本条件和方式。

按照信息流向，信息传递可分为单向、反馈和相向 3 种传递方式。单向传递主要是目标系统的指令或命令类信息传递方式；反馈传递一般是对单向传递的逆传递；相向传递是指信息发送者和接收者相互传递信息，角色互换。

按照信息传递时间，信息传递又分为集中式和连续式两种传递方式。一般地，内容多、量大、全面的信息传递为集中式传递，系统性、及时性强的信息传递为连续式传递。

按照传递范围，信息传递又可分为内部传递和外部传递。内部传递是目标系统内各子系统或单位间的信息传递，外部传递是目标系统与其他系统之间的信息传递。

当前，传递的媒介或通道主要有纸质、电信、互联网等。无论采用何种传递媒介或通道，传递信息必须考虑内容和利用对象的要求、传递时间和空间的要求及传递的经济评价，这样才能达到高效率、低成本的要求。

4. 信息的存储

信息的存储是指信息以文字、图像及数字化的形式借助各种媒介记录和储存起来，信息依次被登记、编码、存放、排列、维护与保管。信息存储对信息收集、整理加工、传递和使用起着仓储保障作用，是整个信息处理过程的有力保证。

收集或接收到各种信息后，首先要进行登记，将之列入本部门的资源财产之中，便于整理、加工和利用。编码是对各种内容和形式的信息，按照一定方式进行统一的数码编制，以方便计算机信息管理。存放和排列是为了更有效、迅速地传递与利用信息，更好地开发信息资源。信息存放有集中式和分散式两种方式，集中式适用于机构小、信息少且集中、内容比较单一的目标系统，分散式适用于机构大、资料多、机构分支多的目标系统。通用的信息排列方法有登录号、来源分类、内容分类、形式等。登录号排列法即按登记顺序对信息进行排列，简便易行，但在信息太多时不易查找。来源分类排列法是指先按信息来源部门或地域对信息进行统一分类，再按分类顺序进行排列。内容分类排列法要求较高，必须先对全部信息进行分类，再按各类别进行排列。形式排列法是按信息的载体形式进行排列。在实际工作中，要根据工作需要和业务范围的适应性要求，按照有利于系统及时、迅速、准确、方便传递和利用的原则选择合适的排列方式。维护和保管是保证信息资料完整与安全存储的重要环节，其工作主要是通过一定的维护和保管措施，保证以一定的物质形式（如纸、磁盘、U 盘等）存储的信息资料不受损坏，这需要信息处理工作人员有高度的责任心和有效的科学技术手段和管理方式。

1.2 管理、决策与复杂系统

1.2.1 管理与决策

1. 管理

从词义来讲，管理通常被解释为主持或负责某项工作。在日常生活中，人们对管理这一术语的理解通常是这样的，也是在这个意义上使用的。但自从管理进入人类的观念形态以来，几乎每一个从人类的共同劳动出发思考管理问题的人，都会对管理现象做出一番描述和概括，并且顽固地维护这种描述和概括的正确性甚至唯一性，人类从来就不曾取得对管理定义的一致理解。

管理概念本身具有多义性，它不仅有广义和狭义之分，而且因时代、社会制度和专业的不同，人们会产生不同的解释。随着生产方式社会化程度的提高和人类认识领域的拓展，人们对管理现象的认识和理解的差别还会更为明显。

长期以来，许多中外学者从不同的研究角度出发，对管理做出了不同的解释。然而，不同学者在研究管理时出发点不同，因此，他们对"管理"一词所下的定义也就不同。到目前为止，管理还没有一个统一的定义。特别是 20 世纪以来，各种不同的管理学派由于理论观点不同，对管理概念更是众说纷纭。

美国学者泰勒认为："管理是确切知道要别人去干什么，并指导他们用最好、最经济的方法去干。"法国学者法约尔认为："管理是所有的人类组织（不论是家庭、企业，还是政府）都有的一种活动，这种活动由 5 项要素组成，即计划、组织、指挥、协调和控制，管理就是实行计划、组织、指挥、协调和控制。"美国学者孔茨认为："管理就是设计和保持一种良好环境，使人在群体里高效率地完成既定目标。"彼得·德鲁克认为："归根到底，管理是一种实践，其本质不在于'知'，而在于'行'；其验证不在于逻辑，而在于成果；其唯一权威就是成就。"

管理的定义有很多，以上几种具有一定的代表性。综合分析上述各种观点，总的来说，它们各有可取之处，也各有不足之处，这些定义都着重从管理的现象来描述管理本身，而未揭示出管理的本质。那么，如何对管理这一复杂的概念进行比较全面和一般的概括呢？

管理是一种行为，作为行为，首先应当有行为的发起者和承受者，即谁对谁做；其次应有行为的目的，即为什么做。因此，形成一种管理活动，首先要有管理主体，即说明由谁来进行管理；其次要有管理客体，即说明管理的对象或管理什么问题；再次要有管理目的，即说明为何进行管理。这 3 种要素是形成管理活动的基本条件。同时还应注意，任何管理活动都不是孤立的活动，它必须在一定的组织、环境和条件下进行。

管理的基本原则是"用力少，见功多"，以较少的资源投入、耗费，取得较大的业绩、效果。其细分为 4 种情况：支出减少，产出不变；支出不变，产出增多；支出减少，产出增多；支出增多，产出增加更多。这里的支出包括资金、人力、时间、物料、能源等的消耗。

2. 决策

时至今日，对决策概念的界定不下百种，归纳起来，基本有以下 3 种理解：一是把决策看作一个包括提出问题、确立目标、设计和选择方案的过程，这是对决策概念广义的理解；二是把决策看作从几种备选的行动方案中做出最终抉择，是决策者的拍板定案，这是对决策概念狭义的理解；三是认为决策是对不确定条件下发生的偶发事件所做的处理决定，这类事件既无先例，又无可遵循的规律，做出选择要冒一定的风险，也就是说，只有冒一定风险的选择才是决策，这是对决策概念最狭义的理解。以上对决策概念的解释是从不同角度做出的，要科学地理解决策概念，有必要了解决策专家西蒙在决策理论中对决策内涵的看法。

所谓决策，是指组织或个人为了实现某种目标而对未来一定时期内有关活动的方向、内容及方式的选择或调整过程。决策主体可以是组织，也可以是个人。由于企业活动非常复杂，因此，管理者的决策多种多样。使用不同的分类方法可将决策分为不同的类型。

（1）按决策的作用分类

按决策的作用，决策可分为战略决策、管理决策和业务决策。

① 战略决策是指有关企业发展方向的重大全局决策，由高层管理人员做出。

② 管理决策是指为保证企业总体目标的实现而解决局部问题的决策，由中层管理人员做出。

③ 业务决策是指基层管理人员为解决日常工作和作业任务中的问题所做出的决策。

（2）按决策的性质分类

按决策的性质，决策可分为程序化决策和非程序化决策。

① 程序化决策即对常规的、反复发生的问题所做的决策。

② 非程序化决策是指偶然发生的或首次出现而又较为重要的非重复性决策。

（3）按决策的条件分类

按决策的条件，决策可分为确定型决策、风险型决策和不确定型决策。

① 确定型决策是指可供选择的方案中只有一种自然状态时的决策，即决策的条件是确定的。

② 风险型决策是指可供选择的方案中，存在两种或两种以上的自然状态，但每种自然状态所发生概率的大小可以估计的决策。

③ 不确定型决策是指可供选择的方案中存在两种或两种以上的自然状态，而且这些自然状态所发生的概率无法估计的决策。

（4）按决策的性质分类

按决策的性质，决策可分为结构化决策、非结构化决策和半结构化决策。

① 结构化决策是指对某一决策过程的环境及规则，能用确定的模型或语言描述，以适当的算法产生决策方案，并能从多种方案中选择最优解的决策。

② 非结构化决策是指决策过程复杂，不可能用确定的模型和语言来描述决策过程，更无所谓最优解的决策。

③ 半结构化决策是介于以上二者之间的决策，即可以通过建立适当的算法产生决策方案，从决策方案中得到较优的解的决策。

3. 决策的过程

决策是管理的核心，贯穿整个管理活动，是决定管理工作成败的关键。决策是任何有目的的活动发生之前必不可少的一步。不同层次的决策会造成不同大小的影响。科学决策的过程一般包括以下几步。

（1）发现问题，确定目标

发现问题和确定目标是整个决策过程的基础，是科学决策的前提。决策是为了解决问题而准备采取的行动、做出的决定。问题是决策的逻辑起点。在问题中已经包含了决策过程中各种因素的萌芽，只有找准了问题和问题发生的原因，才能有针对性地确定决策目标，提出解决问题、实现决策目标的措施或办法。

（2）制定方案，充分论证

制定决策方案就是寻找实现决策目标的手段，因此，制定可供选择的各种方案是决策的关键步骤。决策中十分强调制定多种备选方案，备选方案越多，选择余地就越大，决策就越科学。

（3）分析评估，方案择优

方案的分析评估和择优是决策全过程的关键。方案分析评估是方案择优的前提，方案择优是方案分析评估的结果。方案分析评估即采用一定的方式、方法，对已经拟定的可行方案进行效益、危害、敏感度及风险等方面的分析评估，以进一步认识各方案的利弊及其可行性。方案择优的过程就是决策者"拍板定案"的过程，方案择优必须由决策者亲自完成。在方案择优的过程中，决策者应坚持以下标准：目标总体最优，代价小，收益大，风险小，副作用小。

（4）慎重实施，反馈调节

实施是对决策方案正确与否的检验。实施是目标实现的关键阶段，一般注意以下几个环节。一是试验证实。当方案选定后，先进行局部试验，以验证其可靠性。同时，通过局部试验，也可以发现事先没有评估到的新问题、新情况，及时地在大规模实施方案之前，对原定的决策方案进行修正。二是制订实施计划。制订实施计划的总要求是把决策具体化，做到周密、细致、具体、灵活。三是反馈调节。决策是一个动态过程，由于问题的复杂性和决策者的局限性，其决策不一定符合客观实际的情况，这就要求决策者根据反馈的情况对决策不断地进行调节。

1.2.2 复杂系统

1. 系统

系统的概念最早可以追溯到20世纪30年代，不过，直到第二次世界大战前不久，一般系统的概念和一般系统理论才被提出，并逐渐被人们接受和认同。1957年，人们提出了系统工程的概念。如今，系统工程的概念和方法在航天、水利、电力、交通、通信等方面得到了广泛的应用。目前，系统工程的方法已渗入各个领域，甚至包括人们的生活。系统的概念是管理信息系统三大基础概念之一，因此，有必要对其做一些介绍。

系统是由一些部件组成的，这些部件间存在着密切的联系，通过这些联系可达到某种目的。从数学的角度讲，系统可以看成为了达到某种目的的相互联系的事物的集合。从生物的角度讲，系统是一些部件为了达到某种目标而有机结合成的一个整体。从机电的角度讲，系统可以看成设备单元有规律地连接在一起的整体。从软件的角度讲，系统可以看成计算机软件和硬件各个子系统有机组合的整体。

（1）特点

根据系统的定义，它应该有以下特点：系统是由较小的部件组成的，且各部件处于不断变化和运动状态中；系统中的部件是按照一定规则进行组合的，即只要系统确定，结构就确定；各个部件之间存在着有机和密切的联系；系统输出是系统目标的必然结果，系统各组成部分组合后的能力大于各组成部分能力之和；系统的状态是可以变化的；由于外界条件不同或输入不同，系统输出的结果也可能不同，换句话说，系统的状态是可以控制的。

（2）基本观点

为了对系统的定义有更深的了解，读者应首先理解以下5个基本观点。

① 系统必须实现某一特定的目标，如图1-1所示。系统各个部分是为了某个或某些目标而集中起来的，否则系统构建将失去任何意义。例如，建立工厂的目的是生产市场上需要的产品，创办学校的目的是培养学生。管理信息系统也一样，其目的就是管理企业、政府等单位的信息。

② 系统有明确的边界，并通过边界与外界进行物质或信息的交流。例如，一个企业会有明确的内外之分，而且这个企业为了生存，必须与外界交流，购买原材料，生产成品卖出。系统正是通过这种不断地输入、输出来完善和发展的，也可以称为"新陈代谢"，如图1-2所示。

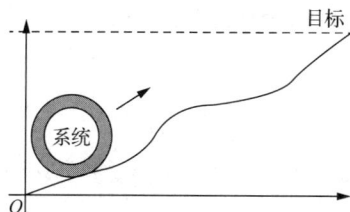

图1-1　实现目标

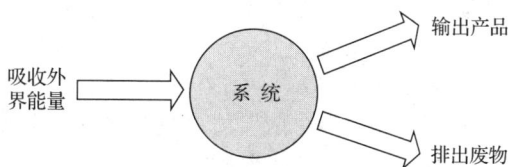

图1-2　系统与外界进行物质或信息的交流

③ 系统可划分成若干相互联系的部分，且这些部分可以分层。系统是可分解的，即使是最简单的系统。例如，太阳系由八大行星组成；分子是由原子组成的，原子又由更小的粒子组成。再如，一个大学由若干二级学院组成，二级学院又由若干系组成，其院系结构层次如图1-3所示。

④ 系统内部的各个部分之间存在着物质流或信息流，这种物质流或信息流称为系统的"血液"。系统通过"血液"将能量输送到系统的各个组成部分，然后将废弃物带走，实现各种物质或信息的交换。正是通过这些流，各个组成部分的功能才

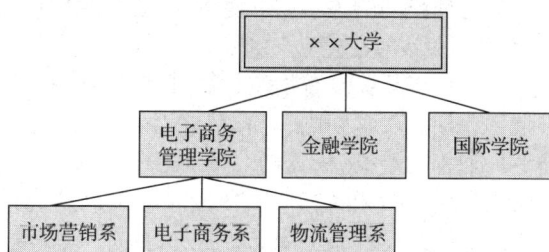

图1-3　××大学院系结构层次

能充分发挥，并与其他部分互相配合，共同实现整个系统的功能。物质流或信息流的状况反映了系统的运行情况。如果这些流的运转出现问题，那么即使各个部分运转正常，整个系统也可能处于非正常状态。例如，二级学院的若干系之间会进行必要的交流；一个大学的若干二级学院之间也会有交流，比如不同课程的配合。

⑤ 系统是动态的、变化的和发展的。系统与外界环境进行物质或信息交换时，它的状态会随时发生变化，从一种状态变到另一种状态。不过，这种变化有两种可能：一是系统可能向好的方向发展，最后实现既定的目标；二是系统向不利的方向发展，最后可能无法实现既定的目标，这时就需要外部干预，使系统回到正常的轨道上来。系统的目标是驱动该系统变化、发展的内部动力。世界上的任何一个事物在不同的时刻呈现的状态是不同的。

2. 系统分类

系统的分类方法有很多，从不同的角度看问题，就可能产生不同的分类方法。

（1）按复杂程度分类

按复杂程度，系统可分为物理系统、生物系统和社会系统，如图1-4所示。物理系统属于最底层，中间是生物系统，社会系统处于最高层，当然还可以细分。例如，信息系统是社会技术系统，属于最复杂的社会系统范畴。

（2）按产生的方式分类

按产生方式，系统可分为自然系统与人造系统。自然系统也称天然系统，是大自然在其

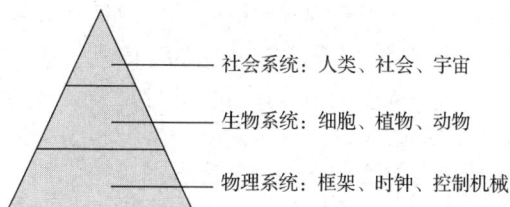

图1-4　系统按复杂程度分类

发展进化的过程中靠自然力量形成的，是宇宙系统中亿万年来天然形成的各种自循环系统。例如，生物系统、生态系统、大气系统、天体系统、地球系统、海洋系统等都是自然系统，其组成部分是自然物质，其特点是自然形成。人造系统也称人工系统或人为系统，它是为达

到人类的某种目的，由人所建立起来的系统，通常是指存在于自然系统中通过人类劳动设计制造出来的系统，包括生产系统、交通系统、人造卫星系统、机械设备系统、运输系统等。例如，管理信息系统是人造系统。

（3）按抽象程度分类

按抽象程度，系统可分成实体系统、抽象系统和逻辑系统。实体系统又称物理系统，是最具体的系统，其组成部分是完全确定的存在物，如矿物、生物、能量、机械、人类等实体。因为实体系统是已经存在或完全能实现的系统，所以又称为实在系统。抽象系统是最抽象的系统，它是人们根据系统目标和以往的知识构思出来的系统雏形，虽然不是很完善，也有可能不能实现，但它表述了系统的主要特征，描绘了系统的轮廓。逻辑系统介于实体系统与抽象系统之间。

（4）按与环境间的关系分类

按与环境间的关系，系统可分为开放系统与封闭系统。开放系统是指与环境之间有物质、能量或信息交换的系统。例如，一个工厂就是一个开放系统，从外界吸收能量，生产产品。封闭系统是与环境没有物质、能量和信息交换的系统。实际上，绝对封闭的系统是不存在的，它只是在某一段时间内，与周围的环境暂时没有物质、能量或信息交换。开放系统与封闭系统是一个相对的概念，因此，对系统的开放性和封闭性的理解不能绝对化。一般来说，人们在谈论开放与封闭时，似乎比较注意系统的边界，例如，封闭系统具有不可贯穿的边界，而开放系统的边界具有可渗透性。人们有时习惯性地称"没有围墙的大学"为开放式大学。当然，大学的开放程度不能仅用是否有围墙来判断，还要取决于办学理念的开放程度。如果一个大学或一个企业思想僵化，闭门造车，不愿与外界交往，有时也称它是一个自我封闭的系统。封闭系统的概念来源于克劳修斯的热力学第二定律，开放系统的概念来源于普利高津的耗散结构论。

3. 系统的特征

根据系统的含义可以得到系统的如下特征。

（1）目的性

任何一个系统都是为了完成某一特定目标而构造的。在进行系统的构思、设计、分析与控制、运转前，必须弄清其目的性，否则无法构成一个良好、有序的现实系统。例如，学校的目标是培养人才；工厂的目标是生产出高质量、适销对路的产品，提高经济效益。因此在建设系统的过程中，首先要明确系统的目标，然后考虑运用什么功能来达到这个目标，而功能是通过组织机构来实现的。

（2）整体性

系统应由两个以上的要素或部分组成，各要素或部分之间存在着联系，从而构成一个有机的整体，以实现其目的和功能。从系统的含义中可以看出，系统内部的各个部分是为实现某一特定目标而联系在一起的。因此，系统的各个组成部分不是简单地组合在一起，而是有机地组合成一个整体，每个部分都要服从整体，追求整体最优，而不是局部最优，这就是所谓的全局的观点。一个系统中即使每个部分并非最完善，但通过综合、协调，仍然可使整个系统具有较好的功能；反之，如果每个部分都追求最好的结果而不考虑整体利益，也会使整个系统成为最差的系统。系统科学家贝塔朗非指出：系统整体能力大于其各部分能力之和。

（3）层次性

一个系统可以分解成若干个组成部分，如果将这些组成部分看成是一个个子系统，那么还可以进一步将这些子系统划分成更小的部分，以此类推，可以将一个系统逐层分解，体现出系统的层次性。例如，把一个企业看成一个系统，它可以分解为财务子系统、生产管理子系统、供销子系统、库存管理子系统、厂长办公管理子系统等。

（4）相关性

科学已经证明了现实世界普遍联系的观点。系统中相互关联的要素或部件形成了整体，各部件或要素的特性和行为相互制约、相互影响，正是这种相关性确定了系统特有的整体形态与功能。由于系统是由内部各个互相依存的组成部分按照某种规则组合在一起的，因此，各个组成部分尽管在功能上相对独立，但彼此之间是有联系的，即具有相关性。例如，教育系统中的学生与老师之间有联系，也有相互作用。系统的相关性告诉人们，在实现一个系统的过程中，不仅要考虑如何将系统分解成若干个子系统，而且要考虑这些子系统之间的相互制约关系。

（5）适应性

任何一个系统都不是孤立存在于社会环境之中的，它与社会环境有着千丝万缕的联系。例如，无论是学校还是工厂，不仅要受到国家计划、政策法规的制约，还要受到地方和有关单位（系统）的影响，即环境影响。如果它要生存，就必须快速适应千变万化的周围环境，否则就要被淘汰，这就是达尔文的适者生存的理论。其道理非常简单，系统与周围环境之间通常都有物质、能量和信息交换，即从环境中获取资源，吐故纳新。环境的变化要求系统特性随之改变，系统内部各要素或部分之间的相互关系与功能也会发生改变。因此，结构良好的系统必须具有反馈系统、自适应系统和自学习系统，以保持对客观环境的适应能力。

（6）复杂性

现代系统一般是多结构、多目标、多功能、多参数、多层次、多输入、多变化的系统。系统通常处在一个多变的环境之中，其输入具有多个参数，且表现为时间、空间或数值的随机性和不确定性。系统本身往往具有多结构层次，只有进行一系列运算分析和比较，才能权衡出较优的方案。

（7）动态性

系统的动态性是指其状态与时间的关系。由于物质与运动的不可分离性，各种物质的特性、结构、形态、功能及其规律都是通过运动表现出来的，因此要认识系统必须研究系统的运动。开放系统因与外界的物质、能量和信息交换，系统内部结构也会随时变化。系统的发展是一个有方向的、有周期的动态反馈过程。

4. 系统复杂性

复杂科学已被一些科学家誉为"21世纪的科学"，目前还处于萌芽状态。它包括控制论、信息论、系统论（简称"老三论"）和耗散结构论、突变论、协同论（简称"新三论"），以及相变论、混沌论、超循环论等其他新的科学理论。这些理论主要研究和揭示复杂系统的有关特性，如非线性、混沌、突现、自组织、非还原性等。复杂科学的特点是：研究对象是复杂系统，如植物、动物、人体、生命、生态、企业、市场、经济、社会、政治等；研究方法是定性判断与定量计算相结合、微观分析与宏观综合相结合、还原论与整体论相结合、科学推理与哲学思辨相结合；所用的工具包括数学、计算机模拟、形式逻辑、后现代主义分析、语义学、符号学等；研究深度不限于对客观事物的简单描述，而更着重于揭示客观事物构成的原因及其演化的历程，并力图尽可能准确地预测其未来发展。虽然至今人们还没有对复杂性概念有一个统一的界定，复杂科学理论的构建也尚未完成，但是复杂科学的出现不仅重新构建了现代科学的研究体系，而且改变了人们的思维方式，为现代科学技术的发展提供了新思路、新方法，对各类学科具有普遍的指导意义。

5. 系统按复杂性分类

按复杂性，系统可大致分为3类：多体系统（Many Body System）、有机系统（Organic System）和控制系统（Cybernetic System）。

多体系统这一名称来自物理学，是由少数几类彼此之间仅由几种关系耦合在一起的大量组分组成的系统。一个多体系统不是一堆散沙，其组分之间存在相互的关系，这样就有足够的整体性使之成为一个更大系统中的个体，就如一根铁架成为建筑物的一部分。多体系统很有意义，因为它们无处不在，而且易于进行理论上的处理。多体理论可能是复杂系统和大尺度结构形成的最高深的理论。

有机系统是由许多高度特化的、相互联系紧密的、不同种类的组分组成的系统。有机系统易于进行功能描述，要定义和描述其中的各个组分，我们需要看它们在维持系统处于期望的状态时所起的作用。因此，这些组分从整体上就从属于这个系统了。有机系统的范式是生物体，生物体主要被当作进化中的物种的组分来处理，因此，它们是高度简化了的，各部分的功能仅在最优化模型中予以表述。

控制系统是把多体系统和有机系统的复杂性结合起来的系统。例如，人就是一个复杂和统一的控制系统。

尽管本书不讨论有机系统和控制系统，但是，在进行多体系统的讨论时，也将用到有机系统和控制系统的概念和方法，比如进化论、克隆、基因、生物、生态、心理学等。

6. 软件系统复杂性

（1）多体系统的复杂性

实际上，多体系统的组分本身是复杂的，两组分之间的基本关系可以是紊乱的。在大多数理论中，组分及其基本关系都是高度理想化的，这样就使得组合问题变得容易处理。

假设组分及其基本关系非常简化，以至于人们能很好地理解组分数量少的系统的行为。在一个多体系统中，每一组分很可能与许多组分耦合，这种多边的相互关系会形成一个关系网，使系统变得高度复杂。

与不同层次上的实体相比，同一层次上的实体更容易相互作用，在某一层次内部因果规则性也更明显。因此，许多科学理论提出者将注意力放在单个层次中的实体和现象的描述上，而不考虑与其他层次的相关性。

多体理论在考虑并关联两个不同层次的实体方面有其特点，因为巨大数量的组分把多体系统推向了一个不同的层次。它们在单个模型中既包含"宏观"个体，又包含"微观"个体。通过清晰地处理组分及其相互作用，多体理论与将组合系统看成多个单位而不考虑其组分特性的理论是不同的。包含两个层次以上实体的理论具有一个特殊的困难，即在不同层次上刻画实体所使用的概念往往不一致。多体理论可以在几个不同的层次上，对同一个大组合系统进行概念化和刻画。

多体理论综合分析的宽泛框架构架了这些理论的概念统一性。由于组合呈现指数增长，一个多体系统有许多侧面特征，且这些特征会被隐藏或不易被观察到、需要在更广泛或更具体的尺度下才能被揭示出来，因此用一个"统一"理论将它们"大包大揽"是不可能的。为了研究多体系统，科学家们构造了简化的模型，从不同视角来捕捉一个大场景的各个重要方面。

（2）软件复杂性

进入20世纪，随着生物进化、热寂说、耗散结构论、自组织结构理论、协同学、突变论、超循环理论、混沌分形理论等非线性科学的发展，经典科学受到很大冲击。人们认识到，非线性是一切动力学复杂性之源，自然界和现实生活中的所有系统都是非线性的。正是由于非线性作用，人们才面临的是一个复杂的、不可逆的、随机性的、千变万化的现实世界。

软件复杂性问题的讨论很自然地被提了出来。软件系统的复杂性、软件过程的复杂性、开发管理的复杂性以及软件缺陷的复杂性等，都是人们关注的内容。

本书讨论的基础是多体系统，关注的内容是组分组成的系统内部的耦合关系。比如，由软件消费者和软件生产者形成的组织链，由多人组成的开发团队，由模块或子系统组成的软件系统等。

多体理论在经济学、进化生物学和统计物理学方面已经得到了广泛的应用。现在，人们把它用于软件领域，特别是软件质量方面，希望在这个领域内找到多体系统，并对它们进行研究。比如一个开发团队，如果把每个成员看作个体，那么它就形成一个多体系统；再如一个软件系统，如果把每个模块或子系统看作个体，那么它也形成一个多体系统。

将相同类型的组分通过相同类型关系耦合在一起的多体系统，并不意味着所有的组分及相互关系都是一样的。正如同样都是人，但每一个人都是独特的，以独特的方式与其他人发生关联。组分有其个体特征和关系，这些特征和关系可以很强烈地变化。进化（即软件开发团队的进步和发展）取决于某一软件开发团队中个体的变异（即软件开发团队成员之间的差异和创新），用户需要软件的繁荣与多样化，个体的偏差和变异是满足用户多样化需求的源泉。组分的变异对系统结构的多样性有很大的贡献，更多的多样性来自个体关系中的变异。

1.3　信息系统

1.3.1　信息系统的基本概念

1. 信息系统概述

信息系统（Information System）是由计算机硬件、网络和通信设备、计算机软件、信息资源、信息用户和规章制度组成的以处理信息流为目的的人机一体化系统，是一个由人、计算机及其他外围设备等组成的能进行信息的收集、传递、存储、加工、维护和使用的系统。它能实时监测企业运行情况；利用过去的数据预测未来，从企业全局出发辅助企业管理者进行决策；利用信息控制企业的行为；帮助企业实现其目标。

从技术角度来看，信息系统是收集、传递和储存来自组织外部环境和内部经营的信息，通过输入、处理、输出、反馈等基本活动以支持组织决策和管理的相互关联的组成部分。从更广的角度来看，信息系统不只是一个技术系统，还是一个管理系统、一个社会技术系统。计算机知识只是信息系统知识中一个非常重要的组成部分，但不是全部。信息系统是综合了管理科学、系统科学、运筹学、统计学、计算机科学和现代通信技术研究成果而形成的一门综合性、系统性、边缘性的学科。它是这些学科思想、方法和技术的综合应用。信息系统是一套有组织的程序，其特点在于输出信息，是为决策所需要的信息而建立起来的系统。简单地说，输入的是原始资料，经过处理后，输出的是有用的信息，这就是信息系统。信息系统必须建立在管理系统之中，它是以企业的各种管理功能（计划、生产、财会、供应、销售、人事工资、技术、设备等）为基础而建立起来的系统。信息系统的主要部分是为了产生决策信息所制定的一套有组织的应用程序。

综合以上观点可以看出，信息系统就是从系统的观点出发，以计算机和通信技术为手段，运用数学的方法，为管理决策提供服务的计算机系统。

2. 信息系统结构

信息系统结构是指信息系统内部的各个组成部分所构成的框架结构。

从概念层面来看，信息系统是由信息源、信息处理器、信息渊三大部分组成的，它们之间的关系如图1-5所示。

在组织内部和外界环境中对信息进行识别和收集，产生信息源，通过信息处理器的传输、加工、存储，为各类管理人员即信息用户提供信息服务。信息系统可以分为信息流通系统和信息处理系统。信息流通系统指系统在运行过程中，不改变信息本身的结构和形态，系统的功能是不变的，它随时间变换而变换，只是把信息从一处传到另一处。信息处理系统是将原始数据进行处理，使它获得新的结构与形态，也可以产生新的数据及资料，虽然它们和输入的原始数据一样，但输出的信息却与输入的数据不同。因此可以说，信息是对数据的解释。数据被处理后尽管仍是数据，但是它们更便于解释及理解，数据被解释后才能成为信息。

信息系统主要有以下3种框架结构。

（1）纵向的信息管理遵循Anthony（安东尼）模型

各管理层的活动内容不同，其相应的工作特性也不同。在Anthony模型中，组织管理活动分为3个层次：战略层、管理层和作业层，如图1-6所示。

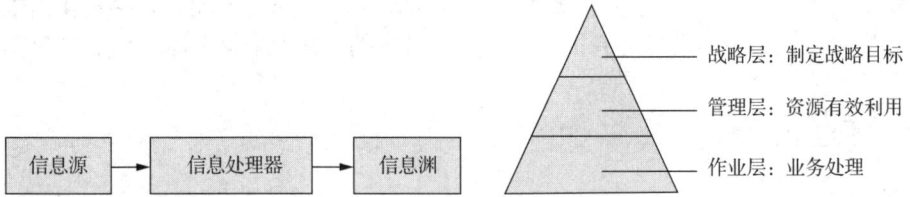

图1-5　信息系统结构　　　　图1-6　Anthony模型

战略层由组织的高层领导者和资深管理者构成，他们主要负责组织目标、长远发展政策的制定。管理层由组织的中层领导构成，他们主要负责目标的具体实现，对组织内部各种资源进行有效调度和利用，对组织的活动进行计划和控制，制定组织的预算并对工作进度进行检查和评估。作业层由底层的普通员工构成，他们需在一定条件下有效地完成预定的工作。3个层次的活动相互关联。

（2）横向的信息管理遵循树状模型

管理是可以分层的，因此信息系统可以分解为若干个子系统，如销售市场子系统（S1）、生产子系统（S2）、财务子系统（S3）、其他子系统（S4）等，如图1-7所示。

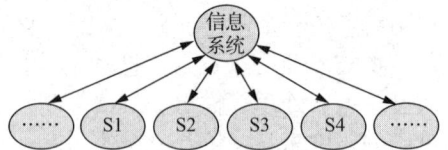

图1-7　树状模型

在企业的信息系统中，信息系统和"物流"是相互结合的，信息系统驱动物流合理科学流动。在信息系统中，信息的流动主要在系统内部进行，它是系统的"血液"。信息系统中"血液"的输送与交换主要是通过物理介质和电子方式来进行的。"血液"将信息系统中的各个部分有机地联系在一起。战略层的指令通过信息系统下传到管理层和作业层；作业层的信息经过加工处理提炼，通过管理层上传，供战略层决策。

（3）信息系统将纵横结构融为一体

将信息系统的纵横结构模型融为一体，可以使其同时具有纵横结构模型的结构和功能特点。纵横结构一体化管理如图1-8所示，从横向结构来看，信息系统被分为若干子系统，如S1；接着S1又被分为若干模块，如S1.1、S1.2和S1.3，S4也被分为了S4.1、S4.2和S4.3。

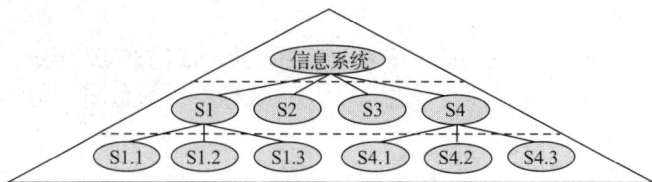

图1-8　纵横结构一体化管理

1.3.2 电子商务系统的体系结构

电子商务系统的体系结构由政策和法律、协议和标准两大支柱支撑，由企业战略层、经营管理层、硬件基础设施层、软件通用服务层、服务支持层、应用服务层6个层面构成，如图1-9所示。

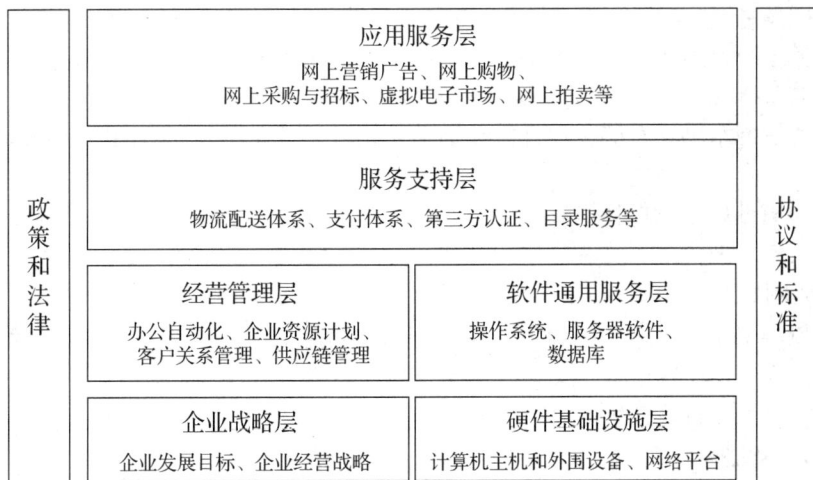

图 1-9 电子商务系统的体系结构

1. 政策和法律、协议和标准

电子商务系统能够产生和正常运行，需要"政策和法律"和"协议和标准"两大支柱的支持。电子商务系统的存在和发展必须以特定的法律、税收政策来规范。电子商务虽然通过网络开展商务活动，但仍不可能脱离社会，因此需要有一个良好的社会环境以保障电子商务的健全发展。例如，当开展电子商务时，若双方发生商务纠纷，是否能够利用电子证书、电子订单等作为法律依据。同时，国家也需要制定相应的政策，鼓励甚至引导电子商务系统的建设。例如，美国在其制定的《全球电子商务政策框架》中对相关的法律、政策等进行了说明。另外，协议和标准规范了传输协议、技术标准、信息发布标准等技术细节，这对保证电子商务系统的兼容性和通用性是十分重要的。同时，传输协议、安全协议、技术标准等也为不同国家的人使用不同的网络和不同的计算机设备开展电子商务提供了保障。从这个意义上说，"政策和法律"与"协议和标准"是电子商务系统建立和运行的宏观社会环境。

2. 企业战略层和经营管理层

电子商务系统的本质是商务，是由计算机技术与通信技术等实现的商务活动。电子商务系统的建立与运行要在企业发展目标和企业经营战略的指导下进行，是达到企业发展目标及实现企业经营战略的一种手段。作为企业商务活动的一部分，电子商务系统必然受到企业发展目标和企业经营战略的约束。

成功的电子商务系统的建设离不开先进的经营管理理论的支持，以及对欲实现的经营管理业务系统深入透彻的了解。成功的电子商务企业首先应使企业内部运作电子化、信息化。企业利用互联网进行信息处理、内外部沟通，在管理和业务流程上进行革新，可减少中间环节，降低运营成本，提高工作效率。办公自动化、企业资源计划、客户关系管理和供应链管理等构成了一个企业内部的信息化管理基础，即电子商务系统具体要实现的功能应根据经营管理层的业务模型来构建。

因此，从商务角度看，企业战略层和经营管理层是电子商务系统建立和运行的中观企业环境，并为业务提供支持。

3. 硬件基础设施层和软件通用服务层

电子商务系统的商务活动是通过一定的技术实现的。硬件基础设施层和软件通用服务层是电子商务系统建立和运行的微观技术环境。

硬件基础设施层包括计算机主机和外围设备、网络平台等，是电子商务系统的硬件环境，也是电子商务系统的运行平台。网络平台是电子商务系统的基础设施，也是信息传送的载体和用户接入的基础，它包括电信部门专营的公共数据通信网络体系。当然，电子商务的开展也可以利用无线网络和原有的行业性数据通信网络，如铁路网络、石油网络和有线广播电视网络等。

软件通用服务层包括操作系统、服务器软件和数据库等，是支持电子商务系统运行的软件环境。

4. 服务支持层

服务支持层提供的是通用的商务应用软件，如物流配送体系、支付体系、第三方认证、目录服务等，为应用服务层提供支持。服务支持层直接为电子商务系统提供服务，优化应用功能，是应用服务层的必要补充。

5. 应用服务层

应用服务层是企业利用电子手段开展商务活动的核心，也是电子商务系统的核心组成部分。它实现系统的核心商务逻辑，一般要根据企业专门需求分别开发，如网上购物、虚拟电子市场、网上拍卖等具体应用模块。

服务支持层和应用服务层的差别主要体现在：服务支持层提供公共的商务服务功能，如支付、认证等，这些公共的商务服务和具体业务关系并不密切，具有一般性，大部分企业的电子商务活动都需要这些服务支持；而应用服务层则主要实现某企业特定的功能。

1.3.3 电子商务系统生命周期

系统生命周期（System Development Life Cycle，SDLC）是指系统的产生、发展、成熟、消亡或更新换代的过程。电子商务系统与其他信息系统一样，也存在系统生命周期，如图1-10所示。

图1-10 系统生命周期

1. 立项阶段

立项阶段又称为概念阶段或需求阶段。这一阶段分为两个过程：一是概念的形成过程，即根据用户单位业务发展和经营管理的需要，提出建设电子商务系统的初步构想；二是需求分析过程，即对电子商务系统的需求进行深入调研和分析，形成《需求规范说明书》，经评审、批准后立项。

2. 开发阶段

开发阶段又包括 5 个阶段，如图 1-11 所示，具体介绍如下。

图 1-11　系统开发阶段

① 系统规划阶段。系统规划阶段是系统开发的起始阶段，以立项阶段所做的需求分析为基础，明确电子商务系统在企业经营战略中的作用和地位，指导电子商务系统的开发，优化配置并利用各种资源，包括内部资源和外部资源，通过规划过程规范或完善用户单位的业务流程。一个比较完整的系统规划内容应当包括电子商务系统的开发目标、总体结构、组织结构、管理流程、实施计划、技术规范。

② 系统分析阶段。其目标是为系统设计阶段提供系统的逻辑模型，内容包括组织结构、功能分析、业务流程分析、数据和数据流程分析及系统初步方案。

③ 系统设计阶段。根据系统分析的结果设计出电子商务系统的实施方案，主要内容包括系统架构设计、数据库设计、处理流程设计、功能模块设计、安全控制方案设计、系统组织和队伍设计及系统管理流程设计。

④ 系统实施阶段。将系统设计阶段的成果在计算机和网络上具体实现，即将设计文本变成能在计算机上运行的软件系统。由于系统实施阶段是对以前全部工作的检验，因此用户的参与特别重要。

⑤ 系统验收阶段。通过试运行，系统性能的优劣及其他各种问题都会暴露在用户面前，即进入了系统验收阶段。

3. 运维阶段

电子商务系统通过验收正式移交给用户后，就进入运维阶段，系统能否长时间有效运行是其质量的试金石。

要保障系统正常运行，系统维护是不可缺少的工作。维护可分为 4 种类型：排错性维护、适应性维护、完善性维护、预防性维护。

4. 消亡阶段

希望一个电子商务系统一劳永逸地运行下去是不现实的。电子商务系统经常不可避免地会遇到更新改造、功能扩展，甚至报废重建等情况。对此，用户单位应当在电子商务系统建设的初期就注意系统消亡的条件和时机，以及由此而花费的成本。

1.3.4　电子商务系统的实现方式

随着电子商务的快速发展，电子商务的主体正在从电子商务服务商转向传统企业，越来越多的传统企业开始构建电子商务系统，以从事电子商务活动。电子商务系统的自主开发不仅投资大，而且所涉及的技术众多，并不是每个企业都适合自主开发，因此，企业可根据自身特点选择具体的实现方式。目前，电子商务系统的实现方式主要有3种，即自主开发、外包和租用。

1. 自主开发

自主开发是指企业根据自身目前的业务状况，由企业内的软件子公司或IT部门专门开发电子商务系统。自主开发方式的优点如下。

① 企业内部信息技术人员对企业自身的需求比较了解，对企业对电子商务系统的迫切需要有切身体会，因此，在创建过程中比较容易把握系统的重点。同时，电子商务系统不是一个独立的系统，它与企业内部其他信息系统有着紧密的关系，自主开发能很好地设计企业内部信息系统接口，使用起来比较方便。

② 与其他企业的系统相比，企业自主开发的系统一般具有独创性和差异性，使得其他企业难以模仿，从而保证企业保持差异化的竞争优势。

③ 企业拥有自主开发的电子商务系统的全部知识产权，该电子商务系统易于升级和管理。

自主开发的实现方式并不意味着系统中的所有内容都从零开始，可以外包或购买其中部分功能或者部分电子商务软件组，只不过强调的是整体系统的开发过程完全由企业自主控制。

2. 外包

外包讲究专业分工，企业为维持组织竞争核心能力，可将组织非核心业务委托给外部的专业公司，以降低运营成本，提高品质，集中人力资源，提高客户满意度。如果企业进行外包，往往会和对方签订合同，合同中涉及委托方（甲方，又称为建设方）、受托方（乙方，又称为承建方），以及项目。例如，某大学要开发一套学生管理信息系统，想委托某IT公司开发，那么这里的委托方是该大学，受托方是某IT公司，项目是开发的标的物，也就是学生管理信息系统。

在这种情况下，IT公司为了完成该项目，会组建项目团队。项目团队成员包含项目经理、技术专家、系统分析员、编码人员、测试人员、配置管理人员、质量保证人员、网络工程师、实施人员和美工等。对于小型软件开发，或者当企业规模较小，项目团队人数为3～5人时，项目经理本身又是技术专家，项目团队其他人员仅仅作为辅助人员。

3. 租用

租用是指企业并不拥有或者并不完全拥有相关的技术设备，而是通过向应用服务提供商租用设备、软件的使用权，来开展自己的电子商务活动。应用服务提供商集中为企业提供开展电子商务所需要的所有网络基础设施及软硬件运行平台，并负责所有前期的实施和后期的维护等一系列服务，使得企业无需购买软硬件、建设机房、招聘IT人员，而只需前期支付一次性的项目实施费和定期支付服务费，即可通过互联网享用电子商务服务系统进行电子商务活动。随着国内电子商务的迅猛发展，应用服务提供商越来越多，如提供B2B（Business To Business，企业对企业）的淘宝、天猫，提供在线支付服务的支付宝等。

思考与练习

1. 名词解释

（1）信息 （2）系统 （3）决策
（4）信息系统 （5）电子商务系统生命周期 （6）外包

2. 选择题

（1）信息的基本特征中除了与物质不可分割性、可传递性和可干扰性、可加工性，还有
（ ）。

  A．普遍性   B．时效性   C．相对性   D．可共享性

（2）按照信息的表现形式，信息可分为（ ）。

  A．自然信息和社会信息   B．流动信息和固定信息

  C．绝对信息和必然信息   D．消息、资料和知识

（3）信息的处理过程分为（ ）。

  A．信息的收集   B．信息的整理与加工

  C．信息的传递   D．信息的存储

（4）管理是一种行为，作为行为，首先应当有行为的（ ）。

  A．发起者   B．承受者   C．目标   D．过程

（5）从技术角度来看，信息系统是（ ）来自组织外部环境和内部经营的信息，通过输入、处理、输出、反馈等基本活动以支持组织决策和管理的相互关联的组成部分。

  A．收集   B．处理   C．储存   D．传递

3．简答题

（1）请简述信息的功能。

（2）请简述管理的基本原则和目的。

（3）信息处理过程有哪些？

（4）信息系统的结构是什么？

（5）电子商务系统的实现方式有哪些？

（6）典型 IT 项目开发团队包括哪些成员？

思维导图

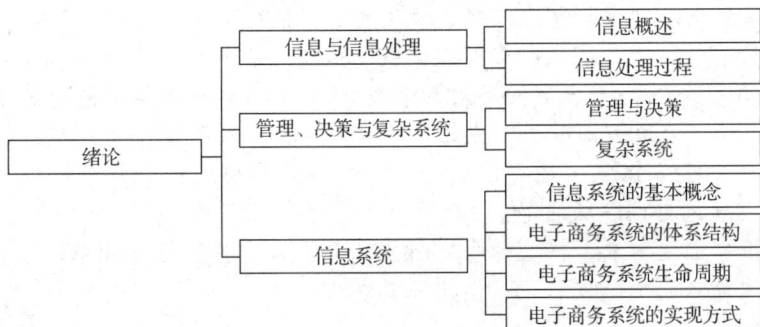

任务实训

  实训题目：项目小组组建

  实训目标：根据系统项目团队的一般角色分工，现场组建角色齐全的项目小组，并拟定一个需要开发的系统。

  实训思路：一般的系统项目团队会存在项目经理、系统分析师、软件设计师、视觉设计师、行业专家、网络工程师、测试工程师、配置管理员等多种角色，根据这些角色，班级同学现场组建若干项目小组，每组拟定一个需要开发的系统，并给每位小组成员分配对应的角色。

第 2 章
电子商务系统开发方法

【学习目标】

- 熟悉结构化方法的核心思想和开发步骤。
- 熟悉面向对象方法的基本概念和思想。
- 掌握原型法的开发步骤。
- 掌握 3 种开发方法的优缺点。

【能力目标】

- 具有根据电子商务项目的具体情况选择合适的开发方法的能力。
- 具有根据项目复杂程度融合多种开发方法的能力。

引导案例

某商学院需要开发一套学生信息管理系统。该系统能够帮助教师更加高效地批改学生作业、管理学生信息和查询学生成绩，涉及的实体包括学生、教师、系统管理员、任务、课程、作业、公告、留言、班级、专业、学院、成绩等。其中，教师可以讲授多门课程，每门课程可以有多个任务，一个任务对应多份学生作业；一个学院包含若干专业，专业下面有若干班级，一个班级由若干学生组成，学生可以给教师留言；系统管理员可以查询、修改学生和教师的个人信息，还可以新增学院、专业和班级；教师可以批改作业并给出成绩，学生可以查询自己的成绩等。

[问题 1] 根据上述需求，描述使用哪种方法开发该学生信息管理系统比较妥当。

[问题 2] 为什么选择该方法呢？请说明具体理由。

2.1 结构化方法

2.1.1 结构化方法简介

结构化方法（Structured Method，SM）是自顶向下的结构化开发方法、工程化的系统开发方法和生命周期法的结合，它是迄今为止所有开发方法中应用最普遍、最成熟的一种。该方法是由 E.Yourdon 和 L.L.Constantine 于 1978 年提出的，Tom DeMarco 于 1979 年对此方法做了进一步的完善。20 世纪 80 年代该方法得到了广泛应用。

结构化方法由结构化分析、结构化设计和结构化实现 3 个阶段组成。它的基本思想是把

一个复杂问题的求解过程分阶段进行，而且这种分解是自顶向下逐层分解的，使每个阶段处理的问题都控制在人们容易理解和处理的范围内。

结构化方法的基本要点是：自顶向下、逐步求精、模块化设计。结构化方法是以自顶向下、逐步求精为基点，以一系列经过实践考验的、被认为是正确的原理和技术为支撑，以数据流程图、数据字典、结构化语言、判定表、判定树等图形表示为主要手段，强调开发方法的结构合理性和系统的结构合理性的软件分析方法。采用结构化方法开发系统时，整个系统开发过程被划分为 5 个首尾相连的阶段，这 5 个阶段构成了系统开发的生命周期，如图 2-1 所示。

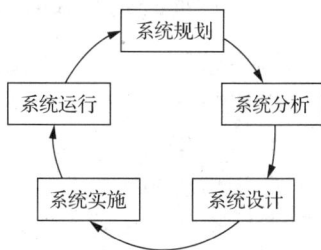

图 2-1　系统开发的生命周期

2.1.2　结构化方法的开发步骤

结构化方法主要分为结构化分析、结构化设计和结构化实现 3 个阶段。

1. 结构化分析

结构化分析是 20 世纪 70 年代末由 Demarco 等人提出的，旨在减少分析活动中的错误，建立满足用户需求的系统逻辑模型。结构化分析就是使用数据流程图、数据字典、结构化语言、判定表和判定树等工具，来建立一种新的称为结构化说明书的目标文档，即需求规格说明书。

结构化分析的要点是：面对数据流的分解和抽象；对复杂问题进行自顶向下逐层分解，经过一系列分解和抽象，到达底层的就都是很容易描述并处理的问题了。结构化分析的分析结果由数据流程图、数据字典和加工逻辑说明组成。

结构化分析的步骤：①分析当前的情况，做出反映当前物理模型的数据流程图（Data Flow Diagram，DFD）；②推导出等价的逻辑模型的数据流程图；③设计新的逻辑系统，生成数据字典和基元描述；④建立人机接口，提出可供选择的目标系统物理模型的数据流程图；⑤确定各种方案的成本和风险等级，据此对各种方案进行分析；⑥选择一种方案；⑦建立完整的需求规约。

2. 结构化设计

结构化设计给出一组帮助系统设计人员在模块层次上区分设计质量的原理与技术。它通常与结构化分析衔接起来使用，以数据流程图为基础得到软件的模块结构。结构化设计尤其适用于变换型结构和事务型结构的目标系统。在设计过程中，它从整个程序的结构出发，利用模块结构图表述程序模块之间的关系。结构化设计的结果是概要设计说明书和详细设计说明书。

结构化设计的原则：使每个模块尽量只执行一个功能，每个模块用过程语句（或函数方式等）调用其他模块，模块间传送的参数作数据用，模块间共用的信息（如参数等）尽量少。

结构化设计的步骤：①评审和细化数据流程图；②确定数据流程图的类型；③把数据流程图映射到软件模块结构，设计出模块结构的上层；④基于数据流程图逐步分解高层模块，设计中下层模块；⑤对模块结构进行优化，得到更为合理的软件结构；⑥描述模块接口。

3. 结构化实现

结构化实现是系统开发工作的最后一个阶段。它是将结构化设计的结果变成可实际运行的系统的过程。结构化实现的主要工作包括：数据库的建立、应用程序设计与编码、程序测试与系统调试、试运行、现场布局调整与系统移入、组织机构调整、系统切换、文档整理与验收（鉴定）。结构化实现阶段形成的文档主要包括：数据库源模式清单、程序流程图及源程序清单、系统调试书、使用说明书、维护手册、系统验收（鉴定、评审）书等。

2.1.3　结构化方法的特点

结构化方法的核心就是通过功能分解来减少程序设计的复杂性，并且增加软件的可重用性，以减少开发和维护的费用。

1. 结构化方法的优点

① 从系统整体出发，强调在整体优化的条件下自顶向下地分析和设计，保证了系统的整体性和目标的一致性。

② 强调功能抽象和模块化，采取分解的方法，把一个比较复杂的问题分解为若干个容易处理的部分，降低了问题处理的难度。

③ 严格区分系统开发的工作阶段，及时总结每一阶段的工作，发现问题后及时反馈和纠正。每一阶段的工作成果是下一阶段的依据，便于系统开发的管理和控制。

④ 按工程标准建立标准化的文档资料，大大简化了编程人员繁杂的工作，也有利于软件后期的维护。

2. 结构化方法的缺点

结构化方法适用于规模较大、结构化程度较高的系统的开发，这类系统的业务处理过程规范，数据需求非常明确，在一定时期内需求变化不大。

结构化方法在 20 世纪 70 年代至 20 世纪 80 年代可以满足需求，但在越来越复杂的非数值计算类型的软件系统开发中，在广泛应用图形界面的交互式应用中，在控制要求非常突出的系统中，在需求经常变动的环境下，这种方法暴露出了许多弊病。

① 功能与数据分离的系统设计结构与人类的现实世界环境很不一样，和人的自然思维也不一致。因此，现实世界与系统程序之间存在着一道鸿沟。

② 系统是围绕着如何实现一定的功能来运行的，即按照功能来划分系统，当用户需求发生变化，比如要求修改现有系统功能的实现方式或者要求追加新的功能时，修改就变得极为困难。这类系统的结构基于上层模块必须掌握和控制下层模块工作的前提，因此在下层模块发生变化时，常常会迫不得已去改变一系列的上层模块，新的上层模块也必须了解它的所有下层模块，编写这样的上层模块是极为困难的，从而导致这种方法无法适应技术的迅速发展和当代社会的发展要求。

③ 当系统中模块之间的控制作用有重要影响时，也就是说，实际的控制发生的根源来自分散的各个模块时，模块间的控制作用只能通过上下之间的调用关系来实现，从而造成信息传递路径过长、效率低、易受干扰，甚至出错。如果允许模块间为进行控制而直接通信，结果则是系统总体结构混乱，难以维护、控制，出错率高。因此，这种方法是无法适应以控制关系为重要特性的系统的要求的。

④ 用结构化的方法开发出来的系统往往难以维护，主要是因为所有的函数都必须知道数据结构，而许多不同数据类型的数据结构只有细微的差别，这种情况的函数中常常充满了条件语句，但它们与函数的功能毫无关系，只是因为数据结构的不同而不得不使用它们，结果就造成程序的可读性很差。

⑤ 自顶向下功能分解的分析设计方法极大地限制了系统的可重用性，导致大量的重复性工作，大大降低了系统开发人员的工作效率。

总的来说，结构化方法的不足主要表现在：第一，系统开发周期长，难以适应环境变化；第二，对于结构化程度较低的系统，在开发初期难以锁定功能要求。

2.2 面向对象方法

2.2.1 面向对象方法简介

面向对象方法（Object-Oriented Method，OOM）是一种把面向对象的思想应用于软件开发过程中，指导开发活动的系统方法。该方法是建立在"对象"概念基础上的。对象是由数据和容许的操作组成的封装体，与客观实体有直接对应关系。一个对象类定义了具有相似性质的一组对象。而继承性是对具有层次关系的类的属性和操作进行共享的一种方式。所谓面向对象，就是基于对象概念，以对象为中心，以类和继承为构造机制，来认识、理解、刻画客观世界，以及设计、构建相应的软件系统。

面向对象思想

在面向对象的软件系统开发过程中，首先进行面向对象分析（Object-Oriented Analysis，OOA），其次进行面向对象设计（Object-Oriented Design，OOD），然后进行面向对象编程（Object-Oriented Programming，OOP）和面向对象测试（Object-Oriented Test，OOT），但是面向对象方法的发展历程却是先有 OOP，然后发展到 OOD、OOA 和 OOT 的。

用计算机解决问题需要用程序设计语言对问题加以描述并求解（即编程），实质上，软件是问题求解的一种表述形式。显然，假如软件能直接表现人求解问题的思维路径（即求解问题的方法），那么软件不仅易于理解，而且易于维护和修改，从而软件的可靠性和可维护性能得到保证，公共问题域（Problem Domain，PD）中的软件模块和模块重用的可靠性也能得到提高。面向对象的机能和机制恰好可以使人们按照通常的思维方式来建立问题域的模型，设计出尽可能自然地表现求解方法的软件。

2.2.2 面向对象的基本概念

系统开发是一个问题求解的过程，开发软件系统的目的就是解决某个（或某一组）特定的问题领域中的问题。所谓问题领域，就是指软件系统所模拟的真实世界中的系统，如银行的自动存取款系统、学校的学籍管理系统、制造企业的生产管理系统等。

1. 对象

对象是指要研究的任何事物。从一辆车到一个车库，从一条信息到一个数据库，甚至航天飞机或空间站都可看作对象。对象不仅能表示有形的实体，也能表示无形的（抽象的）规则、计划或事件。对象是由数据（描述事物的属性）和作用于数据的操作（体现事物的行为）构成的一个独立封装体。从程序设计者的角度看，对象是一个程序模块；从用户的角度看，对象为他们提供相应的功能。对对象的操作通常称为方法。一个对象请求另一个对象为其服务的方式是发送消息。

2. 类

类是对象的模板，即类是对一组有相同数据和相同操作的对象的定义，一个类所包含的方法和数据描述一组对象的共同属性和行为。类是在对象之上的抽象；对象则是类的具体化，是类的实例，类的层次图如图 2-2 所示。

类

图 2-2 类的层次图

3. 消息

消息是对象之间进行通信的一种规格说明，其一般由 3 个部分组成，即接收消息的对象、消息名及传递的数据。

4．封装

封装是一种信息隐蔽技术，它体现为类的说明，是对象的重要特性。封装是将数据和加工该数据的方法（函数）封装为一个整体，以实现独立性很强的模块功能，使用户只能见到对象的外部特性（对象能接收哪些消息，具有哪些处理能力），而无法知道对象的内部特性（保存内部状态的私有数据和实现加工能力的算法）。封装的目的在于把对象的设计者和对象的使用者分开，使用者不必知晓行为实现的细节，只需用设计者提供的消息来访问该对象。

封装、继承性
和多态性

5．继承性

继承性是子类自动共享父类数据和方法的机制，它由类的派生功能体现。一个类可直接继承其他类的全部描述，还可修改和扩充。继承具有传递性。继承分为单继承（一个子类只有一个父类）和多重继承（一个子类有多个父类）。类的对象是各自封闭的，如果没有继承性机制，则类的对象中的数据、方法就会出现大量重复。继承不仅支持系统的可重用性，还促进系统的可扩充性。

6．多态性

多态性对象可根据所接收的消息做出动作。同一消息被不同的对象接收时可产生完全不同的行动，这种现象称为多态性。利用多态性，用户可发送一个通用消息，而将所有的实现细节都留给接收消息的对象自行决定，如此，同一消息即可调用不同的方法。例如，Print 消息被发送给一张图或表时调用的打印方法与将同样的 Print 消息发送给一份正文文件而调用的打印方法完全不同。多态性的实现会受到继承性的支持，利用类继承的层次关系，把具有通用功能的协议存放在类层次中尽可能高的地方，而将实现这一功能的不同方法置于较低层次，这样，在这些低层次上生成的对象就能给通用消息以不同的响应。在面向对象编程语言（Object-Oriented Programming Language，OOPL）中可通过在派生类中重定义基类函数（定义为重载函数或虚函数）来实现多态性。

2.2.3 面向对象方法的应用

面向对象方法是程序设计新范型、系统开发的新方法论。作为一门新技术，面向对象方法可支持种类不同的系统开发，已经在许多方面得以应用。

十多年来，除了面向对象的程序设计以外，面向对象方法已应用到整个信息系统领域和一些新兴的工业领域，包括用户界面、应用集成平台、面向对象数据库（Object-Oriented Database，OODB）、分布式系统、网络管理结构、人工智能领域以及并发工程、综合集成工程等。人工智能是和计算机密切相关的新领域，在很多方面已经采用面向对象方法，如知识的表示、专家系统的建造、用户界面等。人工智能的软件通常规模较大，用面向对象方法能更好地设计并维护这类软件。

20 世纪 80 年代后期形成的并发工程，其概念要点是在产品开发初期（即方案设计阶段）就把结构、工艺、加工、装配、测试、使用、市场等环节同期并行地启动运行，其实现必须有两个基本条件：一是专家群体；二是共享并管理产品信息，即将计算机辅助设计（Computer-Aided Design，CAD）、计算机辅助工程（Computer-Aided Engineering，CAE）、计算机辅助制造（Computer-Aided Manufacturing，CAM）紧密结合在一起。显然，这需要面向对象方法的支持。目前，一些公司采用并发工程组织产品的开发，已取得显著效益。例如，波音公司用并发工程开发巨型 777 运输机，比开发 767 节省了一年半时间；日本把并发工程用于新型号的汽车生产，和美国相比，只用一半的生产时间。产业界认为它们以后的生存要依靠并发工程，而面向对象方法是促进并发工程发展的重要支持。

综合集成工程是开发大型开放式复杂系统的新的工程概念。与并发工程相似，专家系统的组织和信息共享是这一新工程概念的两大支柱。由于开放式大系统包含人的智能活动，因此建立数学模型非常困难。而面向对象方法能够比较自然地刻画现实世界，容易达到问题空间和程序空间的一致，能够在多种层次上支持复杂系统层次模型的建立，是研究综合集成工程的重要工具。面向对象方法对并发工程和综合集成工程的作用，一方面说明了这一新技术应用范围的宽广，另一方面也说明了它的重要影响，更证明了面向对象方法是一门新兴的值得广泛重视的技术。

2.2.4　面向对象方法的基本步骤

使用面向对象方法进行系统开发时，应按照以下几个步骤进行。

① 分析确定在问题空间和程序空间出现的全部对象及其属性。

② 确定应施加于每个对象的操作，即对象固有的处理能力。

③ 分析对象间的联系，确定对象间传递的消息。

④ 设计对象的消息模式，消息模式和处理能力共同构成对象的外部特性。

⑤ 分析各个对象的外部特性，将具有相同外部特性的对象归为一类，从而确定所需要的类。

⑥ 确定类间的继承关系，将各对象的公共性质放在较上层的类中描述，通过继承来共享对公共性质的描述。

⑦ 设计每个类关于对象外部特性的描述。

⑧ 设计每个类的内部实现方式（数据结构和方法）。

⑨ 创建所需的对象（类的实例），实现对象间应有的联系（发消息）。

一般来讲，采用面向对象方法开发系统主要分为 4 个阶段，即面向对象分析、面向对象设计、面向对象编程和面向对象测试。

1. 面向对象分析

面向对象分析是指在一个系统的开发过程中进行了系统业务调查以后，按照面向对象的思想来分析问题。面向对象分析与结构化分析有较大的区别。面向对象分析所强调的是在系统调查资料的基础上，针对面向对象方法所需要的素材进行的归类分析和整理，而不是对管理业务现状和方法的分析。

（1）面向对象分析涉及的相关概念

用面向对象分析对所调查的结果进行分析处理时，一般涉及以下几个概念。

① 抽象，是指从众多的事务中抽取出共同的、本质性的特征作为一个整体，形成共同特质的集合形式。抽象是科学地研究和处理复杂问题的重要方法。抽象机制被用在数据分析方面，被称为数据抽象。数据抽象是面向对象分析的核心，数据抽象把一组数据对象以及作用其上的操作组成一个程序实体，使得外部只知道它是如何做和如何表示的。在应用数据抽象原理时，系统分析人员必须确定对象的属性以及处理这些属性的方法，并借助方法获得属性。在面向对象分析中，属性和方法被认为是不可分割的整体。抽象机制有时也被用在对过程的分解方面，被称为过程抽象。恰当的过程抽象可以对复杂过程的分解和确定以及描述对象发挥积极的作用。

② 封装，是将通过抽象所得到的数据和操作进行结合，使其形成一个有机的整体，对内执行操作，对外隐藏细节和数据。

③ 继承，是指能直接获得已有的性质和特征而不必重复定义它们。面向对象分析可以一次性地指定对象的公共属性和方法，然后再特化和扩展这些属性及方法为特殊情况，这样可大大地减少在系统实现过程中的重复劳动。在共有属性的基础之上，继承者也可以定义自己

独有的特性。

④ 相关，是指把某一时刻或相同环境下发生的事物联系在一起。

⑤ 消息通信，是指在对象之间互相传递消息的通信方式。

⑥ 组织方法，是指一种将系统中的各种对象、属性、方法、关系等按照某种逻辑或规则进行组织和管理的方法。它涉及如何有效地将复杂的系统分解为更小、更易于管理的部分，以及如何将这些部分组合成一个完整、协调的整体。组织方法的目标是确保系统的结构清晰、易于理解、易于维护和扩展。

⑦ 比例，是一种运用整体与部分原则，辅助处理复杂问题的方法。

⑧ 行为范畴，是针对分析对象而言的，主要包括基于直接原因的行为、时变性行为、功能查询性行为。

（2）面向对象分析的基本步骤

在进行面向对象分析时，可遵循如下5个基本步骤。

第1步，确定对象和类。这里所说的对象是对数据及其处理方式的抽象，它反映了系统保存和处理现实世界中某些事物的信息的能力。类是多个对象的共同属性和方法集合的描述，包括如何在一个类中建立一个新对象的描述。

第2步，确定结构。结构是指问题域的复杂性和连接关系。类成员结构反映了泛化—特化关系，整体—部分结构反映了整体和局部之间的关系。

第3步，确定主题。主题是指事物的总体概貌和总体分析模型。

第4步，确定属性。属性就是数据元素，用来描述对象或分类结构的实例，可在图（图指在面向对象分析的步骤中，用于表示和分析系统中的对象、类、结构和方法的多种图表）中给出，并在对象的存储中指定。

第5步，确定方法。方法是在收到消息后必须采取的一些处理方法。方法要在图中定义，并在对象的存储中指定。对于每个对象和结构来说，那些用来增加、修改、删除和选择的方法本身都是隐含的（即虽然它们要在对象的存储中定义，但并不在图上给出），而有些方法则是显式的。

2. 面向对象设计

面向对象设计是面向对象方法中的一个中间过渡环节。其主要作用是对面向对象分析的结果做进一步的规范化整理，以便能够被面向对象编程直接接受。在面向对象设计的过程中，主要开展如下两项工作。

（1）整理和求精

对于面向对象分析所抽象出来的对象和类以及汇集的分析文档，面向对象设计需要有一个根据设计要求整理和求精的过程，使之更能符合面向对象编程的需要。这个整理和求精过程主要包括两个方面：一是要根据面向对象的概念模型整理分析所确定的对象结构、属性、方法等内容，改正错误的内容，删去不必要和重复的内容等；二是进行分类整理，以便下一步开展数据库设计和程序处理模块设计。整理的方法主要是进行归类，对类和对象、属性、方法和结构、主题进行归类。

（2）数据模型和数据库设计

数据模型的设计需要确定类和对象属性的内容、消息连接的方式、系统访问、构建数据模型的方法等。最后每个对象实例的数据都必须落实到面向对象的库结构模型中。

3. 面向对象编程

面向对象编程是一种计算机编程架构。面向对象编程的基本原则是程序由单个能够起到子程序作用的单元或对象组合而成。面向对象编程的基本思想是把组件的实现和接口分开，使组件具有多态性。面向对象编程具有重用性、灵活性和扩展性。为了实现整体运算，每个对象都能够接收信息、处理数据和向其他对象发送信息。面向对象编程的关键是组件，它是数据和功能一起在运行着的计算机程序中形成的单元，在面向对象编程中，组件是构成程序的基础模块，是结构化编程的基石。

4. 面向对象测试

面向对象分析测试和面向对象设计测试是面向对象测试的两个重要组成部分，它们分别针对软件开发的不同阶段进行验证和确认。

① 面向对象分析测试。这个阶段的测试主要是对面向对象分析阶段产生的结果进行验证。它确保分析模型的正确性、完整性和一致性，以及分析结果能够满足用户的需求和系统的功能要求。面向对象分析测试通常涉及对需求文档、用例、类和对象模型的审查和验证。

② 面向对象设计测试。这个阶段的测试是对面向对象设计阶段产生的结果进行验证。它确保设计模型能够正确地实现分析模型中定义的需求，并且是可行的、可维护的。面向对象设计测试通常涉及对设计文档、类图、序列图的审查和验证。

面向对象分析测试和面向对象设计测试都是软件开发前期的关键性测试，它们在编程和集成之前进行，有助于尽早发现问题，减少后期的返工成本。这两个测试为后续的面向对象编程测试提供了基础，确保编程阶段的实现是基于正确和稳定的分析和设计结果。

总结来说，面向对象分析测试和面向对象设计测试是面向对象测试在分析和设计阶段的体现，它们是保证软件质量的重要步骤，与面向对象测试的关系是部分与整体的关系。

2.3　原型法

2.3.1　原型法简介

原型法是 20 世纪 80 年代随着计算机软件技术的发展，特别是在关系型数据库系统、第四代程序生成语言和各种系统开发生成环境产生的基础上，被提出的一种在设计思想、工具、手段都具有创新性的系统开发方法。它摒弃了那种一步步周密细致地调查分析，然后逐步整理出文字档案，最后才能让用户看到结果的烦琐做法。

原型法是指在获取一组基本的需求定义后，利用高级软件工具可视化的开发环境，快速地建立一个目标系统的最初版本，并把它交给用户试用、补充和修改，再进行新的版本开发，反复进行这个过程，直到得出系统的"精确解"，即用户满意为止的一种方法。

原型法的核心思想是用快速建立起来的、交互的原型取代形式的、不允许修改的大部分规格说明，通过让用户在计算机上反复试用原型系统来收集修改意见，逐步形成完善的系统。

2.3.2　原型法的开发步骤

利用原型法开发系统的步骤主要分为 4 步：首先快速分析，明确用户的基本需求；其次构造原型，开发初始原型系统；再次，用户和系统开发人员试用并评价原型；最后，系统开发人员修改并完善原型，形成最终的系统。具体如下。

1. 明确用户的基本需求

由用户提出对新系统的基本要求，如功能、界面的基本形式、所需要的数据、应用范围、运行环境等，系统开发人员根据这些信息估算开发该系统所需的费用，并建立简明的系统模型。

2. 构造原型

系统开发人员在明确了用户对系统基本要求的基础上，依据计算机模型，以尽可能快的速度和尽可能多的开发工具来建造一个结构仿真模型，即快速原型构架。之所以称为原型构架，是因为这样的模型是系统总体结构，是子系统以上部分的高层模型。由于要求快速构建模型，这一步骤要尽可能使用一些软件工具和原型制造工具，以辅助进行系统开发。

3. 试用并评价原型

快速原型构架建成后，就要交给用户立即试用，各类人员对其进行检查、分析、评价。

4. 修改并完善原型，形成最终的系统

在试用中系统开发人员要充分与用户进行沟通，尤其是要对用户提出的不满意的地方进行认真细致的修改、完善，直到用户满意为止。经过双方共同的努力，把开发原型过程中的许多细节问题逐个补充、完善、求精，最后形成正式原型，即一个适用的系统。

2.3.3 原型法的特点

根据原型法的开发步骤以及结合原型法的定义得出以下几点内容。第一，原型法是一种循环往复、螺旋式上升的工作方法，更多地遵循了人们认识事物的规律，因而更容易被人们掌握和接受。第二，原型法强调用户的参与，特别是对模型的描述和系统运行功能的检验，都强调了用户的主导作用，从而缩短了用户和系统开发人员之间的距离。在系统开发过程中，需求分析能反映客观实际，信息反馈及时、准确，潜在的问题就能尽早被发现并及时解决，系统的可靠性和适用性就能提高。第三，原型法提倡使用工具开发，即使用与原型法相匹配的开发工具，包括模型构建与修改工具、目标设定和执行工具等，这种方法使得整个系统的开发过程摆脱了老一套的工作方法，时间大大缩短，效率及质量等都大大提高，系统对内外部环境的适应能力也大大增强。

综上所述，原型法的优缺点及适用范围如下。

（1）原型法的优点

符合人们认识事物的规律，系统开发循序渐进，反复修改，确保较高的用户满意度；开发周期短，费用相对少；由于用户直接参与，系统更加贴近实际；系统易学易用，减少用户的培训时间；系统应变能力强。

（2）原型法的缺点

不适合大规模系统的开发；开发过程管理要求高，整个开发过程要经过"修改—评价—再修改"的多次反复；用户过早看到系统原型，误认为系统就是这个模样，易失去信心；系统开发人员易以初步的系统原型取代系统分析，缺乏规范化的文档资料。

（3）原型法的适用范围

原型法适用于处理过程明确、简单的系统，涉及面窄的小型系统；不适合用于开发大型、复杂、难以模拟的系统，存在大量运算、逻辑性强的处理系统，管理基础工作不完善、处理过程不规范的系统，批处理系统。

思考与练习

1. 名词解释

（1）结构化方法　　（2）面向对象方法　　（3）原型法　　（4）类　　（5）封装　　（6）继承性
（7）多态性

2．选择题

（1）（　　）是自顶向下的结构化开发方法、工程化的系统开发方法和生命周期法的结合，它是迄今为止所有开发方法中应用最普遍、最成熟的一种。

  A．原型法   B．面向对象方法 C．结构化方法 D．生命周期法

（2）结构化设计的原则：使每个模块尽量只执行一个（　　），每个模块用过程语句（或函数方式等）调用其他模块，模块间传送的参数作数据用，模块间共用的信息（如参数等）尽量少。

  A．过程   B．对象   C．模块   D．功能

（3）（　　）是一种把面向对象的思想应用于软件开发过程中，指导开发活动的系统方法。

  A．原型法   B．面向对象方法 C．结构化方法 D．生命周期法

（4）（　　）是指在获取一组基本的需求定义后，利用高级软件工具可视化的开发环境，快速地建立一个目标系统的最初版本，并把它交给用户试用、补充和修改，再进行新的版本开发。

  A．原型法   B．面向对象方法 C．结构化方法 D．生命周期法

（5）（　　）是一种信息隐蔽技术，它体现为类的说明，是对象的重要特性。

  A．多态性   B．封装   C．继承性   D．遍历

（6）一般来讲，采用面向对象方法开发系统主要分为 4 个阶段，即面向对象（　　）、面向对象设计、面向对象编程和面向对象测试。

  A．分析   B．构造   C．需求   D．建模

3．简答题

（1）请简述类和对象的区别和联系。

（2）请简述结构化方法的优点和不足之处。

（3）原型法的基本思想是什么？

（4）谈谈结构化方法、面向对象方法及原型法的区别。

思维导图

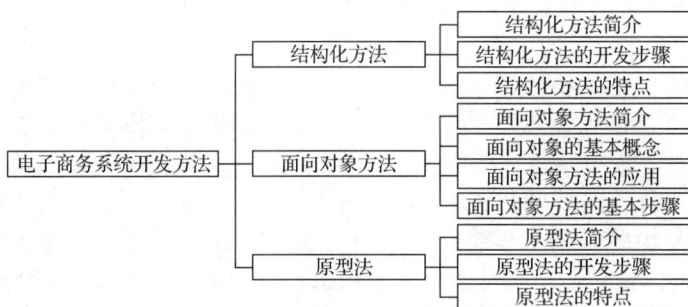

任务实训

实训题目：开发方法选择

实训目标：针对第 1 章任务实训里项目小组拟定的系统，选择合适的系统开发方法。

实训思路：分析已拟定的系统，找出其特点，根据系统特点选择最适合的系统开发方法，给出具体开发步骤，并说明选择此种方法的理由。

第 3 章
统一建模语言

【学习目标】

- 掌握建模的重要性和原则以及面向对象建模。
- 熟悉 UML 的发展过程、特点、功能及组成。
- 掌握 UML 常见的图及其绘制方法。

【能力目标】

- 具有根据系统特点和项目具体情况绘制 UML 图的能力。

引导案例

如果你想为自己的家庭建一座房子，你拥有的材料和工具是一堆木材、一些钉子和一些基本的工具。但是这将要占用你很长的时间，因为建房子的要求比较高。在这种情况下，除非你长期从事这项工作，否则最好在打地基之前好好地规划一下。首先，为了建造一座满足家庭需要的高质量的房子，你需要画几张草图，考虑各个房间的用途以及照明、取暖等设备的布局。然后，你就可以对工时和工料做出合理的估计。尽管以一人之力能盖一座房子，但是你会发现同其他人合作效率会更高，这包括请人帮忙或者买些半成品材料。只要按照计划开展并且不超过时间和财力的限制，你的建造目标就完成了一大半。

如果你想建造一幢高档的写字楼，那么在动工前就急于准备材料和工具一定是不明智的，因为这样的项目通常涉及他人的投资，而这些投资人将会对写字楼的规模、设计风格做出重要决策。通常情况下，投资人甚至会在动工以后改变他们的想法，你需要做额外的计划，以免付出额外的代价。你的工作组有可能只是很多个工作组之一，所以你的团队需要各种各样的图纸和模型，以便同其他小组进行沟通。只要人员、工具配置得当，按照计划施工，你肯定会交付令人满意的工作。如果你想在建筑行业长久地干下去，你不得不在客户的需求和实际的建筑技术之间找到好的契合点。

[问题 1] 如果软件开发没有做好规划而匆忙开始，会出现什么样的问题？

[问题 2] 根据案例中的两个例子，你可得出什么样的结论？

3.1 建模

在软件界有这么一条真理：一个开发团队首要关注的不应是漂亮的文档、世界级的会议、响亮的口号或者华丽的源码，而是如何满足用户和项目的需要。

素养课堂

为了保证开发的软件满足用户需求，开发组织必须深入用户中间了解其对系统的真实需求；为了开发具有质量保证的软件，开发组织必须建立一个富有弹性的、稳固的结构基础；为了快速、高效地开发软件并使无用和重复的开发最少化，开发组织必须具有精干的系统开发人员、正确的开发工具和合适的开发重点。为了达到以上要求，在对系统生命周期正确估计的基础上，开发组织必须具有能够适应商业和技术需求变化的健全的开发步骤。

建模是所有开发优质软件过程的中心一环。本节主要介绍建模的重要性、建模的原则和面向对象建模。

3.1.1　建模的重要性

1. 软件的建模

如果像建房子或者建写字楼一样开发软件，问题就不是写代码了，而是怎样写正确的代码和怎样少写代码。这就使得高质量的软件开发变成了一个结构、过程和工具相结合的问题。如果开发组织没有对结构、过程和工具加以综合考虑，则会造成一定的损失。每个失败的软件项目都有其特殊的原因，但是成功的软件项目在许多方面是相似的。开发组织获得成功的因素有很多，其中一个基本的因素就是建模。

2. 模型的实质

那么模型究竟是什么？简而言之，模型是对现实的简化。

模型提供系统的蓝图，包含细节设计，也包含对系统的总体设计。一个好的模型包括重要的因素，而忽略不相干的细节。每一个系统可以从不同的方面使用不同的模型进行描述，因此每个模型都是对系统从语义上近似的抽象。模型可以是结构的，侧重于系统的组织；也可以是行为的，侧重于系统的动作。

3. 建模的目标

建模可以帮助系统开发人员更好地了解正在开发的系统。建模可以实现以下 4 个目标。

① 便于系统开发人员展现系统。

② 允许系统开发人员指定系统的结构或行为。

③ 提供指导系统开发人员构造系统的模板。

④ 记录系统开发人员的决策。

建模不是庞大、复杂系统的专利，小而简单的系统也可以从建模中获益。但是，越庞大、越复杂的系统，建模越重要。系统开发人员之所以在复杂的系统中建模，是因为没有模型的帮助，他们不可能完全地理解系统。

4. 通用建模语言的必要性

通过对比系统的复杂度，我们会发现，越简单的系统，使用规范模型的可能性越小。实际上，即便是最小的系统，系统开发人员也要建模，即便建模可能很不规范。系统开发人员可以在一块黑板或者一小张纸上概略地描述系统的某个部分，团队成员可以使用 CRC（Class-Responsibility-Collaborator，类—责任—协作者模型）卡片来验证设计的可行性。这些模型本身没有任何错误，只要有用就尽可能地使用。但是通常情况下，这种不正规的模型因为个性色彩过于浓厚，所以很难被其他系统开发人员采用。正因为这样，通用建模语言的存在成为必然。

3.1.2　建模的原则

工程学科对模型的使用有着悠久的历史，人们从中总结出了 4 个基本的建模原则。

① 明确建模的类型、问题的起因，以及解决方案是如何一步步形成的。换句话说，就是认真选择模型。正确的模型有助于提高系统开发人员的洞察力，指导系统开发人员找到主要问题；而错误的模型会误导系统开发人员将注意力集中在不相关的问题上。

② 每个模型可以有多种表达方式。假设建造师正在建一幢高楼，有时需要一张俯视图，以使参观者有一个直观的印象；有时又需要认真考虑底层的设计，如铺设自来水管或者电线。相同的情况也会在软件模型中出现，如系统有时候需要一个快速简单的、可实行的用户接口模型，而有时候又不得不进入底层与二进制数据打交道。

无论如何，用户的身份和使用的原因是评判模型好坏的关键。分析人员和最终的用户关心"是什么"，而系统开发人员关心"怎么做"。所有的参与者都想在不同的时期从不同的层次了解系统。

③ 最好的模型总是能够切合实际。如果一幢高楼的物理模型只有有限的几个数据，那么它不可能真实地反映现实的建筑；对于一架飞机的数学模型，如果只考虑理想的飞行条件和良好的制造技术，那么很可能掩盖其实际飞行中的致命缺陷。避免以上情况的最好办法就是让模型与现实紧密联系。所有的模型都是简化的现实，关键的问题是必须保证简化过程不会掩盖任何重要的细节。

④ 模型是相互关联的。一个好的系统由多个相互关联的模型组成，就像建造一幢房子需要不同的设计图一样，包括楼层平面图、电线设计图、取暖设备设计图和管道设计图。这些模型虽然可以独立被建立和研究，但是它们必须相互协调和整合，以确保系统整体的一致性和功能性。例如，电线设计图虽然独立，但是在楼层平面图和管道设计图中也需要考虑电线的布局和安装。

3.1.3 面向对象建模

随着计算机科学技术的发展，软件开发方法也在不断演进。其中，面向对象开发已经成为当今最主流的开发范式之一。面向对象建模是面向对象开发过程中的关键环节，它涉及如何将现实世界的问题域抽象成可以在计算机中实现的模型。

1. 面向对象建模的定义

面向对象建模是一种使用"对象"来表示系统中的实体、属性和行为的方法。它强调将现实世界的事物抽象成程序世界中的"类"和"对象"，并通过它们之间的交互来实现系统的功能。在面向对象建模的过程中，我们不仅要定义对象的内部结构（即属性），还要定义对象能够执行的操作（即方法）。

2. 面向对象建模的过程

面向对象建模的过程通常包括以下几个步骤：

① 需求分析：确定系统的功能和性能要求。

② 领域分析：分析问题域，识别关键的概念和实体。

③ 建立类模型：根据问题域分析的结果，设计系统的类模型。

④ 细化类模型：添加必要的属性和方法，定义类之间的关系。

⑤ 验证和优化模型：检查模型的完整性和一致性，并根据需要进行模型优化。

面向对象建模是软件开发过程中不可或缺的一部分，它有助于我们更好地理解、设计和实现复杂的系统。通过掌握面向对象建模的基本概念和技巧，我们将能够在未来的软件开发生涯中更加高效地工作。

3.2　UML 简介

3.2.1　UML 的发展

　　面向对象方法的发展在 20 世纪 80 年代末至 20 世纪 90 年代中期出现了一个高潮，统一建模语言（Unified Modeling Language，UML）是这个高潮的产物。UML 不仅统一了 Booch、Rumbaugh 和 Jacobson 的表示方法，而且在此基础上有了进一步的发展，并最终统一为大众所接受的标准建模语言。

　　公认的面向对象建模语言出现于 20 世纪 70 年代中期，而 1989 ～ 1994 年，其数量从不到 10 种增加到了 50 多种。在众多的建模语言中，语言的创造者努力宣传自己的产品，并在实践中不断完善。但是，使用面向对象方法的用户并不了解不同建模语言的优缺点及相互之间的差异，因而很难根据应用特点选择合适的建模语言，于是爆发了一场"方法大战"。20 世纪 90 年代中期，一批新方法出现了，其中最引人注目的是 Booch 1993、OOSE 和 OMT-2 等。

　　Booch 是面向对象方法最早的倡导者之一，他提出了面向对象软件工程的概念。1991 年，他将以前面向 Ada 的工作扩展到整个面向对象设计领域。Booch 1993 比较适用于系统的设计和构造。Rumbaugh 等人提出了对象建模技术（Object Modeling Technique，OMT）方法，该方法采用了面向对象的概念，并引入了各种独立于语言的表示符，用对象模型、动态模型、功能模型和用例模型共同完成对整个系统的建模，它所定义的概念和符号可用于系统开发的分析、设计和实现的全过程，系统开发人员不必在开发过程的不同阶段进行概念和符号的转换。OMT-2 特别适用于分析和描述以数据为中心的信息系统。Jacobson 于 1994 年提出了 OOSE 方法，该方法最大的特点是面向用例，并在用例的描述中引入了外部角色的概念。用例是精确描述需求的重要武器，但用例贯穿于整个开发过程，包括对系统的测试和验证。OOSE 比较适用于支持商业工程和需求分析。此外，还有 Coad/Yourdon 方法，即 OOA/OOD，它是最早的面向对象的分析和设计方法之一，该方法简单、易学，适合面向对象技术的初学者使用，但由于该方法在处理能力方面的局限，目前已很少使用。

　　首先，用户由于没有能力区分众多的建模语言之间的差别，因此很难找到一种比较适合其应用特点的语言；其次，众多的建模语言实际上各有千秋；最后，虽然建模语言大多雷同，但仍存在某些细微的差别，极大地妨碍了用户之间的交流。因此，客观上很有必要在精心比较不同的建模语言优缺点及总结面向对象技术应用实践的基础上，组织联合设计小组，根据应用需求，求同存异，统一建模语言。

　　1994 年 10 月，Booch 和 Rumbaugh 首先将 Booch 1993 和 OMT-2 统一起来，并于 1995 年 10 月发布了第一个公开版本，称之为统一方法 UM 0.8。1995 年秋，Jacobson 加盟到这一工作中。经过 Booch、Rumbaugh 和 Jacobson 3 人的共同努力，两个新版本即 UML 0.9 和 UML 0.91 分别于 1996 年 6 月和 10 月被发布，并且 UM 被重新命名为 UML。UML 的开发人员倡议并成立了 UML 成员协会，以完善、加强和促进 UML 的定义工作，当时的成员有 DEC、HP、I-Logix、Itellicorp、IBM、ICON Computing、MCI Systemhouse、Microsoft、Oracle、Rational Software、TI 以及 Unisys。UML 成员协会对 UML 1.0 及 UML 2.0 的定义和发布起了重要的促进作用。

3.2.2　UML 包含的内容

　　首先，UML 融合了 Booch 1993、OMT-2 和 OOSE 方法中的基本概念，而且这些基本概念与其他面向对象技术中的基本概念大多相同，因而，UML 必然成为这些方法以及其他方法的使用者乐于采用的一种简单、一致的建模语言；其次，UML 不是上述方法的简单汇合，而是在这些方法的基础上广泛征求意见，集众家之长，几经修改完成的，UML 扩展了现有方法的应用范围；最后，UML 是标准的建模语言，而不是标准的开发过程。

作为一种建模语言，UML 的定义包括 UML 语义和 UML 表示法两个部分。

1．UML 语义

UML 语义用于描述基于 UML 的精确元模型定义。元模型为 UML 的所有元素在语法和语义上提供了简单、一致和通用的定义性说明，使系统开发人员能在语义上取得一致，消除了因人而异的表达方法所造成的影响。此外，UML 还支持对元模型的扩展定义。

2．UML 表示法

UML 表示法定义 UML 符号的表示法，为系统开发人员或开发工具使用这些图形符号和文本语法进行系统建模提供了标准。这些图形符号和文本所表达的是应用级的模型，在语义上它是 UML 元模型的实例。

3.2.3 UML 的定义

UML 是一种面向对象的建模语言。它的主要作用是帮助用户对软件系统进行面向对象的描述和建模；它可以描述这个软件从需求分析直到实现和测试的开发全过程。UML 通过建立各种联系，如类与类之间的关系，类 / 对象怎样相互配合实现系统的行为状态等（这些都称为模型元素），来组建整个结构模型。UML 提供了各种图，如用例图、类图、序列图、协作图和状态图等，用于将模型元素及其关系可视化，让人们可以清楚、容易地理解模型，可以从多个视角来考察模型，从而更加全面地了解模型，这样同一个模型元素可能会出现在多个UML 图中，不过都保持相同的意义和符号。

UML 是通过模型来描述系统结构或静态特征，以及行为或动态特征的。为方便起见，用视图来划分系统的各个方面，每一个视图描述系统某一方面的特征。这样一个完整的系统模型就由许多视图来共同描述。

UML 中的视图大致可以分为如下几种。

① 用例视图（Use Case View）。用例视图强调从用户的角度看到的或需要的系统功能，是被称为"参与者"的外部用户所能观察到的系统功能的模型图。

② 逻辑视图（Logical View）。逻辑视图展现系统的静态或结构组成及特征，也称为结构模型视图（Structural Model View）或静态视图（Static View）。

③ 并发视图（Concurrent View）。并发视图体现了系统的动态或行为特征，也称为行为模型视图（Behavioral Model View）或动态视图（Dynamic View）。

④ 组件视图（Component View）。组件视图体现了系统实现的结构和行为特征，也称为实现模型视图（Implementation Model View）。

⑤ 配置视图（Deployment View）。配置视图体现了系统实现环境的结构和行为特征，也称为环境模型视图（Environment Model View）或物理视图（Physical View）。

视图是由图组成的，UML 提供了 9 种不同的图。

① 用例图（Use Case Diagram）。用例图描述系统功能。

② 类图（Class Diagram）。类图描述系统的静态结构。

③ 对象图（Object Diagram）。对象图描述系统在某个时刻的静态结构。

④ 序列图（Sequence Diagram）。序列图按时间顺序描述系统元素间的交互，也称为"顺序图"。

⑤ 协作图（Collaboration Diagram）。协作图按时间和空间顺序描述系统元素间的交互和它们之间的关系。

⑥ 状态图（State Diagram）。状态图描述了系统元素为响应事件而经历的一系列状态和对事件做出响应的行为。

⑦ 活动图（Activity Diagram）。活动图描述了系统元素的活动。

⑧ 组件图（Component Diagram）。组件图描述了实现系统的元素的组织。

⑨ 部署图（Deployment Diagram）。部署图描述了环境元素的配置，并把实现系统的元素映射到配置上。

3.2.4 UML 的组成

UML 由视图（View）、图（Diagram）、模型元素（Model Element）和通用机制（General Mechanism）组成。

1. 视图

视图是表达系统某一方面特征的 UML 模型元素的子集；视图并不是图，它是由一个或多个图组成的对系统某个角度的抽象。在建立一个系统模型时，只有通过定义多个反映系统不同方面的视图，才能对系统做出完整、精确的描述。

2. 图

图是模型元素集的图形表示，通常是由弧（关系）和顶点（其他模型元素）相互连接构成的。UML 通常提供 9 种基本的图，把这 9 种基本的图结合起来就可以描述系统的所有视图。

3. 模型元素

模型元素代表面向对象中的类、对象、接口、消息和关系等概念。UML 中的模型元素包括事物和事物之间的联系（事物之间的关系能够把事物联系在一起，组成有意义的结构模型）。常见的联系包括关联关系、依赖关系、泛化关系、实现关系和聚集关系。同一个模型元素可以在几个不同的 UML 图中使用，不过同一个模型元素在任何图中都保持相同的意义和符号。

4. 通用机制

通用机制用于表示其他信息，比如修饰、注释、规格说明、调用划分等。另外，UML 还提供扩展机制（Extension Mechanism），使 UML 能够适应一个特殊的方法 / 过程、组织或用户。

UML 有两套建模机制：静态建模机制和动态建模机制。静态建模机制包括用例图、类图、对象图、组件图和部署图。动态建模机制包括消息、序列图、协作图、状态图、活动图。

对于本节中的诸多概念，读者暂时了解即可，后面的章节将会结合实例进行详细的介绍。

UML 的目标是以面向对象图的方式来描述任何类型的系统，其中最常用的是建立软件系统的模型。但 UML 同样可以用于描述非软件领域的系统，如机械系统、企业机构或业务过程，以及处理复杂数据的信息系统、具有实时要求的工业系统或工业过程等。总之，UML 是一个通用的标准建模语言，可以对任何具有静态结构和动态行为的系统进行建模。此外，UML 适用于系统开发过程中从需求规格描述到系统完成后测试的不同阶段。

3.3 用例图

UML 为建立系统模型提供了一整套建模机制，使用用例图、协作图、序列图、活动图和状态图等可以从不同的侧面、不同的抽象级别出发为系统建模。其中，用例图主要用于为系统的功能需求建模，它主要描述系统功能，也就是从外部用户的角度观察，系统应该实现哪些功能才有利于系统开发人员以一种可视化的方式理解用户对系统的功能需求。可以说，用例图是对系统功

绘制用例图

能的一个宏观描述，画好用例图是从软件需求分析到最终实现的第一步，也是最重要的一步。通过本节的学习，读者能够从整体上理解用例图，掌握用例图的画法。

1. 用例图的定义

由参与者、用例以及它们之间的关系构成的用于描述系统功能的静态图称为用例图。其中，用例和参与者之间的对应关系又称为通信关联，它表示参与者使用了系统中的哪些用例。用例图显示的是系统的用户和用户希望提供的功能，有利于用户和系统开发人员之间的沟通。

2. 用例图的作用

用例图是需求分析的产物，主要作用是描述参与者和用例之间的关系。借助用例图，系统开发人员能够以可视化的方式了解系统的功能，系统用户、系统分析人员、系统设计人员、领域专家都能够以可视化的方式对问题进行探讨，减少了大量交流上的障碍，便于对问题达成共识。

与传统的 SRS（Software Requirement Specification，软件需求规约）相比，用例图以可视化的方式表达了用户对系统的需求，具有直观、规范等优点，克服了纯文字性说明的不足。另外，用例图是完全从外部来定义系统功能的，它把需求和设计完全分离开来，不用关心系统内部是如何完成各种功能的，系统就好像一个黑箱子。用例图以可视化的方式描述了系统外部的使用者（抽象为参与者），以及使用者使用系统时，系统为这些使用者提供的一系列服务（抽象为用例），并清晰地描述了参与者和参与者之间的泛化关系、用例和用例之间的包含关系（泛化关系、扩展关系）以及用例和参与者之间的关联关系，所以从用例图中可以得到对系统的一个总体印象。

在面向对象的分析与设计方法中，用例图可以用于描述系统的功能需求。每一个用例都描述了一个完整的系统服务，可以作为系统开发人员和用户之间就系统的需求进行沟通的一个有效手段。

3.3.1 参与者

1. 参与者的概念

参与者（Actor）是指存在于系统外部并直接与系统进行交互的人、系统、子系统或类的外部实体的抽象。每个参与者可以参与一个或多个用例，每个用例也可以有一个或多个参与者。在用例图中使用一个人形图标来表示参与者，参与者的名字写在人形图标下面，如图3-1所示。

很多初学者都把参与者理解为人，这是错误的，参与者代表的是一个集合，通常一个参与者可以代表一个人、一个计算机子系统、一个硬件设备等。人是其中最常见，也是最容易理解的参与者，比如对于银行自动取款机来说，它的参与者就是银行用户。

图 3-1　参与者

一个系统也可以作为参与者。例如，人们去商场购物，往往会采用刷卡付费的方式，这时就需要商场的管理程序和外部的应用程序建立联系来验证银行卡，以便收款，其中外部的应用程序就是一个参与者，是一个系统。

而在有的系统中，一个进程也可以作为参与者，例如时间。如果家里开通上网包月业务，当包月时间快结束的时候，系统就会提示相关服务人员，再由这些人员通知包月业务快到期的用户。由于时间不在人的控制范围内，因此也是一个参与者。

需要注意的是，参与者虽然可以代表人或事物，但参与者不是指人或事物本身，而是表示人或事物当时所扮演的角色。例如，小王是银行的工作人员，他参与银行管理系统的交互，这时他既可以作为管理员这个角色参与管理，也可以作为银行用户来取钱，在这里小王扮演了两个角色，是两个不同的参与者，因此不能将参与者的名字表示成参与者的某个实例，假如小王作为银行用户来取钱，参与者的名字还是银行用户而不能是小王。

一个用例的参与者可以划分为发起参与者和参加参与者。发起参与者发起了用例的执行过程，一个用例只有一个发起参与者，但可以有若干个参加参与者。在用例中标出发起参与者是一个有效的做法。

参与者还可以划分为主要参与者和次要参与者。主要参与者指的是执行系统主要功能的参与者，次要参与者指的是执行系统次要功能的参与者。标出主要参与者有利于找出系统的核心功能，这往往也是用户最关心的功能。

2. 参与者的确定

在获取用例前，首先要获取系统的参与者，寻找参与者可以从以下问题入手。

- 系统开发出来后，使用系统主要功能的是谁？
- 谁需要借助系统来完成日常的工作？
- 系统需要从哪些人或其他系统中获得数据？
- 系统会为哪些人或其他系统提供数据？
- 系统会与哪些其他系统交互？（其他系统可以分为两类：一是该系统要使用的系统；二是启动该系统的系统，包括计算机系统和计算机中的其他应用软件。）
- 系统是由谁维护和管理以保证系统处于工作状态的？
- 系统控制的硬件设备有哪些？
- 谁对本系统产生的结果感兴趣？

需要注意的是，寻找参与者的时候不要把目光只停留在使用计算机的人身上，直接或间接地与系统交互的任何人或者事物都是参与者。另外，由于参与者总是处于系统外部，因此其可以处于人的控制之外。一个比较特殊的参与者，有时需要在系统内部定时地执行一些操作，如检测系统资源的使用情况、定期生成统计报表等，这些操作并不是由外部的人或者系统触发的，而是由一个抽象出来的系统时钟或定时器（即参与者）来触发的。

3. 参与者之间的关系

由于参与者实质上是类，所以其拥有与类相同的关系描述，即参与者与参与者之间主要是泛化关系。泛化关系的含义是把某些参与者的共同行为提取出来表示成通用行为，并描述成超类。泛化关系表示的是参与者之间的一般/特殊关系，在 UML 图中使用带空心三角箭头的实线表示泛化关系，如图 3-2 所示，箭头指向超类参与者。

在需求分析中很容易碰到用户权限的问题，例如，对于一个公司来说，普通职员有权限进行一些常规操作，而销售经理和人事经理在常规操作之外还有权限进行销售管理和人事管理，该公司管理系统通过用例图表示，如图 3-3 所示。

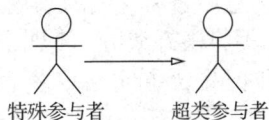

图 3-2　参与者之间的泛化关系　　　图 3-3　公司管理系统用例图

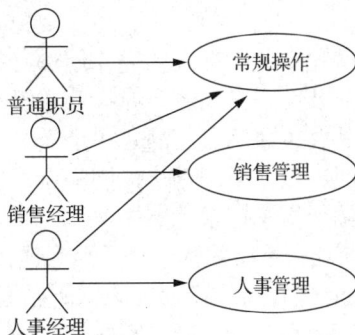

从这个例子中可知，销售经理和人事经理都是特殊用户，他们除了拥有普通职员所拥有的全部权限，还有自己独有的权限，可以进一步把普通职员和销售经理、人事经理之间的关系抽象成泛化关系。

3.3.2　系统边界

所谓系统边界，是指系统与系统之间的界限。通常我们所说的系统可以视为是由一系列相互作用的元素形成的具有特定功能的有机整体。系统同时又是相对的，一个系统本身可以是另一个更大系统的组成部分。因此，系统与系统之间需要使用系统边界进行区分，把系统边界以外的同系统相关联的其他部分称为系统环境。

在项目开发过程中，边界是一个非常重要的概念。系统与系统环境之间存在着边界，子系统与其他子系统之间存在着边界，子系统与整体系统之间存在着边界。总之，没有完整的边界就不会有完整的分类，更不会有完整的系统，边界的重要性不亚于系统本身。

用例图中的系统边界用来表示正在建模系统的边界，边界内表示系统的组成部分，边界外表示系统外。系统边界在用例图中用方框来表示，同时附上系统的名称，参与者画在边界的外面，用例画在边界的里面，如图 3-4 所示。系统边界决定了参与者，如果系统边界不一样，它的参与者就会发生很大变化。例如，对一个银行自动取款系统来说，它的参与者就是银行客户，但是如果将边界扩大至整个银行系统，那么系统的参与者还将包括银行职员。可见，在系统开发过程中，系统边界占据了举足轻重的地位，只有弄清楚了系统边界，才能更好地确定系统的参与者与用例。

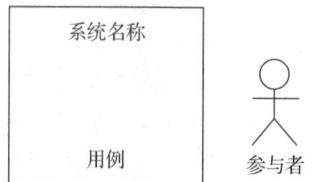

图 3-4　系统边界

3.3.3　用例

1. 用例的概念

用例是参与者（角色）可以感受到的系统服务或功能单元。它定义了系统是如何被参与者使用的，描述了参与者为了使用系统所提供的某一完整功能而与系统之间发生的一段对话。用例最大的优点就是站在用户的角度来描述系统的功能，它把系统当作一个黑箱子，并不关心系统内部如何实现它所提供的功能，而是表达整个系统对外部用户可见的行为。

UML 中通常以一个椭圆来表示用例，用例名称书写在椭圆中间。

每个用例在其所属的包里都有唯一的名称，该名称是一个字符串，包括简单名和路径名。用例的路径名就是在用例前面加上用例所属包的名字。用例和参与者之间也有关系，这种关系属于关联关系，又称为通信关联。关联关系是双向的一对一关系，这种关系表明了哪个参与者与用例通信。

需要注意用例的一些特征。首先，用例必须由某一个参与者触发激活后才能执行，即每个用例至少应该涉及一个参与者。如果存在没有参与者的用例，就可以考虑将这个用例并入其他用例之中。其次，用例表明的是一个类，而不是某个具体实例。用例所描述的是它代表的功能的各个方面，包含了用例执行期间可能发生的各种情况。例如，对于银行自动取款系统中取款这个用例，张三持银行卡去取钱，系统收到消息后将钱送出的过程是一个实例；而李四持银行卡去取钱，系统收到消息后因为钱已经取完而将银行卡退给李四也是一个实例。

用例是一个完整的功能描述。一个用例在编程实现时往往会被分解成多个小用例（函数），这些小用例的执行会有先后之分，其中任何一个小用例的完成都不能代表整个用例的完成。只有当所有的小用例完成，并最终产生了返回参与者的结果，才能代表整个用例的完成。

2. 用例的识别

任何用例都不能在缺少参与者的情况下独立存在。同样，任何参与者也必须有与之关联的用例。所以，识别用例的最好方法就是从分析系统参与者开始，在这个过程中往往会发现新的参与者。当找到参与者之后，可通过查看各参与者如何使用系统，需要系统提供什么样的服务来确定系统的用例，通过探究以下问题可以找到用例。

- 参与者希望系统提供什么功能？
- 参与者是否会读取、创建、修改、删除、存储系统的某种信息？如果是，参与者又是如何完成这些操作的？
- 参与者是否会将外部的某些事件通知系统？
- 系统中发生的事件是否通知参与者？
- 是否存在影响系统的外部事件？

还可以通过一些与参与者无关的问题来发现用例，例如，系统需要解决什么样的问题，系统的输入、输出信息有哪些等。

需要注意的是，用例图的主要目的就是帮助人们了解系统功能，便于系统开发人员与用户之间的交流，所以确定用例的一个很重要的标准就是用例应当易于理解。对于同一个系统，不同的人对参与者和用例可能会有不同的抽象，这就要求在多种方案中选出最好的一个。

3. 用例的粒度

用例的粒度指的是用例所包含的系统服务或功能单元的多少。用例的粒度越大，用例包含的功能越多；反之，则包含的功能越少。

对同一个系统的描述，不同的人可能会产生不同的用例模型。如果用例的粒度很小，得到的用例数目就会很多；反之，如果用例的粒度很大，那么得到的用例数目就会很少。如果用例数目过多，则会造成用例模型过大和设计难度大大提高；如果用例数目过少，则会造成用例模型太小，不便于进一步充分分析。

图 3-5 所示为学生管理系统中的维护学生信息用例，管理员需要进行添加学生信息、修改学生信息、删除学生信息等操作。根据具体的操作，学生管理系统被抽象成 3 个用例，如图 3-6 所示，它展示的系统功能和单个用例是完全一样的。

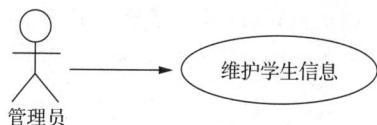

图 3-5　维护学生信息用例　　　　图 3-6　学生管理系统被抽象成 3 个用例

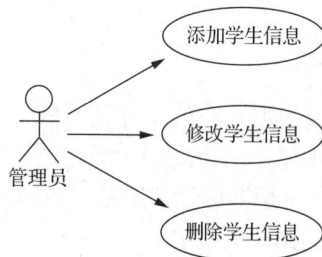

当大致确定用例数目后，就可以很容易地确定用例粒度的大小。对于比较简单的系统，可以适当地加大用例模型一级的复杂度，也就是可以将较复杂的用例分解成多个用例。对于比较复杂的系统，则需要控制用例模型一级的复杂度，即将复杂度适当地转移到用例内部，让一个用例包含较多的需求信息量。

用例的粒度对于用例模型来说是很重要的，它不但决定了用例模型级的复杂度，而且决定了每一个用例内部的复杂度。我们应该根据每个系统的具体情况，具体问题具体分析，在尽可能保证整个用例模型的易理解性的前提下决定用例粒度和用例数目。

4．用例规约

用例图只是在总体上大致描述了系统所提供的各种服务，让用户对系统有一个总体的认识。但每一个用例还需要有详细的描述信息，以便让其他人对整个系统有一个更加详细的了解，这些信息包含在用例规约之中。用例模型指的也不仅仅是用例图，其是由用例图和每一个用例的详细描述——用例规约所组成的。每一个用例规约都应该包含以下内容。

- **简要说明**：对用例作用和目的的简要描述。
- **事件流**：事件流包括基本流和备选流。基本流描述的是用例的基本流程，是指用例"正常"运行时的场景；备选流描述的是用例执行过程中可能发生的异常和偶尔发生的情况。基本流和备选流组合起来应该能够覆盖一个用例所有可能发生的场景。
- **用例场景**：同一个用例在实际执行时会有很多不同的情况发生，称之为用例场景，即用例的实例。用例场景包括成功场景和失败场景。在用例规约中，由基本流和备选流的组合来对场景进行描述。在描述用例时要注意覆盖所有的用例场景，否则就有可能遗漏某些需求。此外，用例场景还能帮助测试人员进行测试，帮助系统开发人员检查是否覆盖所有的需求。
- **特殊需求**：特殊需求指的是一个用例的非功能需求和设计约束。特殊需求通常是非功能需求，包括可靠性、性能、可用性和可扩展性等，例如，法律或法规方面的需求、应用程序标准和所构建系统的质量属性等。设计约束可以包括开发工具、操作系统及环境、兼容性等。
- **前置条件**：前置条件指的是执行用例之前系统必须所处的状态，例如，前置条件是要求用户有访问的权限或要求某个用例必须已经执行完。
- **后置条件**：后置条件指的是用例执行完毕后系统可能处于的一组状态，例如，要求在某个用例执行完后，必须执行另一个用例。

用例规约是用文本方式来表述的，有些问题难以描述清楚。为了更加清晰地描述事件流，往往需要配以其他图来描述。例如，加入序列图有助于描述基于时间顺序的消息传递和显示涉及类交互而与对象无关的一般形式，加入活动图有助于描述复杂的决策流程，加入状态转移图有助于描述与状态相关的系统行为。在用例中还可以粘贴用户界面或其他图，但是一定要注意表达简洁明了。

3.3.4 关联

为了减少模型维护的工作量，保证用例模型的可维护性和一致性，可以在用例之间抽象出包含（Include）、扩展（Extend）和泛化（Generalization）这几种关系。这几种关系都代表从现有的用例中抽取出公共信息，再通过不同的方法来重用这部分公共信息。

1．包含关系

包含关系是指用例可以简单地包含其他用例具有的行为，并把其他用例所包含的用例行为作为自身行为的一部分。在 UML 中，包含关系是通过带实心箭头的虚线段加 <<include>> 字样来表示的，箭头由基础用例指向被包含用例，如图 3-7 所示。包含关系代表着基础用例会用到被包含用例，具体地讲，就是将被包含用例的事件流插入基础用例的事件流中。

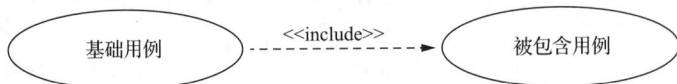

图 3-7 包含关系

在处理包含关系时，具体的做法就是把几个用例的公共部分单独地抽象出来成为一个新的用例。主要有以下两种情况需要用到包含关系。

- 如果多个用例用到同一段的行为，则可以把这段共同的行为单独抽象成为一个用例，然后让其他用例来包含这一用例。
- 当某一个用例的功能过多、事件流过于复杂时，也可以把某一段事件流抽象成为一个被包含的用例，以达到简化描述的目的。

下面看一个具体的例子。维护人员要对某个资源网站的资源进行维护，维护行为包括添加资源、修改资源、删除资源。其中，添加资源和修改资源后都要对新添加的资源和修改后的资源进行浏览，以检查添加和修改操作是否正确完成，用例图如图 3-8 所示。

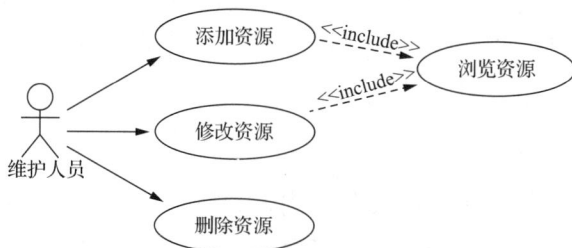

图 3-8　资源网站维护用例图

这个例子就是把添加资源和修改资源中的同一段行为抽象出来，成为一个新的用例——浏览资源。而原有的添加资源和修改资源两个用例都会包含这个新抽象出来的用例。如果以后需要对浏览资源这个用例进行修改，则不会影响到添加资源和修改资源这两个用例，并且由于是一个用例，不会发生同一段行为在不同描述中不一致的情况。通过这个例子，可以看出包含关系有如下两个优点。

- 增强了用例模型的可维护性，当需要对公共需求进行修改时，只需要修改一个用例而不必修改所有与其有关的用例。
- 不但可以避免在多个用例中重复描述同一段行为，还可以避免在多个用例中对同一段行为描述得不一致。

2. 扩展关系

在一定条件下，把新的行为加入到已有的用例中，获得的新用例称为扩展用例（Extension），原有的用例称为基础用例，从扩展用例到基础用例的关系就是扩展关系。一个基础用例可以拥有一个或者多个扩展用例，这些扩展用例可以一起使用。需要注意的是，在扩展关系中是基础用例而不是扩展用例被当作例子使用。在 UML 中，扩展关系是通过带实心箭头的虚线段加 <<extend>> 字样来表示的，箭头指向基础用例，如图 3-9 所示。

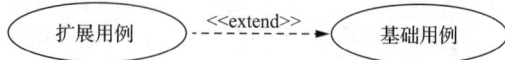

图 3-9　扩展关系

扩展关系和包含关系具有以下不同点。

- 在扩展关系中，基础用例提供了一个或者多个插入点，扩展用例为这些插入点提供了需要插入的行为。而在包含关系中插入点只能有一个。
- 基础用例的执行并不一定会涉及扩展用例，扩展用例只有在满足一定条件时才会被执行。而在包含关系中，当基础用例执行后，被包含用例是一定会被执行的。
- 即使没有扩展用例，扩展关系中的基础用例本身也是完整的。而在包含关系中，基础用例在没有被包含用例的情况下，就是不完整的。

下面看一个具体的例子。图 3-10 所示为图书馆管理系统用例图的部分内容，在本用例中，基础用例是"还书"，扩展用例是"交纳罚金"，在一切顺利的情况下，只需要执行"还书"用例即可；但是如果借书超期或者书有所破损，借书用户就要交纳一定的罚金，这时就不能执行用例的常规操作，如果去修改"还书"用例，势必增加系统的复杂性，此时可以在基础用例"还书"中增加插入点，这样在借书超期或书有破损的情况下就执行扩展用例"交纳罚金"。

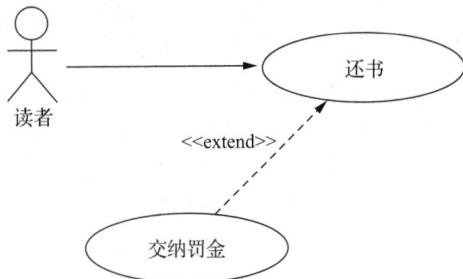

图 3-10　图书馆管理系统用例图的部分内容

扩展关系往往被用来处理异常或者构建灵活的系统框架，从而可以降低系统的复杂度，有利于系统的扩展，提高系统的性能；还被用于处理基础用例中的那些不易描述的问题，使系统显得更加清晰，易于理解。

3. 泛化关系

用例的泛化指的是一个父用例可以被特化为多个子用例，而父用例和子用例之间的关系就是泛化关系。在用例的泛化关系中，子用例继承了父用例所有的结构、行为和关系，子用例是父用例的一种特殊形式。此外，子用例还可以添加、覆盖、改变继承的行为。在 UML 中，用例的泛化关系通过一个从子用例指向父用例的带空心三角箭头的实线来表示，如图 3-11 所示。

当系统中有两个或者多个用例在行为、结构和目的方面存在共性时，就可以使用泛化关系。这时可以用一个新的（通常也是抽象的）用例来描述这些共有部分，这个新的用例就是父用例。图 3-12 所示为飞机订票系统的用例图，预订飞机票有两种方式，一种是电话预订，另一种是网上预订。在这里，电话订票和网上订票都是订票的一种特殊方式，因此，"订票"为父用例，"电话订票"和"网上订票"为子用例。

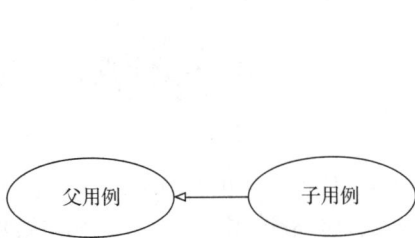

图 3-11　泛化关系

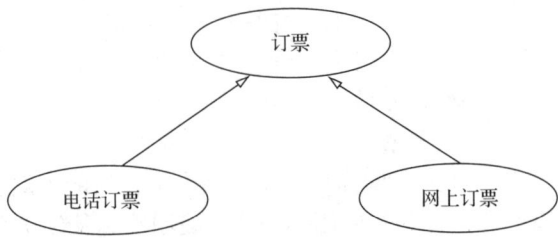

图 3-12　飞机订票系统的用例图

虽然用例的泛化关系和包含关系都可以用来提取多个用例中的公共行为，但是它们还是有很大区别的。

- 在用例的泛化关系中，所有的子用例都有相似的目的和结构，注意它们是整体相似。在用例的包含关系中，基础用例在目的上可以完全不同，但是它们都有一段相似的行为，它们只是部分相似，不是整体相似。
- 用例的泛化关系类似于面向对象中的继承，它把多个子用例中的共性抽象成一个父用例，子用例在继承父用例的基础上可以进行修改。但是子用例和子用例之间又是相互独立的，任何一个子用例的执行不受其他子用例的影响。而用例的包含关系是把多个基础用例中的共性抽象为一个被包含用例，可以说被包含用例就是基础用例的一部分，基础用例的执行必然引起被包含用例的执行。

3.3.5 用例图的创建示例

为了加深对用例图画法的理解，本节通过"学生信息管理系统"来讲解用例图的创建过程。

1. 需求分析

随着计算机时代的到来以及互联网的迅速发展，计算机网络已经慢慢地走进校园。而对于一个学校来说，随着学校规模的不断扩大，学生人数急剧增长，需要管理的各种信息也成倍增长，因此，开发一个好的"学生信息管理系统"势在必行。

"学生信息管理系统"可以实现办公无纸化、网络化、信息化、现代化，可以有效提高学校的管理效率，节约管理开支。它的功能需求包括以下内容。

- 在每个新学年开始的时候都会有新生入学。这时系统的管理员可以通过系统将这些新生的学籍、年龄、家庭住址、性别、身高、学生证号、身份证号等基本信息存入数据库，每个新生都对应一个唯一的编号，此编号可以是学生证号。在日常的管理中，系统管理员还可以对所有学生的基本信息进行查询、修改、删除等操作。校领导可以查询、修改全校所有学生的基本信息，教师可以在日常工作中查询、修改自己班里学生的基本信息。
- 校领导可以通过本系统查询每个班的任课教师、辅导员、学生姓名、学生人数、专业等班级基本信息。系统管理员可以进行查询班级基本信息、添加新班级、修改班级基本信息、删除班级等操作。
- 在考试结束后，教师可以将学生的考试成绩录入系统，还可以对学生的成绩进行查询和修改。学生可以通过本系统进行成绩查询。
- 学生可以通过本系统在网上选择选修课程（必修课是必须上的，不用选择），可查看有哪些课程可选以及课程的基本信息。课程的基本信息包括：课程号、所属专业、课程名称、开课学期、学时数、学分、任课教师等。每个学生每个学期的选修课程数不得大于6门，如果已经选择了6门课程，则不能选择新的课程。只有将已选的课程删除后才能再选择新的课程。系统管理员负责修改、增加、删除选修课程。
- 每个用户凭账号登录系统，系统管理员负责对用户账号进行管理。

满足上述需求的系统主要包括以下几个小的系统模块。

（1）学生信息管理模块

学生信息管理模块主要用来实现系统管理员、教师、校领导等对学生基本信息的管理。系统管理员登录后可以对学生的基本信息进行添加、删除、修改、查询等操作。教师和学校领导登录后可以对学生基本信息进行查询、修改操作。

（2）班级信息管理模块

班级信息管理模块主要用来实现系统管理员、校领导对班级基本信息的管理。系统管理员登录后可以对班级的基本信息进行添加、删除、修改、查询等操作。学校领导登录后可以对班级基本信息进行查询操作。

（3）成绩管理模块

成绩管理模块主要用于实现教师对学生考试成绩的管理以及学生对考试成绩的查询。教师登录后可以对学生的考试成绩进行录入、删除、修改、查询等操作。学生登录后可以对考试成绩进行查询操作。

（4）网上选课模块

网上选课模块主要用于实现学生在网上了解并选择自己感兴趣的选修课程。学生登录后可以了解所有选修课程的具体信息，并根据自己的需要选择不同课程。系统管理员登录后可以添加、修改、查询、删除选修课程。

（5）账号管理模块

账号管理模块主要用于实现系统管理员对用户账号的管理。系统管理员可以对账号进行创建、设置、查看、删除等操作。

2. 识别参与者

要确定参与者，首先要分析系统的主要任务以及系统所涉及的问题，分析使用该系统主要功能的是哪些人，谁需要借助系统来完成工作，系统为哪些人提供数据，谁来维护和管理系统。

通过针对"学生信息管理系统"的需求分析，可以确定以下内容。

- 对于一个学校来说，最重要的就是教育学生成才，所以首先要考虑到的参与者就是学生。学生在学校的主要任务就是上课，而在上课之前要进行网上选课。在每个学期末学生要进行考试，考试成绩将录入系统。
- 学生要上课，必然就需要教师。教师负责教育学生，并且在日常管理中可以查询学生的基本信息、考试成绩。当考试结束后，教师也有责任将学生成绩录入系统。
- 一个学校中，除了教师和学生，校领导也是不可或缺的。为了便于校领导掌握学校的基本情况，加强对学校的管理，校领导可以查询学生的基本信息、班级的基本信息。
- 不管什么系统，基本都会由比较专业的人员来负责管理，学生信息管理系统也不例外。系统管理员除了负责维护系统的日常运行外，还要进行录入学生基本信息、维护选课信息等工作，并对每个用户的账号进行管理，包括创建新的账号、删除账号、设置账号、查看账号等。

由上面的分析可以看出，系统的参与者主要有学生、教师、校领导以及系统管理员。

3. 确定用例

任何用例都必须由某一个参与者触发后才能产生活动，所以确定系统的参与者后，就可以从系统参与者开始来确定系统的用例。由于系统主要执行的功能是学生基本信息管理、班级信息管理、成绩管理、网上选课以及账号管理，所以系统的用例图可以分为 5 个部分。当然也可以将 5 张用例图合为一张，不过这样画出的用例图显得过于复杂。

（1）学生基本信息管理的用例

学生基本信息管理的用例包括以下几点。

- 登录。
- 找回密码。
- 录入学生基本信息。
- 查询学生基本信息。
- 修改学生基本信息。
- 删除学生基本信息。

（2）班级信息管理的用例

班级信息管理的用例包括以下几点。

- 登录。
- 找回密码。
- 录入班级信息。
- 查询班级信息。
- 修改班级信息。
- 删除班级信息。

（3）成绩管理的用例

成绩管理的用例包括以下几点。

- 登录。
- 找回密码。
- 录入成绩。
- 修改成绩。
- 保存成绩。
- 查询成绩。
- 删除成绩。

（4）网上选课的用例

网上选课的用例包括以下几点。

- 登录。
- 找回密码。
- 查询课程信息。
- 按课程编号查看。
- 按课程名查看。
- 选择课程。
- 删除已选课程。
- 维护课程信息。

（5）账号管理的用例

账号管理的用例包括以下几点。

- 创建新账号。
- 设置账号。
- 设置账号基本信息。
- 设置账号权限。
- 删除账号。
- 查看账号。

4．构建用例模型

确定参与者和用例后，即可着手创建用例图。根据上面的分析，这里只创建了班级信息
管理用例图，如图 3-13 所示，而其他的用例图则作为课后题由读者自行完成。

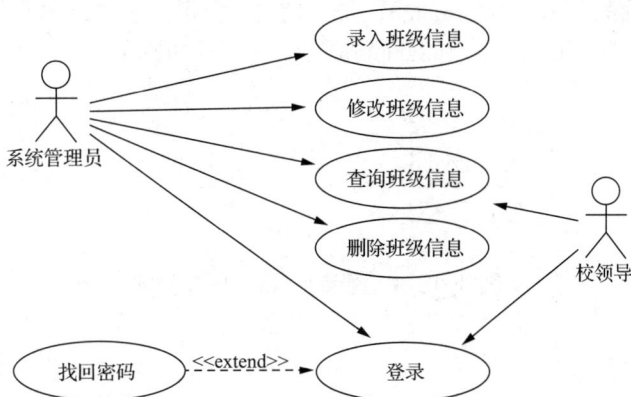

图 3-13　班级信息管理用例图

3.4 类图

绘制类图

在面向对象建模中，类图用于描述系统中的类、接口、协作及它们之间的静态关系。类图不仅描述系统中类及类之间的联系，还描述类的内部结构。类图在系统的整个生命周期中都是有效的。

3.4.1 类

类是一组具有相同属性、操作、关系和语义的对象的集合，类用 3 栏矩形表示，从上至下依次表示类名、属性和操作，如图 3-14 所示，其中，类名是必须填写且是唯一的，而属性和操作是可选的。在面向对象方法中，用例的执行是通过相关对象及其之间的交互来实现的，因此可以通过分析用例的实现过程寻找类，具体如下。

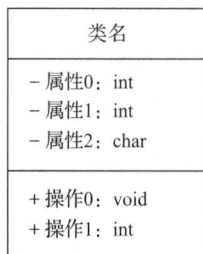

类名
– 属性0：int
– 属性1：int
– 属性2：char
+ 操作0：void
+ 操作1：int

图 3-14 类

- 用例描述中出现了哪些实体？
- 用例的执行需要哪些实体合作？
- 用例执行过程中会产生并存储哪些信息？
- 用例要求与之关联的每个角色的输入是什么？
- 用例反馈与之关联的每个角色的输出是什么？
- 用例需要操作哪些硬设备？

根据类在用例实现中所起的作用，将系统中的类分为以下 3 种类型。

① 边界类（Boundary Class）。边界类位于系统与外界的交界处，包括窗体、对话框、报表、直接与外部设备交互的类、直接与外部系统交互的类等。边界类主要负责接收来自执行者的信息，通常，每个执行者和用例之间至少要有一个边界类。

② 实体类（Entity Class）。实体类保存的是要放入永久存储体的信息，即每个实体类在数据库中有相应的表。正常情况下，把每个实体类映射为一个表，每个属性映射为一个列。实体类中定义了为实现用例所需的具体方法。

③ 控制类（Control Class）。控制类负责协调边界类和实体类的工作，它负责接收边界类的信息，并将其分发给实体类。一般一个用例对应一个控制类对象，控制用例中的事件顺序，控制类也可以在多个用例间共用。

图 3-15 所示为"查看商品"用例分析类图。其中，"查询界面"是边界类，负责接收客户输入的商品查询条件；"商品"是实体类，负责根据查询条件调用自身定义的相关方法，从商品表中查询出商品信息；"查找商品"是控制类，负责传递"查询界面"传来的商品查询条件给"商品"，并将"商品"查到的商品信息返回"查询界面"。

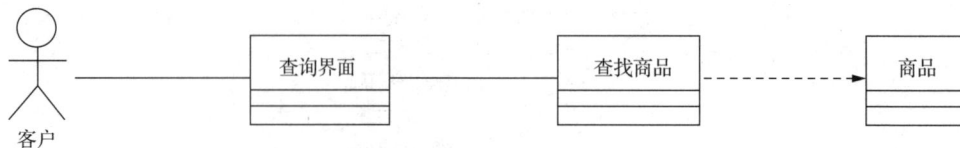

图 3-15 "查看商品"用例分析类图

3.4.2 类的属性

属性描述了类的所有对象共有的特征，一个类可以有一个或多个属性。在 UML 中，描述类属性的完整语法格式为：

　　［可视性］属性名［：类型］［＝初始值］［约束特性］

其中，［ ］部分的内容是可选的。

- 可视性表明属性是否可以被其他类使用，常见的可视性分为 3 种。
　　① 公用的：任何外部类都可以使用该属性，用"+"表示。
　　② 私有的：只有所属类本身可以使用该属性，用"-"表示。
　　③ 受保护的：所属类及其子孙类可以使用该属性，用"#"表示。
- 类型表示属性的数据类型，可以是基本数据类型，如整型、实数、布尔型、字符串型，也可以是用户自定义的类型。
- 初始值是新建该类对象时属性的默认取值，可以省略。
- 约束特性表示用户对该属性性质的约束说明，如"ReadOnly"说明该属性是只读的。

图 3-16 所示的仓库类定义了 4 个属性。其中，"仓库编号"是字符串型的公用属性；"城市"是字符串型的受保护属性；"地区"是整型的受保护属性；"可用"是字符型的私有属性，初始值为 yes。

仓库
+ 仓库编号：String
# 城市：String
# 地区：int
– 可用：char=yes

图 3-16　类的属性

任何一个类的属性都可以有几十个甚至几百个，但在一个系统中具体使用哪些属性则要根据系统的性质来确定。例如，对于教师类，在教务选课系统中需要确定教师职工号、姓名、简历、讲授课程等教学相关属性，而在财务系统中则关心教师职工号、姓名、职称、工资、保险金等财务相关属性。

3.4.3　类的操作

操作是类的所有对象共有的行为，一个类可以有任何数量的操作，它们只可以被作用到该类的对象上。在 UML 中，描述类操作的完整语法格式为：

　　［可视性］操作名（［参数列表］）［：返回类型］［特性串］

其中，［ ］部分的内容是可选的。

可视性表明操作是否可以被其他类使用，其类型、意义及表示方法与属性相同。

- 参数列表是操作在执行过程中需要的一个或多个数据，采用"参数名类型"的方式定义，如果有多个参数，则用逗号分开。
- 返回类型是操作执行完毕后向外界返回的数据值的类型，其取值范围同属性的类型。
- 特性串说明了该操作的一些有关信息，是一个可选项。

图 3-17 所示的 Warehouse 类定义了 5 个公用操作。其中，getHouseID() 操作返回的是字符串型数据，其他 4 个操作返回的都是空值。

Warehouse
+ getHouseID(): String
+ setHouseID(newhouseID : String) : void
+ initWarehouse() : void
+ removeWarehouse() : void
+ addHouseRecord(houseID : String, city : String) : void

图 3-17　类的操作

在面向对象方法中，一个类可能含有以下 4 种不同类型的操作。

① 访问设置属性的操作。类的属性通常是私有的或受保护的，其他类必须通过访问该类的操作来访问其属性，通常以"get+ 属性名"表示获取属性值操作，以"set+ 属性名"表示设置属性值操作。

② 创建和删除对象的操作。访问类的属性和操作前必须将类实例化，即创建该类的对象，当不再使用时，可删除相应对象。

③ 实现功能的操作。根据用户需求从功能实现过程中获取方法。

④ 辅助一个类完成自身任务的操作。其通常是用于完善类自身的操作，是类私有的。

3.4.4 类之间的关系

类之间的关系主要包括 5 种：关联关系、聚集关系、依赖关系、实现关系和泛化关系。

1. 关联关系

关联关系是指类之间存在的某种语义上的固定关系，用一条实线表示。例如，图 3-18 所示为班级和班主任之间存在管理的关联关系，上文的图 3-15 所示为查询界面和查找商品之间存在消息传递的关联关系。

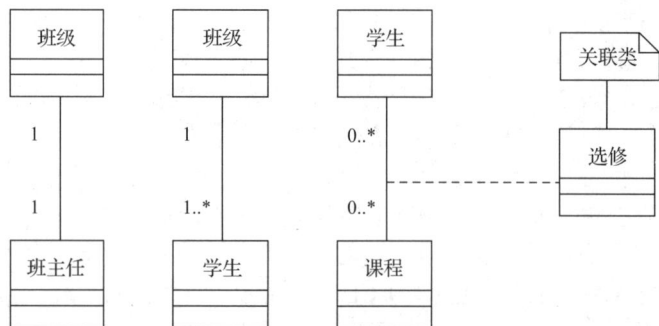

图 3-18 类之间的关联关系

除了建立关系，很多时候还需考察其中的数量对应关系，根据参与关联的双方对象的数量不同，关联关系可分为以下 3 种。

① 一对一关联。例如，一个班级只有一个班主任，一个班主任只负责一个班级，则班级和班主任之间是一对一的关联关系。

② 一对多关联。例如，一个班级包括多个学生，一个学生只属于一个班级，则班级和学生之间是一对多的关联关系。

③ 多对多关联。例如，一个学生可以选修多门课程，而一门选修课也可以被多个学生选修，则学生和选修课之间是多对多的关联关系。

关联关系用带重数符号的实线表示，重数是指明类之间数量关系的符号，可用以下几种方式表示。

① "1..1" 表示 1 个，是重数的默认值。

② "0..1" 表示 0 个或 1 个。

③ "0..*" 或 "*" 表示 0 个或多个。

④ "1..*" 表示 1 个或多个。

⑤ "1，3，8" 表示 1 个、3 个或 8 个，属于枚举型符号，其中的数字并不固定，是根据类在关联关系中可以选择的数量来确定的。

虽然 "0..*" 和 "1..*" 都表示多个，但是前者表示类可以是 0 个，而后者表示类至少要有 1 个，两者不可以替换。图 3-18 显示了用重数符号表示的类之间的 3 种关联关系。

在类之间多对多的关联关系中，除了有数量关系的两个类外，通常还存在一个表明关系性质的类，称为关联类。关联类是用一条虚线连接到关联关系上的。图 3-18 所示的选修类就是学生和课程多对多关联关系所对应的关联类，它表明了学生和课程之间的关系性质。

2. 聚集关系

聚集关系表示类之间部分和整体的关系，是一种特殊的关联关系，即存在聚集关系的类之间除了数量对应关系外，其中一个类的对象还是另一个类的对象的一部分。聚集关系分为以下两种。

（1）共享聚集

共享聚集表示代表部分的对象可以同时属于多个整体对象，为多个整体对象共享。例如，教师是学校的一部分，而一名教师可以同时在多个学校兼职，则教师类和学校类之间是共享聚集的关系，如图 3-19（a）所示。

共享聚集用带空菱形的实线表示，菱形指向代表整体的类，由于共享聚集中的两个类是部分和整体的关系，而代表部分的对象又可以对应多个代表整体的对象，因此它们之间一定是多对多的关联关系。当代表整体的其中一个对象被从系统中删除时，代表部分的对象仍然存在。成员对象是整体对象的一部分，但是成员对象可以脱离整体对象独立存在。

（2）组合聚集

组合聚集表示代表部分的对象只属于一个整体对象。例如，学生是班级的一部分，且通常一个学生只属于一个班级，则学生类和班级类之间是组合聚集的关系，如图 3-19（b）所示。

组合聚集用带实菱形的实线表示，菱形指向代表整体的类，由于组合聚集中的两个类是部分和整体的关系，而代表部分的对象只属于一个代表整体的对象，因此它们之间一定是多对一的关联关系。当代表整体的某个对象被从系统中删除时，其所包含的代表部分的对象也就失去了在系统中存在的意义。

图 3-19　类之间的聚集关系

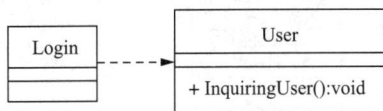

3. 依赖关系

依赖关系表示类之间存在调用关系，如当类 A 需要访问类 B 的属性和操作，或类 A 负责实例化类 B 时，则类 A 依赖类 B，依赖关系多存在于控制类和实体类之间，用虚箭线表示，箭头指向被依赖的类。图 3-20 所示的控制类 Login 在运行时需要调用实体类 User 中的 InquiringUser() 操作，它们之间存在依赖关系。

4. 实现关系

实现关系是分类器之间的语义关系，一个分类器规定行为，另一个分类器负责实现这个行为，实现关系可以被用在接口与实现它们的类或组件中，也可以被用在用例和实现该用例的协作之间。在类图中，实现关系是指类与所对应接口之间的关系，接口可看成一种只有操作、没有属性的特殊类，接口定义操作，类负责实现接口中的操作。实现关系用带空心三角形的虚线表示，三角形指向接口。图 3-21 中，UserOrder 类负责实现 Order 接口定义操作。

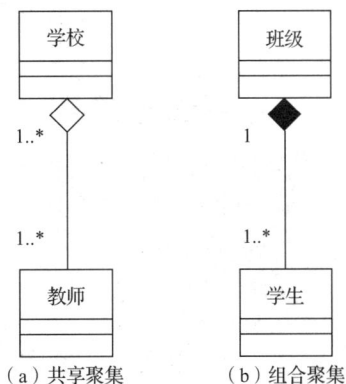

图 3-20　类之间的依赖关系

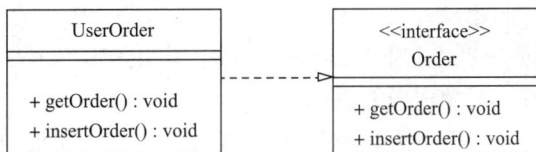

图 3-21　类与接口间的实现关系

5. 泛化关系

泛化关系指的是类之间一般与特殊的关系，即父与子的关系，子类继承父类所有的属性和操作，并且可以进行重新定义及增加新的属性和操作。泛化关系用带空心三角形的实线表示，三角形指向父类。前面提到，泛化关系在参与者之间、用例之间也存在。图 3-22 中，课程和基础课、课程和专业课之间是泛化关系，其中课程是父类，基础课及专业课是子类。

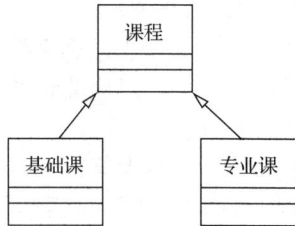

图 3-22 类之间的泛化关系

3.4.5 类图的类型

根据组成结构及用途，类图可分为分析类图、边界类图和实体类图 3 种主要类型。

① 分析类图。分析类图由边界类、控制类和实体类 3 种类组成，用于在系统分析阶段描述用例的执行过程，即指明参与用例的 3 种类及其之间的关系。

② 边界类图。边界类图指明系统中所有边界类及其之间的关系，可展现系统各界面之间的连接及跳转过程。

③ 实体类图。实体类图指明系统中的各实体类及其之间的关系，由于实体类与数据库中的表是对应的，因此，在设计阶段常用实体类图描述系统数据库中各表的结构及表间的关系。

3.4.6 类图的创建步骤

在系统分析与设计阶段，类图的创建步骤如下。

① 根据系统需求识别系统中的类。

② 根据系统性质确定各个类的属性。

③ 结合类的属性及系统功能识别类的操作。

④ 确定类之间的关系。

⑤ 绘制并优化类图。

3.4.7 对象图

对象图（Object Diagram）是由对象（Object）和链（Link）组成的。对象图主要描述系统中参与交互的各个对象在某一时刻是如何运行的。

1. 对象图中的对象

创建一个对象通常可以从以下两种情况来考虑：一种情况是将对象作为一个实体，它在某个时刻具有明确的值；另一种情况是将对象作为一个身份持有者，它在不同时刻有不同的值。一个对象在系统的某一个时刻应当有其自身的状态，通常这个状态使用属性的赋值或分布式系统中的位置来描述，对象通过链和其他对象相联系。

由于对象是类的实例，因此对象的表示符号是用与类相同的几何符号作为描述符的，但对象图通过使用特定的标识符（如带有下画线的实例名）来区分不同的对象实例，从而明确展示它们的独特性。对象图示例如图 3-23 所示。

2. 对象图中的链

链是两个或多个对象间的独立连接，它是对象引用元组，是关联的实例。对象必须是关联中对应位置的类的直接或间接实例。

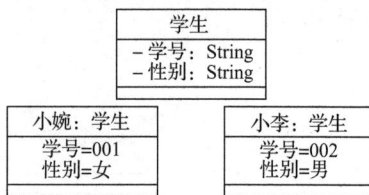

图 3-23 对象图示例

3.4.8　类图的创建示例

根据相关的用例或场景抽象出合适的类是使用 UML 进行静态建模所要达到的目标。使用 UML 的最终目标是识别出系统所有必需的类，并分析这些类之间的关系。类的识别贯穿整个建模过程，如在分析阶段主要识别与问题域相关的类；在设计阶段需要加入一些反映设计思想、方法的类以及实现问题域所需要的类；在编码实现阶段，因为语言的特点可能需要加入一些其他的类。

创建类图的步骤：首先，根据问题域确定系统需求、类及其之间的关系；其次，明确类的含义和职责，并且确定属性和操作。这个步骤只是创建类图的一个常用步骤，可以根据使用、识别类的方法的不同而有所不同。下面以一个选课管理系统的简单用例为例，介绍如何创建系统的类图，如图 3-24 所示。

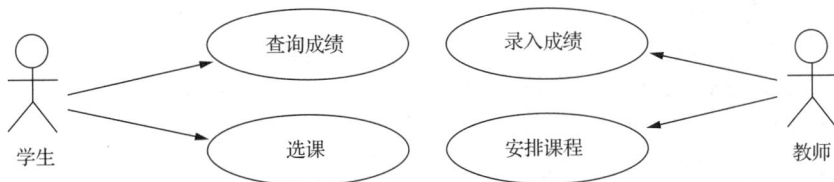

图 3-24　选课管理系统简单用例

1.　确定类及其之间的关系

进行系统建模的一个挑战就是决定需要哪些类来构建系统。类的识别是一个需要大量技巧的工作，寻找类的一些技巧如下。

- 名词识别法。
- 根据用例描述确定类。
- 使用 CRC 卡。
- 根据边界类、控制类、实体类的划分来帮助分析系统中的类。
- 参考设计模式确定类。
- 对领域进行分析或利用已有领域分析结果得到类。
- 利用 RUP（Rational Unified Process，统一软件过程）在系统的分析和设计中确定和定义系统中的类。

> **注意**
>
> CRC（Class-Responsibility-Collaboration）卡是一组标准的索引卡片，一般是在确定需求的过程中使用的一种面向对象的获取需求的方法。每一张卡片由 3 个部分组成，分别是类（Class）、职责（Responsibility）、协作（Collaboration）。类是一类相似对象的抽象，可以是人、地方、事情或任何对系统重要的概念。职责是类需要知道或做的任何事物。这些职责是类自身拥有的知识，或类在执行时所需的知识。协作是指为获取消息，或协助执行活动的其他类，在特定情况下，与指定的类按一个设想共同完成一个或多个步骤。

名词识别法是通过识别系统问题域中的实体来识别对象和类的方法。对系统进行描述时，应该使用问题域中的概念和命名，从系统描述中标识名词及名词短语，其中的名词往往可以标识为对象，复数名词往往可以标识为类。

从用例中也可以识别出类。用例图实质上是一种系统描述的形式，自然可以根据用例描述来识别类。

在面向对象应用中，类之间传递的信息数据要么可以映射到发送方的某些属性，要么该信息数据本身就是一个对象。综合不同的用例识别结果就可以得到整个系统的类，在类的基础上又可以通过分析用例的动态特性来对用例进行动态行为建模。

在选课管理系统的简单用例中，可以很容易地识别教师类和学生类。教师可以安排课程和录入成绩，而学生可以选课和查询成绩，因而成绩和课程也是类。通过图 3-25 所示的简单类图确定简单的关联关系。

2. 确定属性和操作

创建好相关的类和初步的关系后，则可以添加属性和操作，以便提供数据存储和其他需要的功能。类的属性和操作的添加依赖于前期制定的数据字典，如将学生定义为当前在本校且有资格选修相关课程

图 3-25　选课管理系统简单类图用例

的人，在本校中的学生应该存在姓名、学号、年龄等基本属性。根据数据字典和其执行的操作可以确定该类的属性和操作，为方便表示一些类的属性和操作，可使用英文标识。

在成绩类中应该存在课程的名称，成绩类对课程类存在依赖关系，因而可以使用表示依赖关系的线将成绩类和课程类连接起来。

为软件系统开发合适的抽象模型，可能是软件工程中最困难的问题。一方面，由于观察者视角的不同，几乎总会构造出彼此不同的模型；另一方面，对于将来的复杂情况，永远不存在"最好"或"正确"的模型，只存在对于要解决的问题来说"较好"或"较差"的模型。同一种情况可以对应多种适用的建模方式，创建一个合适的抽象模型往往依赖于系统设计者的经验。

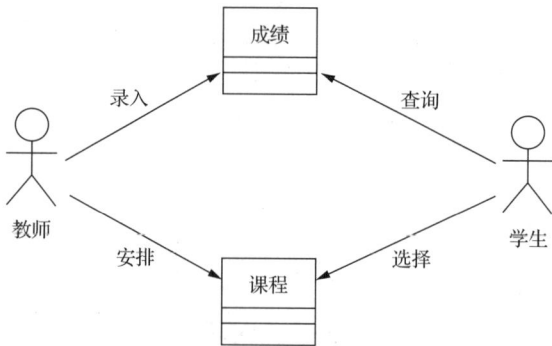

3.5　序列图

交互视图是系统动态模型的一种类型，它描述了执行系统功能的各个角色之间相互传递消息的顺序关系，序列图和协作图是其两种形式。

3.5.1　序列图的定义与作用

序列图，又称为顺序图，是将对象之间传送消息的时间顺序进行可视化的表示方法。序列图从一定程度上更加详细地描述了用例表达的需求，这也是序列图的主要用途之一。序列图主要描述系统中各个对象按照时间顺序的交互过程。

绘制序列图

1. 序列图的定义

交互是指在具体语境中由为实现某个目标的一组对象之间进行交互的一组消息所构成的行为。一个结构良好的交互过程类似于算法，简单、易于理解和修改。UML 提供的交互机制通常分为两种情况，分别是为系统的动态行为进行建模和为系统的控制流进行建模。在面向

动态行为方面进行建模时，该机制通过描述一组相关联、彼此相互作用的对象之间的动作序列和配合关系，以及这些对象之间传递、接收的消息来描述系统为实现自身的某个功能而展开的一组动态行为。在面向控制流进行建模时，可以针对一个用例、一个业务操作过程、系统操作过程、整个系统。描述这类控制问题的着眼点是消息在系统内是如何按照时间顺序被发送、接收和处理的。

序列图和协作图都是交互图，并彼此等价。序列图用于表现一个交互，该交互是一个协作中的各种类元角色间的一组消息交换，强调时间顺序。

在 UML 的表示中，序列图将交互关系表示为一个二维图。其中，纵向是时间轴，时间沿竖线向下延伸；横向代表在协作中独立对象的角色。角色使用生命线表示，当对象存在时，生命线用一条虚线表示，此时对象不处于激活状态；当对象处于激活状态时，生命线是一条双道线。序列图中的消息使用从一个对象的生命线到另一个对象的生命线的箭头表示。箭头以时间顺序在图中从上到下排列。

2. 序列图的作用

序列图作为一种描述在给定语境中消息是如何在对象间传递的图形化方式，在使用其进行建模时，其用途有以下 3 个。

① 确认和丰富一个使用语境的逻辑表达。一个系统的使用情境就是系统潜在的使用方式的描述，一个使用情境的逻辑可能是一个用例的一部分或是一条控制流。

② 细化用例的表达。序列图的主要用途之一就是从一定程度上更加详细地描述用例表达的需求。

③ 有效地描述如何分配各个类的职责以及各类具有相应职责的原因。可以根据对象之间的交互关系来定义类的职责，各个类之间的交互关系构成一个特定的用例。例如，"Customer 对象向 Address 对象请求其街道名称"指出 Customer 对象应该具有"知道其街道名"这个职责。

3.5.2 序列图的组成

序列图由 4 个元素组成，分别是对象（Object）、生命线（Lifeline）、激活（Activation）和消息（Message）。下面分别详细介绍这 4 个元素。

1. 对象

序列图中的对象是指在交互中所扮演的角色。序列图中对象的符号和对象图中对象的符号一样，都使用矩形将对象名称框起来，如果是系统参与者就用小人图标表示对象，如图 3-26 所示。将对象置于序列图的顶部意味着在交互开始的时候对象就已经存在了；如果对象的位置不在顶部，那么表示对象是在交互的过程中被创建的。

2. 生命线

生命线是一条垂直的虚线，表示序列图中的对象在一段时间内存在。每个对象的底部中心的位置都带有生命线。生命线是一条时间线，从序列图的顶部一直延伸到底部，所用的时间取决于交互持续的时间。对象与生命线结合在一起称为对象的生命线，对象的生命线包含矩形的对象图标以及图标下面的生命线，如图 3-26 所示。

3. 激活

序列图可以描述对象的激活和去激活。激活表示的是序列图中的对象执行一项操作的时期。激活期可以被理解成 C 语言语义中一对花括号"{}"中的内容。激活表示对象被占用以完成某个任务。去激活指的是对象处于空闲状态，在等待消息。在 UML 中，为了表示对象是激活的，可以将对象的生命线拓宽成矩形，如图 3-26 所示。图中的矩形称为激活条或控制期，对象就是在激活条的顶部被激活的。对象在完成自己的工作后会被去激活,这通常发生在一个消息箭头离开对象生命线的时候。

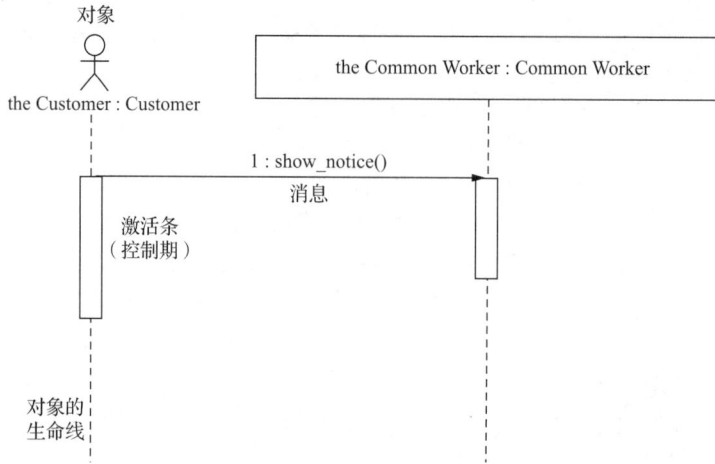

图 3-26　序列图示例

4. 消息

消息是定义交互和协作中交换信息的类,用于对实体间的通信内容建模。消息用于在实体间传递信息,允许实体请求其他的服务,类角色通过发送和接收消息进行通信。

消息可以激发某个操作、唤起信号或导致目标对象的创建或撤销。消息序列可以用两种图来表示,分别是序列图和协作图。其中,序列图强调消息的时间顺序,而协作图强调交换消息的对象间的关系。

消息是两个对象之间的单路通信,即从发送方到接收方的控制信息流。消息可以用于在对象间传递参数。消息可以是信号,即明确的、命名的、对象间的异步通信;也可以是调用,即具有返回控制机制的操作的同步调用。

在 UML 中,消息是用箭头来表示的,箭头的类型表示了消息的类型。在 Jude 绘制软件中,表 3-1 列出了序列图消息的常用符号及其含义。

表 3-1　序列图消息的常用符号及其含义

符号	含义	符号	含义
$\underset{\rightarrow}{S}$	绘制两个对象间的消息,发送方将处于阻塞状态,一直等到另一个对象的回应	$\underset{\rightarrow}{A}$	绘制两个对象之间的异步消息,该对象可以进行其他的操作,不需要等到另一个对象的响应
$\underset{\rightarrow}{C}$	绘制两个对象间的消息,同时创建了新的对象	$\underset{\rightarrow}{D}$	绘制两个对象间的消息,同时销毁了该对象
$\underset{\rightarrow}{R}$	显示返回的消息		

值得一提的是,还需要注意交互框常见的操作符及其含义,如表 3-2 所示。

表 3-2　交互框常见的操作符及其含义

操作符	含义
alt	多选一的片段:只有条件为真时会执行
opt	可选的:该片段只在所给条件为真时执行,等同于只有一个片段的 alt

操作符	含义
par	并行：每一个片段并行运行
loop	循环：片段可以执行多次，警戒条件表示循环的条件
region	关键区域：片段一次只有一个线程执行
neg	否定：片段展示无效的交互
ref	引用：引用到另一张图中定义的交互；画一个框盖住交互设计的生命线；可以定义参数和返回值
sd	序列图：圈出一张完整的序列图

3.5.3　序列图的创建示例

根据系统的用例或具体的场景描绘出系统中的一组对象在时间上交互的整体行为是使用序列图进行建模的目标。一般情况下，系统的某个用例往往包含好几个工作流程，这时候需要创建几个序列图进行描述。

使用下列步骤创建一个序列图。

① 根据系统的用例或具体的场景确定角色的工作流程。

② 确定工作流程中涉及的对象，从左到右将这些对象有顺序地放置在序列图的上方，其中重要的角色放置在左边。

③ 为某一个工作流程建模，使用各种消息将这些对象连接起来。从系统中的某个角色开始，在各个对象的生命线之间从顶至底依次将消息画出。如果需要约束条件，可以在合适的地方附上条件。

④ 如果需要将这些为单个工作流程建模的序列图集成到一张序列图中，可以通过相关脚本说明绘制出关于该用例的总图。通常一个完整的用例的序列图是复杂的，这时不必将单个工作流程集成到总图中，反而需要将一张复杂的序列图分解，分解成一些简单的序列图。

下面以"教师查询学生成绩"为例，介绍如何创建系统的序列图，如图 3-27 所示。

1. 确定工作流程

系统的用例描述如表 3-3 所示。

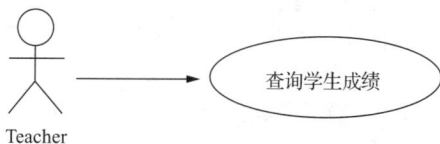

图 3-27　"教师查询学生成绩"用例

表 3-3　"教师查询学生成绩"用例描述

名称	教师查询学生成绩
标识	UC 011
描述	教师查询学生关于某门课程的成绩
前提	学生为在校学生，拥有学号
结果	显示学生的成绩或空
扩展	N/A
包含	N/A
继承	N/A

可以通过更加具体的描述来确定基本的工作流程。

① 李老师希望通过系统查询某位学生的学科成绩。

② 李老师通过用户界面录入学生的学号。

③ 用户界面根据学生的学号向数据库访问层请求学生信息。

④ 数据库访问层根据学生的学号加载学生信息。

⑤ 数据库访问层根据学生信息和学科获取该学生的学科成绩信息。

⑥ 数据库访问层将学生信息和学科成绩信息提供给用户界面。

⑦ 用户界面将学生信息和学科成绩信息显示出来。

在这些基本的工作流程中还存在分支，可使用备选过程来描述。

备选过程 A：该学生没有学科成绩。

① 数据访问层返回学科成绩为空。

② 系统提示李老师没有该学生的学科成绩。

备选过程 B：系统没有该学生的学生信息。

① 数据访问层返回学生信息为空。

② 系统提示李老师该学生不存在。

2. 确定对象

创建序列图的下一步，从左到右布置在该工作流程中所有的参与者和对象，同时包含要添加消息的对象生命线，如图 3-28 所示。

图 3-28　布置序列图的对象

3. 确定消息和条件

接下来对系统的基本工作流程进行建模，按照消息的过程一步一步将消息绘制在序列图中，基本工作流程的序列图如图 3-29 所示。

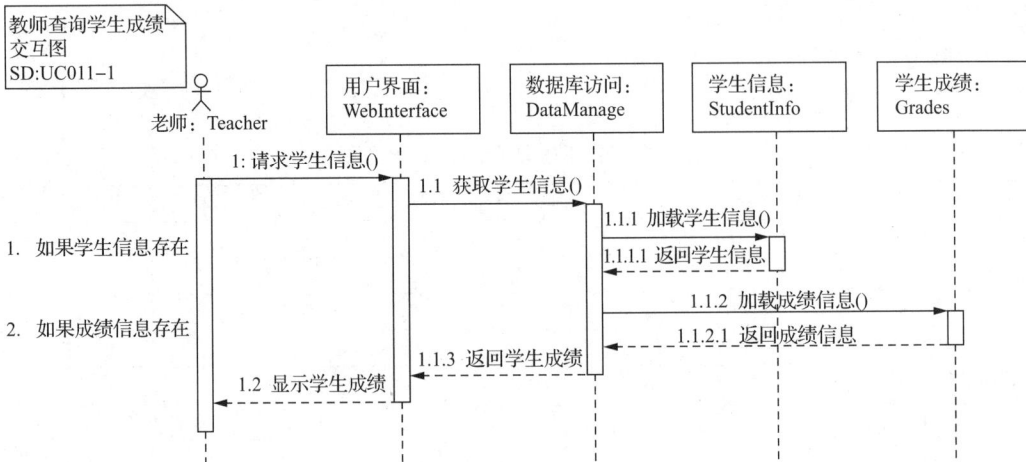

图 3-29　基本工作流程的序列图

备选过程 A 的序列图如图 3-30 所示。

备选过程 B 的序列图如图 3-31 所示。

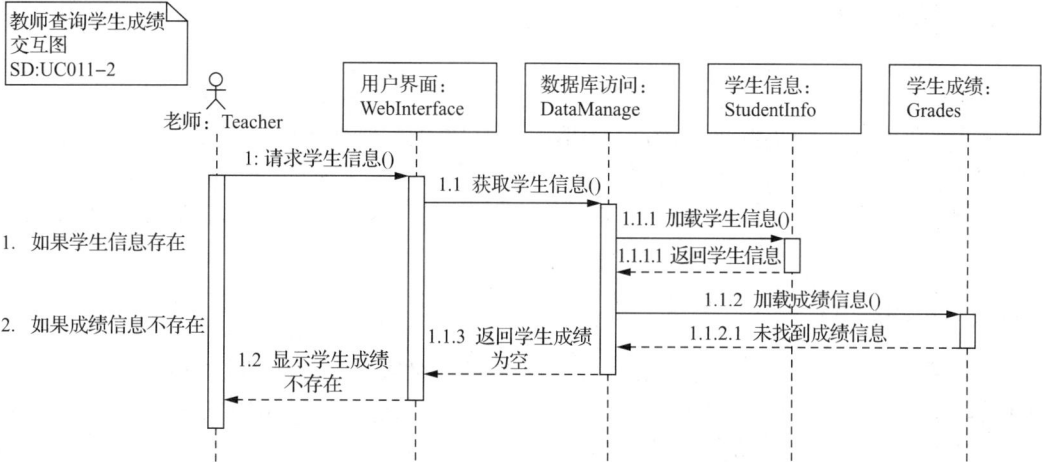

图 3-30 备选过程 A 的序列图

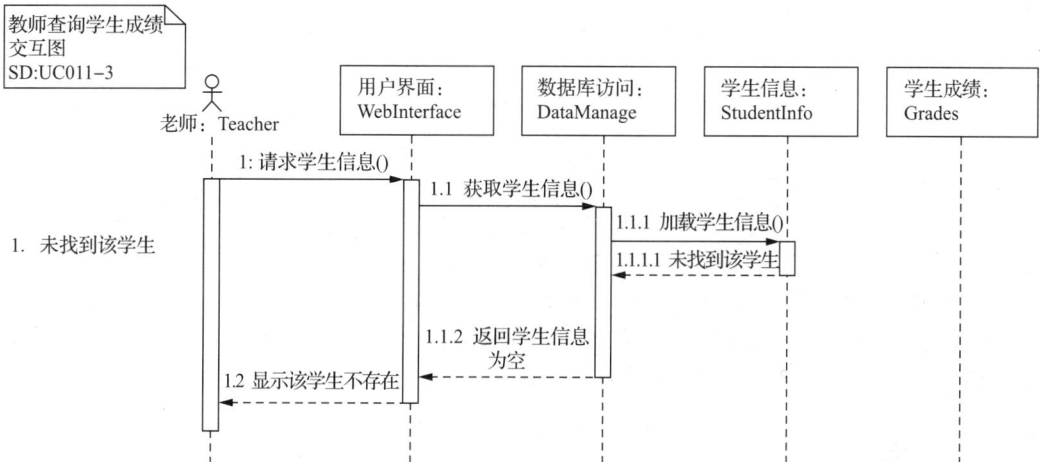

图 3-31 备选过程 B 的序列图

3.5.4 协作图

协作图描述了与用例相关的多个对象及其之间的动态合作关系，与序列图一样，其通常也用于解释用例的实现过程。协作图与序列图包含的信息相同，两者在语义上是等价的，可以根据序列图自动生成协作图，也可以根据协作图自动生成序列图。

虽然协作图和序列图之间有紧密的联系，两者可以相互转换，但它们在形式和用途上有明显的区别。

① 在图的表达形式上，序列图中的对象具有生命线和表示交互时间的激活，而协作图中的对象没有；协作图中的对象之间存在表示合作关系的连接线，而序列图中没有；序列图可以通过时间轴表示对象间传递消息的顺序，而协作图必须在消息前加上序列号才能标明消息传递的顺序。

② 在实际应用中，协作图和序列图都表示出了对象间的交互关系，但两者强调的重点不同。如果强调消息发送的时间和顺序，则使用序列图；如果强调对象间的合作关系，则选择协作图。

3.6 状态图

状态图用于描述一个特定对象在其生命周期基于事件反应的动态行为，显示该对象是如何根据当前所处状态对不同事件做出反应的。一个系统包括很多对象，通常只有对象具有复杂行为或在不同状态下会有不同处理方式，才有必要用状态图描述它的状态转移过程，但并不需要为每一个对象建立状态图。在 UML 中，对象的状态图包括一系列的状态、状态之间的转移及引起状态转移的事件。

3.6.1 状态

状态是对象执行了一系列活动的结果，所有对象都具有状态，当某个事件发生后，对象的状态将发生变化。在状态图中，对象的状态主要分为 3 种，如图 3-32 所示。

① 初态：状态图的起始点，用实心圆表示，一个状态图只能有一个初态。

② 终态：状态图的终点，用套有一个小实心圆的空心圆表示。一个状态图可以有多个终态，也可以没有终态。

③ 中间态：对象执行某个活动或等待某个事件时所处的具体状态，用 3 栏圆角矩形框表示，从上至下每一栏分别为状态名、状态变量和活动。状态变量是状态图所描述对象的属性，即对象处于该状态时其各属性的具体值。活动表示对象处于该状态时系统要执行的事件或动作，分为 4 种基本类型。

- **entry 事件**：指定对象进入该状态时触发的动作。
- **do 事件**：指定对象处于该状态时触发的动作。
- **exit 事件**：指定对象退出该状态时触发的动作。
- **event 事件**：指定当特定事件产生时触发的动作。

在状态图中描述中间态时通常只标明状态名和相应的活动，而活动可以包括 4 种事件（也可以只有其中几种）。图 3-33 描述了手机对象的通话状态。

图 3-32　对象状态图标　　　　图 3-33　手机对象的通话状态

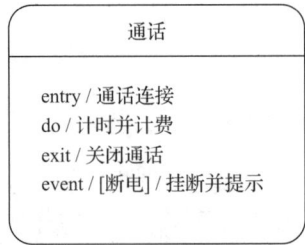

3.6.2 状态转移

转移是两个状态之间的关系，表示当发生指定事件或满足指定条件时，对象执行某些操作并由一个状态进入另一个状态。外界产生的事件或状态内部活动的执行完毕都可触发状态转移，但通常状态转移大多是由事件触发的，且给定的状态只能产生一个转移。

状态转移用从源状态指向目标状态的实箭线表示，如图 3-34 所示，线条上方或者下方标明触发转移的事件，若未标明事件，则表示源状态内部活动执行完毕自动触发状态转移。图 3-35 所示为手机对象的状态转移图。

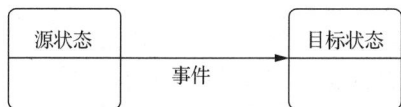

图 3-34　状态转移

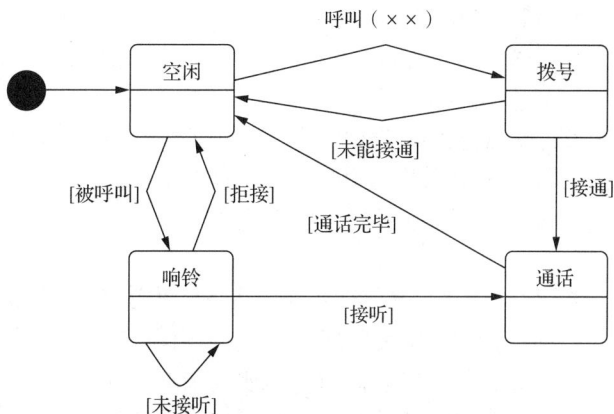

图 3-35　手机对象的状态转移图

事件是触发状态转移的条件或操作，UML 中定义了 4 种主要事件类型，如图 3-36 所示。

① 消息事件，即由外界传递的简单信号或消息，对象收到后发生状态转移，其格式为：［消息或信号］。图 3-36（a）中触发电灯对象由照明状态转移至熄灭状态的"［断电］"信号即为消息事件。

② 调用事件，即外界传递的要求对象调用执行某个操作并发生状态转移的请求，其格式为：事件名（参数列表）。图 3-36（b）中触发手机对象由空闲状态转移至拨号状态的"呼叫（××）"请求即为调用事件。

③ 时间事件，即根据某时间表达式的满足情况决定对象状态转移的事件，其格式为：［时间表达式］。图 3-36（c）中计算机对象由运行状态转移至屏保状态的触发条件"［等待超过10 分钟］"即为时间事件。

④ 变化事件，即根据某特定条件的满足情况决定对象状态转移的事件，其格式为：［when（条件表达式）］。图 3-36（d）中触发熔断器对象由通电状态转移至熔断状态的事件"［when（电流 > ×A）］"即为变化事件。

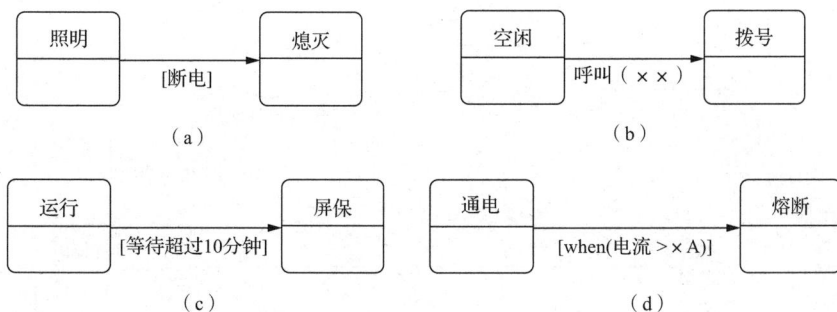

图 3-36　事件类型

3.6.3　状态图的创建步骤及示例

使用状态图进行建模的目标是描述跨越多个用例的对象在其生命周期中的各种状态及其状态之间的转换。一般情况下，一个完整的系统往往包含很多的类和对象，这就需要创建几个状态图来进行描述。

1. 状态图的创建步骤

在系统分析与设计阶段，状态图的创建步骤如下。

① 选择初态和终态。

② 发现对象的各种中间态。

③ 确定状态转移及引起状态转移的事件。

④ 在各中间态上添加必要的活动。

⑤ 绘制状态图。

2. 以"学生信息管理系统"中的学生选课为例绘制状态图

一般来说，不需要给所有的类都创建状态图，只有具有重要动态行为的类才需要。从另一个角度看，状态图应该用于描述复杂的实体，而不必用于描述具有复杂行为的实体。活动图可能更加适合描述那些具有复杂行为的实体，对于清晰、有序的状态实体，最适合使用状态图进一步建模。对于学生选课，需要建模的实体是学生账号。

第1步，先标识实体的各种状态，如下所示。

- 初态。
- 终态。
- 可选课状态。
- 不可选课状态。
- 账号被删除状态。

第2步，标识相关事件并创建状态图。当有新同学入学时，系统管理员将给新同学创建一个新的账号，新同学可以用这个账号去选课。一般来说，选课数目是有限的，如选择6门课程后将不能再选课。如果已选了6门课程还要再选课，就必须删除已选的课程。直到这位同学毕业，其账号才被删除，并进入终态。这个过程中的主要事件有选课、删除已选课程、删除账号等。图3-37所示为学生账号的状态图。

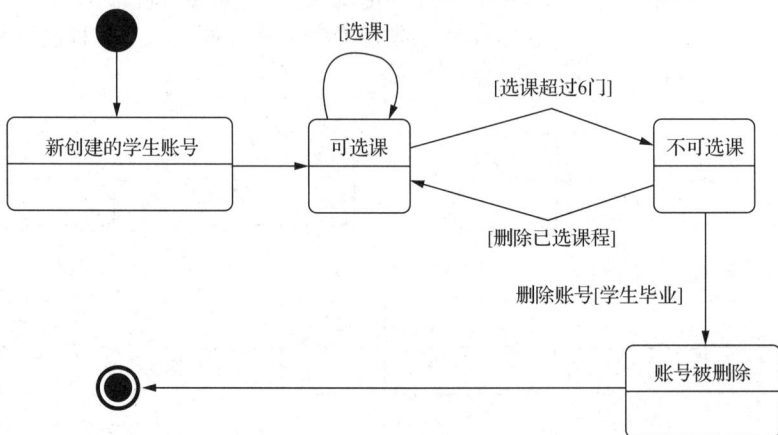

图3-37　学生账号的状态图

3.7 活动图

3.7.1 活动图的作用

活动图是UML用于对系统的动态行为建模的另一种常用工具，用于描述活动的顺序，展现从一个活动到另一个活动的控制流。活动图是描述系统流程的一种方法，能够表现动作是怎样发生的、动作要干什么（对象状态的变化）、动作是何时发生的（动作的顺序），以及动作是在何处发生的（活动分区）。

活动图可以描述的情况如下。

① 捕获操作执行时的动作。

② 捕获一个对象的内部动作。

③ 显示一组相关的动作将如何执行，以及它们如何影响周围的对象。

④ 显示一个用例的实例在动作和对象状态变化方面是如何执行的。

⑤ 显示参与者、工作流等方面是如何运转的。

3.7.2　活动图的组成元素

活动图的基本图标如图 3-38 所示。

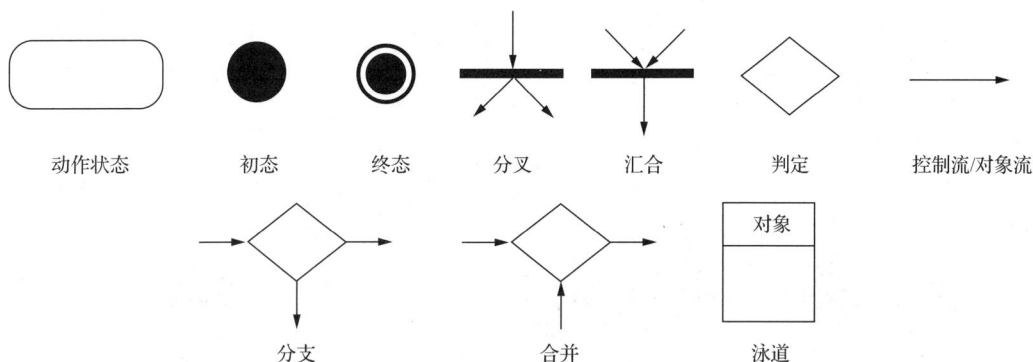

图 3-38　活动图的基本图标

（1）动作状态

动作状态是指执行原子的、不可中断的动作，并在此动作完成之后向另一个状态转换。动作有如下特点。

① 动作状态是构成活动图的最小单位，无法分解为更小的部分。

② 动作状态是不可中断的，一旦开始运行就不能中断，一直到运行结束。

③ 动作状态是瞬时的行为，它所占用的处理时间极短，有时可以忽略。

④ 动作状态可以有输入转换，至少有一个输出转换，这个转换以内部动作的完成为起点，与外部事件无关。

⑤ 在一张活动图中，动作状态允许在多处出现。

在 UML 中，动作状态使用圆角矩形框表示，动作状态所表示的动作写在圆角矩形框内部。

（2）分支与合并

分支在软件系统流程中很常见，一般用于表示对象类所具有的条件行为，用一个布尔表达式的真假来判定动作的流向。条件行为用分支和合并表达。

在活动图中分支与合并用空心菱形表示。分支包括一个输入转换和两个带条件的输出转换，两个输出转换的条件应当是互斥的，才能保证只有一个输出转换能够被触发。合并包括两个带条件的输入转换和一个输出转换，合并表示从对应的分支开始的条件行为的结束。图 3-39 所示的是一个分支与合并的示例。

图 3-39 描述了还书的过程。首先将图书交给管理员，如果所借图书没有超过期限，则还

书成功，可以离开；如果所借图书已经超过期限，则需要交纳一定的罚款，然后才能离开。

（3）分叉与汇合

分叉用来描述并发线程，每个分叉可以有一个输入转换和两个或多个输出转换，每个转换都可以是独立的控制流。

汇合代表两个或多个控制流同步发生，当所有的控制流都达到汇合点后，控制才能继续往下进行。每个汇合可以有两个或多个输入转换和一个输出转换。

分叉与汇合的示例如图 3-40 所示。

图 3-40 描述的是到篮球馆打球的活动图。从图 3-40 可以看出，首先要进入篮球馆，然后寻找空场地，找到场地后询问价格，如果合适就付款、开始打球。

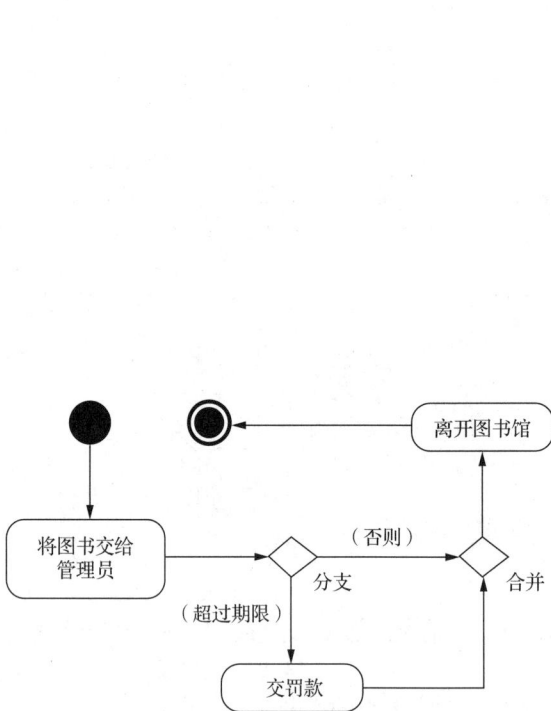

图 3-39 分支与合并示例

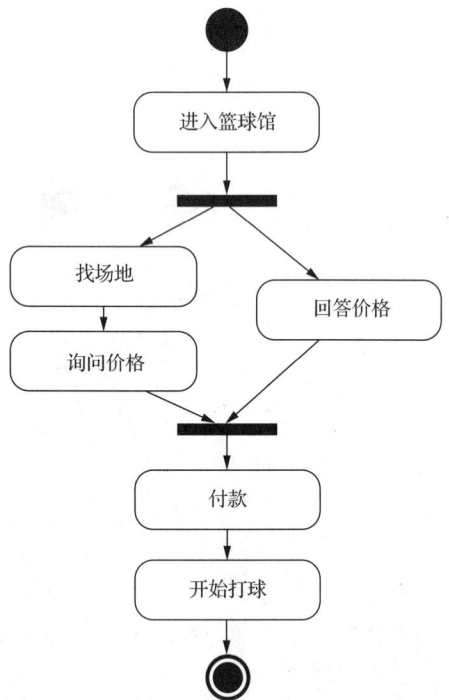

图 3-40 分叉与汇合示例

（4）泳道

泳道将活动图中的活动划分为若干组，并将每一组指定给负责这组活动的业务组织，即父对象。泳道区分负责活动的对象，能明确地表示哪些活动是由哪些对象进行的。每个活动只能明确地属于一个泳道。

在活动图中，泳道用垂直实线绘出，垂直实线分隔的区域就是泳道，如图 3-41 所示。

从图 3-41 可以看出，用户提出图书信息查询的请求，系统识别查询类型并执行查询，最后系统将查询结果返回给用户。示例中的泳道代表两个对象，对应实现代码的两个类。

（5）对象流

对象流用于描述动作状态或活动状态与对象之间的依赖关系，又称为控制流。用活动图描述某个对象时，将涉及的对象放置在活动图中，用表示依赖关系的虚箭线将其连接到创建、修改和撤销的动作状态或活动状态上，就构成了对象流。在活动图中，对象用矩形框表示，矩形框内是该对象的名称，名称下方的括号表明该对象此时的状态，如图 3-42 所示。

从图 3-42 可以看出，对象 feeBill 表示要场地费用，当客户询问场地价格时，账单还处于未付款的状态，交付场地费以后，账单的状态发生了变化，由未付款状态变成已付款状态。

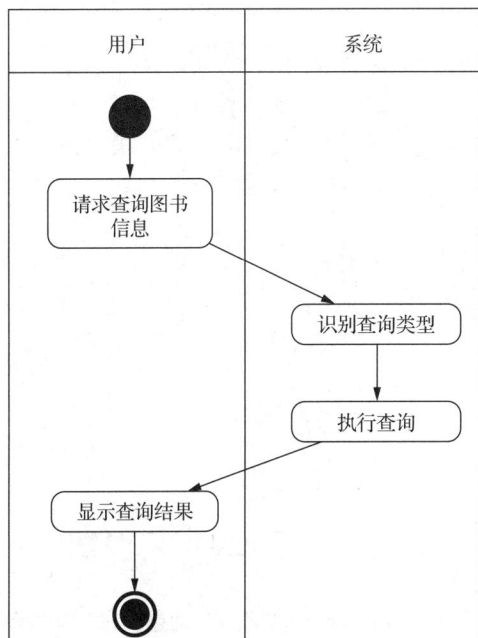

图 3-41　泳道示例

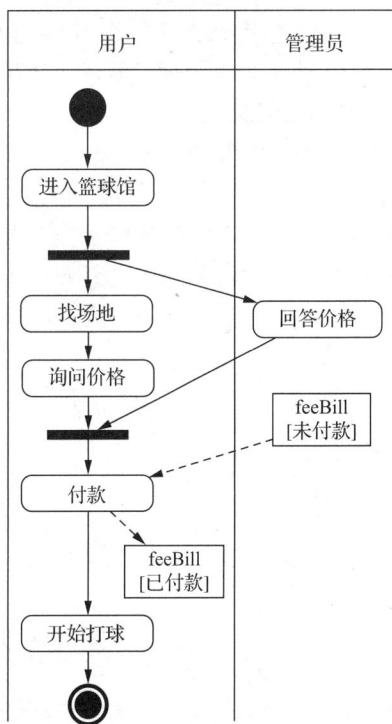

图 3-42　对象流示例

3.7.3　活动图的创建步骤

用活动图对工作流建模可以遵循如下步骤。

① 识别要对工作流描述的类或对象，目的是为每个重要的业务对象建立泳道。

② 确定工作流的初态和终态，明确工作流的边界。

③ 对动作状态或活动状态建模。

④ 对动作流建模。

⑤ 对对象流建模。

⑥ 对建立的模型进行精化和细化。

3.7.4　活动图的创建示例

根据系统的用例或具体的场景描绘出系统中的两个或者更多类对象之间的过程控制流是使用活动图进行建模的目标。一般情况下，一个完整的系统往往包含很多的类和控制流，这就需要创建几个活动图来进行描述。下面将以"查询、修改学生信息"为例，介绍如何创建系统的活动图。

1. 标识活动图的用例

在创建活动图之前，首先需要确定建模对象和了解建模要解决的核心问题。这就要求确定需要建模的系统用例，以及用例的参与者。对于"查询、修改学生信息"，它的参与者是教师，教师在查询、修改学生信息的活动中有以下3个用例。

- **登录**：要进入系统，首先要登录。
- **查询学生信息**：进入系统后可以选择查询不同学生的信息。
- **修改学生信息**：修改某些学生的部分信息，如考试过后需要修改学生的成绩信息。

图3-43所示为"查询、修改学生信息"用例图。

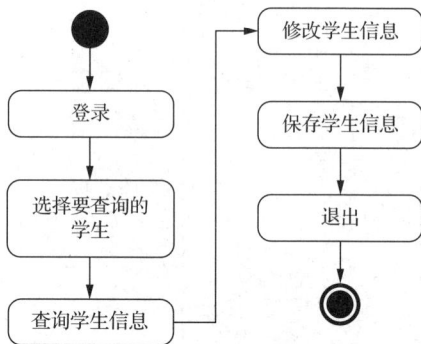

2. 建立工作流

在开始创建用例的活动图时，往往先建立一条明显的路径执行工作流，然后从该路径进行扩展，图3-44所示为"查询、修改学生信息"的工作流示意图。教师登录后，首先选择要查询的学生，查询之后修改该学生的信息，修改完成后保存修改过的信息，最后退出系统。该路径仅考虑用例的正常活动路径，没有考虑任何错误和判断的路径。

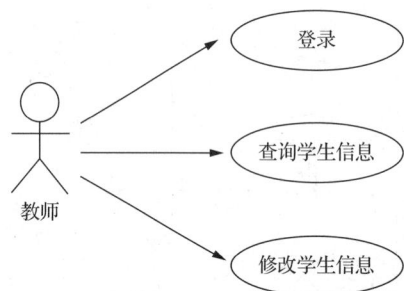

图3-43 "查询、修改学生信息"用例图　　图3-44 "查询、修改学生信息"的工作流示意图

在建立工作流时需要注意如下几点。

- 识别出工作流的边界，也就是要识别出工作流的初态和终态，以及相应的前置条件和后置条件。
- 识别出工作流中有意义的对象，对象可以是具体的某个类的实例，也可以是具有一定抽象意义的组合对象。
- 识别出各种状态之间的转换。
- 考虑分支与合并、分叉与汇合的情况。

3. 创建活动图

当弄清楚系统要处理什么样的问题并建立了工作流后，就可以开始正式创建活动图。

在创建活动图的过程中，需要注意如下问题。

- 考虑用例其他可能的工作流情况，如执行过程中可能出现的错误或可能执行其他活动。
- 使用泳道细化活动图。
- 按照时间顺序自上而下排列泳道内的动作或者状态。
- 活动并发进行时，不要漏掉任何的分支，尤其是当分支比较多的时候。

图3-45所示为"查询、修改学生信息"用例的活动图。教师在登录时，系统会验证教师输入的账号、密码、动态码等登录信息。如果验证未通过，则登录失败。如果验证通过，教师登录成功并选择需要查询的学生，系统会显示教师选中的学生的信息。教师查询学生信息后，修改学生信息，修改完成后保存学生信息，这时系统会将修改后的信息保存到数据库。之后教师退出系统，系统注销教师账号。

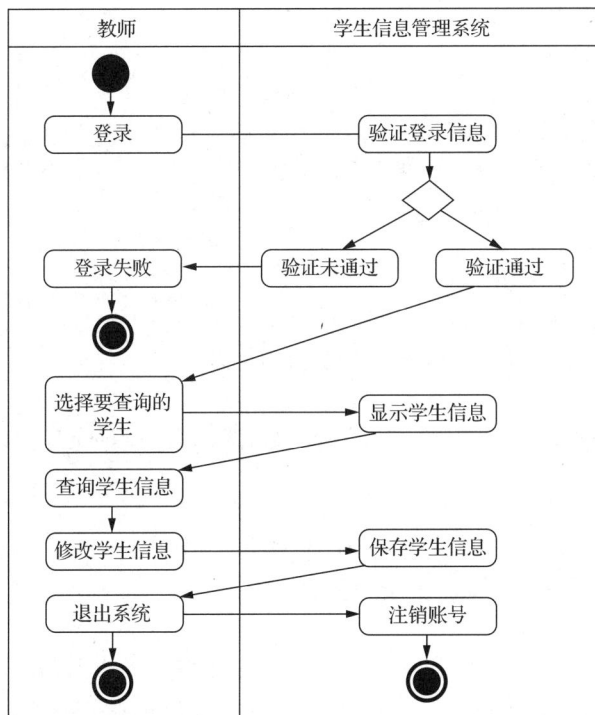

图 3-45　"查询、修改学生信息"用例的活动图

3.8　组件图

在 UML 中，组件图是系统实现视图的图形表示，与其他图类似，组件中可以包含注释和约束，也可以包含包或子系统，将系统中的组件组合起来就能表示完整的系统实现视图。

组件图中通常包含 3 种元素，即组件、依赖关系和接口。组件图通过这些元素描述系统的各个组件及它们之间的依赖关系，以及组件的接口和调用关系。图 3-46 所示为一个简单的用 Java 语言编写的画图程序项目组件图。

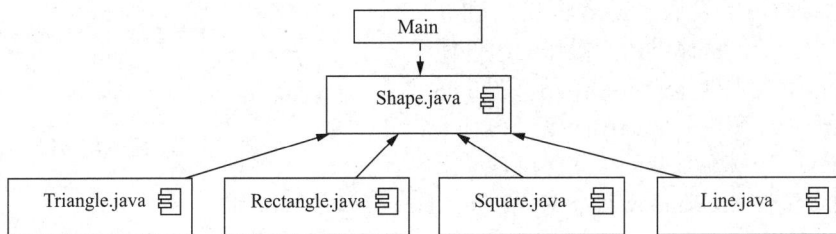

图 3-46　画图程序项目组件图

1. 组件

组件是定义良好接口的物理实现单元，是系统中可替换的物理部件。通常情况下，组件表示由类、接口等逻辑元素打包而成的物理模块。组件包括源代码文件、可执行文件、库及数据库等。

在组件图中，组件用一个矩形表示，一侧有两个凸出的小矩形，组件如图 3-47（a）所示。

图 3-47（b）是某个信息系统的 MIS（Management Information System，管理信息系统）组件图，包含 Database 组件、BusinessLogic 组件和 UserInterface 组件，这 3 个组件共同组成了 MIS 组件。

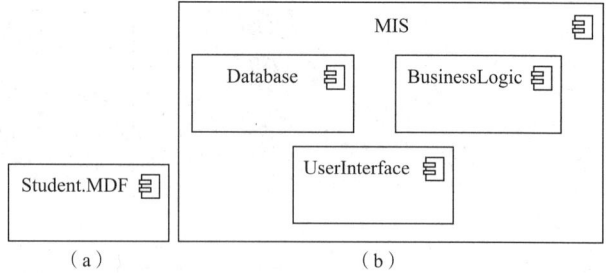

图 3-47　组件及组件图

在软件系统建模过程中，组件的类型有 3 种，即配置组件、工作产品组件和执行组件。

（1）配置组件

该组件是运行系统需要配置的组件，是形成或执行文件的基础，如操作系统、Java 虚拟机及数据库管理系统等。

（2）工作产品组件

该组件包括模型、源代码和用于创建配置组件的数据库文件，是配置组件的来源，如 UML 图、Java 类、JAR 文件、动态链接库及数据库表等。

（3）执行组件

该组件是系统运行时创建的组件，是最终可运行的系统产生的允许结果，如 Enterprise Java Beans、Servlet、XML（Extensible Markup Language，可扩展标记语言）文档等。

2. 依赖关系

依赖关系表示组件之间存在的关系。在 UML 中，依赖关系使用虚箭线表示。箭头指向被依赖的对象。

3. 接口

组件可以通过其他组件的接口来使用其他组件中定义的操作。通过使用命名的接口，可以避免在系统中各个组件之间直接发生依赖关系，有利于组件的替换。

组件图中的接口使用圆圈来表示。接口和组件之间用带空心三角形的虚线表示实现关系，接口和组件之间用虚箭线表示依赖关系，如图 3-48 所示。

组件的接口分为两种，即导入接口和导出接口。其中，导入接口供访问操作的组件使用，导出接口供提供操作的组件使用。图 3-48中，MyFrame.java 实现了 Interface 接口，对于组件 MyFrame.java 来说，Interface 接口是导出

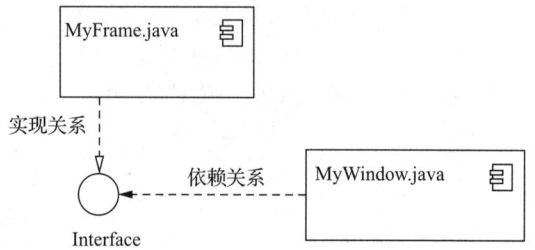

图 3-48　组件与接口

接口；而对于组件 MyWindow.java 来说，Interface 接口是导入接口。

4. 组件与类

组件在很多方面与类相同，二者都有名称和依赖关系，可以被嵌套，可以参与交互，同时还可以实现一组接口。但是组件和类之间也存在区别，主要如下。

① 组件可以是一个或几个类在文件中的存在。

② 组件表示物理上的模块。

③ 类是逻辑上的抽象，组件是客观上存在的物理抽象，因此，组件可以存在于节点上而类不能。

④ 类可以直接拥有属性和操作,而组件通常只拥有必须通过接口访问的操作。

⑤ 类图侧重于系统的逻辑设计,而组件图侧重于系统的物理设计及实现。

5. 组件图的绘制步骤

组件图一般用于面向对象系统的物理方面建模,建模时要找出系统中存在的组件、接口及组件之间的关系。其绘制的具体的步骤如下。

① 对系统中的组件建模。

② 对相应组件提供的接口建模。

③ 对组件之间的关系建模。

④ 将逻辑设计映射成物理实现。

⑤ 模型精化和细化。

3.9 部署图

部署图在 UML 中是用来描述一个实际运行的系统中,硬件和软件是如何结合在一起的。它展示了这个系统的物理结构,告诉我们在哪些硬件设备上运行了哪些软件,以及这些软件是如何在这些硬件上分布和协作的。

部署图包括两种元素,即节点和关联关系。图 3-49 所示为某个 B/S 系统的部署图。

1. 节点

节点用来表示一种硬件,如计算机、扫描仪、手机和路由器等。在 UML 图中,节点的标记符是一个立方体,在框的上方显示节点的名称。节点可以建模为某种硬件的通用形式,图 3-50(a)所示的 Router也可以通过修改节点名称标记符建模为某种硬件的特定实例,如图 3-50(b)所示。

在图 3-50(b)中,通过在名称和冒号下面加下画线,可表示一个没有指定名称的实例化的节点,如名称为 one 的 Router 实例。

在实际的建模过程中,有两种类型的节点,即处理器和设备。

(1)处理器

处理器是能够执行软件并且具有一定计算能力的节点。服务器、工作站和其他具有处理能力的机器都是处理器。

(2)设备

设备是没有计算能力的节点,通常情况下都通过其接口为外部提供服务,如打印机和扫描仪等。

2. 关联关系

部署图用关联关系表示各节点之间的通信路径。在 UML 中,部署图中的关联关系为一条实线。在连接硬件时,需要注意节点之间是如何连接的,如红外线、蓝牙、以太网、令牌、并行等。因此,关联关系一般不使用名称表示,而是使用构造型,如"<<TCP>>""<<USB>>""<<parallel>>"等表示。

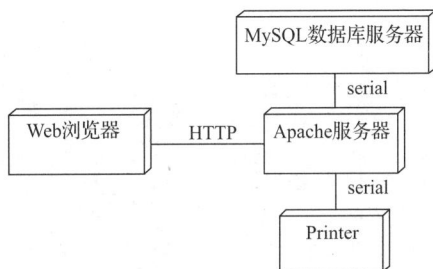

图 3-49 某个 B/S 系统的部署图

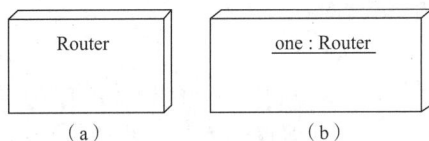

图 3-50 节点

图 3-51 所示为计算机与无线扫描仪之间通过蓝牙连接的部署图。

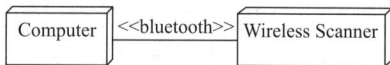

图 3-51　计算机与无线扫描仪之间通过蓝牙连接的部署图

3. 部署图的建模步骤

在实际开发中，如果遇到所开发的软件系统需要使用较多的设备（如路由器、打印机和服务器等），或者系统中的设备分布在多个处理器上，这时需要绘制部署图，以帮助系统开发人员理解系统中的硬件分布。

部署图一般用于对系统实现视图建模，建模时要找出系统中的节点及节点之间的关联关系。其具体的建模步骤如下。

① 添加节点。

② 添加通信关联。

③ 添加组件。

④ 添加组件间的依赖关系。

4. 组件图与部署图

组件图可以帮助用户了解每个功能在软件包中的位置及它们之间的关系。部署图用来帮助用户了解软件中的各个组件驻留的硬件位置及这些硬件之间的交互关系。将这两种图组合在一起构成实现方式图，来演示如何在硬件上部署软件。

一个完整的实现方式图是描述运行时的硬件节点，以及在这些节点上运行的软件组件的静态视图。可以理解为，实现方式图显示了系统的硬件、安装在硬件上的软件，以及用于连接异构计算机的中间件。

3.10　包图

在 UML 中，包是一种对元素进行分组管理的工具，而包图（Package Diagram）则是一种维护和描述系统总体结构模型的重要建模工具，通过对图中各个包及包之间关系的描述，展现出系统的模块与模块之间的关系。一个包图可以由任何一种 UML 图组成，通常是 UML 用例图或 UML 类图。

1. 包

包是对元素进行分组的机制，其拥有的元素可以是类、接口、用例、组件、节点和协作，还可以是其他包或图，一个元素不能被一个以上的包所拥有，如果包被撤销，其中的元素也要被撤销。包用一个带标签的文件夹符号表示，可以只标明包名，也可以标明包中的元素。

2. 包间关系

包间关系总体上可以概括为依赖关系和泛化关系两种关系。依赖关系是指包所包含的元素之间存在着一个或多个依赖关系，也就是说，如果两个包的任何元素之间存在着依赖关系，则这两个包之间就存在着依赖关系。包的依赖关系同样是使用一根虚箭线来表示的，虚箭线指向被依赖的包。

3.11　UML 图间关系

UML 包括 5 类视图和常见的 9 种图，在系统建模过程中每一种图都发挥着不同的作用，且相互之间存在紧密联系。每一种图从不同角度全面阐述了系统功能需求和运作过程。

① 用例图从用户角度展示了系统功能需求，但没有说明功能的执行过程。而序列图显示

了用例对象之间的动态时间交互关系，协作图描述了用例对象间的协作关系，活动图描述了满足用例要求所要进行的活动及活动间的约束关系，这 3 种图分别以不同方式描述了系统功能的执行过程，是对用例图的进一步补充。

② 类图从对象的角度描述了系统的静态结构，在系统的整个生命周期都是有效的；对象图是类图在某一时间段的实例，只能在系统某一时间段存在；状态图描述了类的对象所有可能的状态及引起状态转移的事件，是对类图的补充；组件图显示了系统文件间的组织和依赖关系，由于组件是类的物理实现，因此组件图也可看成对类图的物理实现。

③ 组件图和部署图从软硬件的角度描述了系统的物理实现，两者分别定义了系统软件文件和硬件节点的物理结构。

④ 包图由系统元素或包组成，表示包与包之间的关系，描述了系统的分层结构。包图主要用来为相关的元素分组，对于拥有大量繁杂元素的系统，适合用包图来维护、管理元素。

一般情况下，利用 UML 进行系统建模时，采用用例图、类图、对象图、组件图和部署图描述系统的静态结构，建立系统的静态结构模型；采用活动图、状态图、序列图和协作图来描述系统的动态行为，建立系统的动态行为模型。

UML 是一种独立于系统开发方法的建模语言，与所要开发的具体系统无关，可用于各类系统任一开发阶段。在电子商务系统分析与设计阶段的建模过程中，对于 UML 各图应用于哪个阶段，或各阶段应建立哪些视图，以及图形描绘的详细程度，并没有一个固定的标准。在实际应用中，读者需要根据系统的特点和具体情况，以能清晰描述系统为准则，确定各阶段要绘制的图形及其详尽程度。

思考与练习

1. 名词解释

（1）建模　（2）UML　（3）视图　（4）用例图　（5）类图　（6）序列图
（7）状态图

2. 选择题

（1）（　　）是对现实的简化。

　　A. 图　　　　　　　B. 视图　　　　　　C. 模型　　　　　　D. 管理

（2）UML 是一种面向（　　）的建模语言。

　　A. 过程　　　　　　B. UML　　　　　　C. 对象　　　　　　D. 功能

（3）UML 由（　　）、图、模型元素和通用机制组成。

　　A. 视图　　　　　　B. 用例　　　　　　C. 状态　　　　　　D. 对象

（4）由（　　）、用例以及它们之间的关系构成的用于描述系统功能的静态图称为用例图。

　　A. 参与者　　　　　B. 用户　　　　　　C. 客户　　　　　　D. 人员

（5）类之间的关系主要包括 5 种，分别是（　　）。

　　A. 关联关系　　　　　　　　　　　B. 聚集关系

　　C. 依赖关系　　　　　　　　　　　D. 泛化关系和实现关系

（6）序列图包括了多个元素，分别是（　　）。

　　A. 对象　　　　　　B. 生命线　　　　　C. 激活　　　　　　D. 消息

3. 简答题

（1）请试述面向对象方法的基本观点。

（2）面向对象方法有何特点？

（3）请试述面向对象方法中涉及的基本概念。

（4）请试述 UML 模型图的组成。

（5）请试述 UML 建模的基本过程。

（6）用例图的作用是什么？

（7）用例图中的关系都有哪些？

（8）请简述用例描述的组成部分。

（9）请试述类图中的关系。

（10）请试述对象图与类图的区别。

（11）状态图由哪些部分组成？

（12）请试述活动图的作用。

（13）活动图有哪些组成元素？

（14）创建活动图的步骤都有哪些？

（15）什么是序列图？它包括哪些组成元素？它的作用是什么？

（16）序列图和协作图之间的相同点和不同点各是什么？

（17）请简述 UML 模型图之间的关系。

思维导图

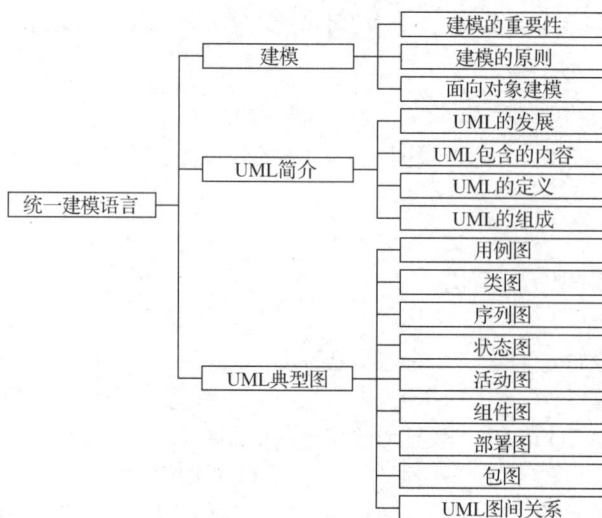

任务实训

实训题目： 系统建模实践

实训目标： 针对第 1 章任务实训里项目小组拟定的系统进行建模，画出系统用例图、类图、序列图、状态图、活动图。

实训思路： 结合本章所学 UML 的相关知识，利用 UML 对前期所拟定的系统进行建模，画出所要求图。

第4章
电子商务系统开发基础

【学习目标】

- 掌握电子商务系统的组成部分。
- 掌握电子商务系统开发模式。
- 熟悉电子商务系统开发技术及工具。
- 熟悉电子商务系统安全性技术及开发趋势。

【能力目标】

- 能够根据不同系统的具体情况选择合适的开发技术及工具。

引导案例

假设你是一家知名电子商务公司的系统开发人员，公司决定推出一个全新的电子商务平台，这个平台旨在提供一站式购物体验，支持多种支付方式，具备高效的搜索功能，并能够实时更新商品信息。

公司已经拥有一个规模较大的开发团队，包括前端开发、后端开发和数据库开发等多个角色。你被分配到这个开发团队，作为团队成员，你需要选择合适的技术和工具，并与团队其他成员密切合作，以实现平台的各种功能。

在开发过程中，你需要考虑诸多因素，如性能优化、用户体验、数据安全性和可扩展性等。同时，你还需要面对各种挑战，如处理复杂的业务逻辑、保证数据的一致性和完整性等。

[问题1] 在这个开发任务中，你会如何选择和使用前端、后端和数据库开发的技术和工具？

[问题2] 在开发过程中，你会如何保证电子商务平台的安全性和稳定性？

4.1 电子商务系统开发概述

在信息技术和电子商务飞速发展的今天，各种电子商务系统在组成和功能上呈现出显著的多样性。大部分电子商务系统从根本上可划分为3个主要组成部分：前端、后端和数据库。由此，电子商务系统的开发可分为前端开发、后端开发和数据库开发3个环节。这3个环节相互协作，共同构建了电子商务系统的核心架构。本节将对这3个环节进行简要的说明和探讨，并介绍4种常见的电子商务系统开发模式。

素养课堂

4.1.1　前端、后端和数据库开发概述

1.　前端开发

前端作为电子商务系统的用户界面，致力于展示数据并接收用户输入的数据。前端可以表现为网站、移动应用、桌面应用程序等形式，直接面向用户，对用户体验和交互质量产生重大影响。

前端开发主要负责电子商务系统的用户界面设计、开发和优化。前端开发人员使用 HTML（HyperText Markup Language，超文本标记语言）、CSS（Cascading Style Sheet，串联样式表）和 JavaScript 等技术来设计和实现网页的布局、样式和交互效果。他们需要考虑如何改善用户体验，使用户能够方便地与前端界面进行交互。

前端开发的任务包括创建用户友好的界面，使用户能够轻松地浏览商品信息、下订单并完成支付。此外，前端开发人员还需要与后端开发人员密切合作，以确保数据的实时更新和同步。

2.　后端开发

后端作为电子商务系统的服务器端，承担处理来自前端的请求并返回数据的责任。后端通常由服务器、操作系统和应用程序等元素组成，执行业务逻辑、数据存储和数据处理等核心任务。后端需要与前端保持通信，向前端提供数据并接收来自前端的请求。

后端开发主要负责处理业务逻辑和与数据库的交互。后端开发人员使用服务器技术、操作系统和 Web 服务器等来处理用户请求、执行业务逻辑和访问数据库。他们需要考虑如何优化系统的性能和稳定性，以及如何维护系统的安全性。

后端开发的任务包括处理用户订单、支付信息和其他业务数据。后端开发人员需要确保数据的准确性和完整性，同时要与前端开发人员协调工作，保证数据的实时传输和同步更新。

3.　数据库开发

数据库作为电子商务系统中用于存储和管理数据的系统，发挥着至关重要的作用。它可以存储商品信息、订单数据、用户信息等关键信息，并为数据查询、更新和删除等操作提供支持。为确保数据的安全性、可靠性和一致性，数据库需避免数据丢失或损坏的情况。

数据库开发主要负责数据的存储、查询和管理。数据库开发人员使用关系型数据库和非关系型数据库等来存储和管理系统数据。他们需要考虑如何优化数据库的性能和可扩展性，以及如何保证数据的一致性和完整性。

数据库开发的任务包括设计和管理数据库架构，确保数据的准确存储和高效查询。同时，数据库开发人员还需要与后端开发人员合作，以保证数据的实时更新和同步。

4.1.2　前端、后端、数据库的交互流程

在电子商务系统中，前端、后端和数据库之间的交互流程是至关重要的。它们之间的协作决定了系统的性能、稳定性和安全性。图 4-1 详细描述了前端、后端与数据库的交互流程。

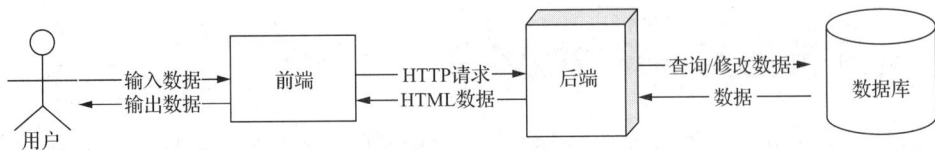

图 4-1　前端、后端与数据库的交互流程

1.　前端与用户的交互

用户会通过浏览器或移动应用等前端界面与电子商务系统进行交互。前端界面根据用户

输入的指令（如点击、搜索、浏览等）向用户展示相应的商品信息、订单数据或支付页面等。同时，前端界面还会接收用户输入的数据（如选择商品、输入个人信息等），并将其发送给后端服务器进行处理。

2. 前端与后端的交互

前端界面通过 HTTP（HyperText Transfer Protocol，超文本传输协议）向后端服务器发送用户指令或数据。后端服务器接收前端发送的请求后，会根据业务逻辑进行处理。例如，如果用户选择了商品并提交了订单，后端服务器会根据业务逻辑验证订单的有效性、处理支付信息等。处理完成后，后端服务器将结果返回前端界面，前端界面再根据返回的结果展示相应的页面或进行后续操作。

3. 后端与数据库的交互

后端服务器在根据业务逻辑处理时，需要访问数据库来存储和读取数据。后端服务器通过 SQL（Structure Query Language，结构查询语言）或使用 ORM（Object Relational Mapping，对象关系映射）等方式向数据库发送查询请求，获取商品信息、订单数据等。同时，后端服务器还会将处理后的数据（如更新的商品数量、保存的用户信息等）发送给数据库进行存储。

4. 数据库的操作

数据库接收到后端服务器发送的查询请求或数据更新请求后，会根据相应的 SQL 语句或存储过程来操作数据。数据库还会对数据进行验证和完整性约束，以确保数据的准确性和一致性。操作完成后，数据库将结果返回后端服务器，后端服务器再将其返回前端界面并展示给用户。

5. 注意事项

（1）数据格式和接口设计。前后端和数据库之间需要约定好数据格式和接口规范，以确保数据传输的准确性和一致性。例如，可以使用 JSON 格式进行数据交换，并定义好数据的结构、属性和行为等。

（2）数据安全性和加密。在前后端和数据库的交互过程中，需要对传输的数据进行加密和验证操作，以确保数据的安全性和完整性。例如，可以使用 HTTPS（HyperText Transfer Protocol Secure，超文本传输安全协议）进行数据传输加密，使用数字签名或时间戳等技术验证数据的完整性。

（3）性能优化。在前后端和数据库的交互过程中，需要进行性能优化以提高系统的响应速度和处理能力。例如，可以使用分页查询、缓存技术等技术提高数据查询效率；可以使用批量插入、事务处理等技术提高数据处理效率。

（4）异常处理和日志记录。在前后端和数据库的交互过程中，需要对异常情况进行处理和记录。例如，可以对异常情况进行捕获和处理；可以记录操作日志以便后续排查问题和审计等操作。

4.1.3　系统开发应考虑的因素

在电子商务系统的开发中，除了前端、后端和数据库的开发外，还需要考虑一系列因素来确保系统的顺利开发和正常运行。下面是几个应当主要考虑的因素。

1. 安全性

安全性是电子商务系统开发中至关重要的问题。由于电子商务涉及用户的个人信息、交易信息和支付信息等敏感数据，因此系统需要具备足够的安全保障措施来防止数据泄露、数据篡改和非法访问等安全威胁。在系统开发过程中，需要对系统的安全性进行全面的考虑和设计，包括用户身份认证、数据加密、防止恶意攻击等方面。

2. 性能与稳定性

性能与稳定性是衡量电子商务系统质量的重要指标之一。电子商务系统需要能够承受大流量和高并发请求的访问压力,同时还需要保证系统的稳定性和可靠性。在系统开发过程中,需要对性能和稳定性进行充分的考虑和测试,包括使用优化数据库查询、缓存、负载均衡等技术来提高系统的性能和稳定性。

3. 用户体验

良好的用户体验是电子商务系统成功的重要因素之一。良好的用户体验可以提高用户的满意度和忠诚度,进而促进系统的销售和业务发展。在系统开发过程中,需要对用户体验进行全面的考虑和设计,包括简洁明了的界面设计、易于操作的功能流程、友好的提示信息等方面。

4. 可扩展性与可维护性

电子商务系统的开发需要考虑系统的可扩展性和可维护性。随着业务的发展和用户需求的不断变化,系统需要能够灵活地扩展和适应新的需求。同时,系统需要具备易于维护的特点,以便于系统管理员进行日常维护和管理。在系统开发过程中,需要对可扩展性和可维护性进行充分的考虑和设计,包括模块化设计、松耦合架构、自动化测试等方面。

4.1.4 电子商务系统开发模式

瀑布式开发、迭代式开发、螺旋式开发和敏捷开发是4种常见的电子商务系统开发模式,它们在开发过程、风险控制、适应性和灵活性等方面有所不同。

1. 瀑布式开发

瀑布式开发是一种线性开发模型,包含3个阶段,6个步骤:计划、需求分析、设计、编码、测试和运行维护,每个阶段都有明确的输入和输出,如图4-2所示。这种开发模式的优点是阶段划分清楚、任务衔接明确,适用于需求稳定、项目周期长、规模较大的项目。然而,瀑布式开发也存在一些缺点,如需求变更困难、难以应对不确定性、早期阶段无法获取用户反馈等。

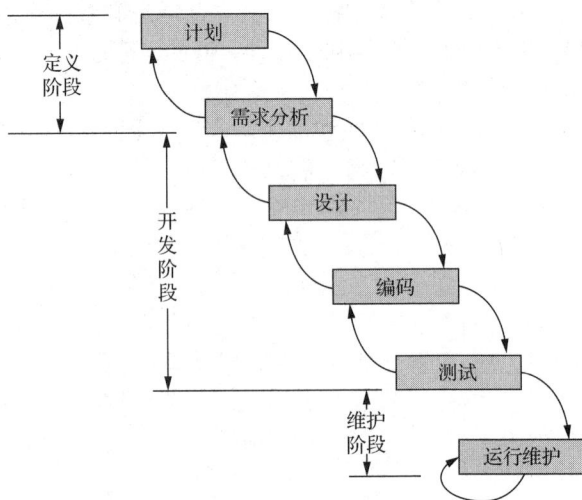

图4-2 瀑布式开发

2. 迭代式开发

迭代式开发是一种与传统的瀑布式开发相反的软件开发过程,它通过不断迭代来完善软件产品,如图4-3所示。在迭代式开发中,通过用户的反馈来细化需求,并开始新一轮的迭代。这种开发模式的特点是降低风险、得到早期用户反馈、持续测试和集成,适用于需求变化较大、项目周期较短、规模较小的项目。

3. 螺旋式开发

螺旋式开发是瀑布式开发和迭代式开发的结合,它强调在项目进行过程中对风险进行分析和管理,如图4-4所示。螺旋式开发模型将软件开发过程划分为多个阶段,每个阶段都包括需求分析、设计、编码、测试等步骤。同时,它还强调在每个阶段结束后进行评估,以决定是否进入下一个阶段。螺旋式开发的优点是灵活性强、适应性好,适用于大型复杂的系统。

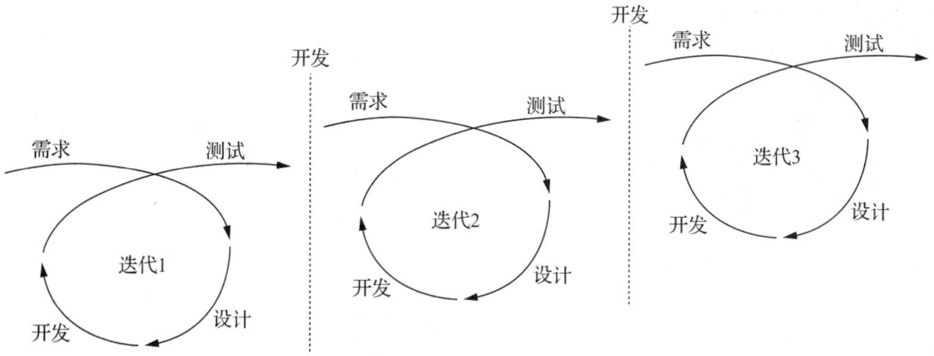

图 4-3 迭代式开发

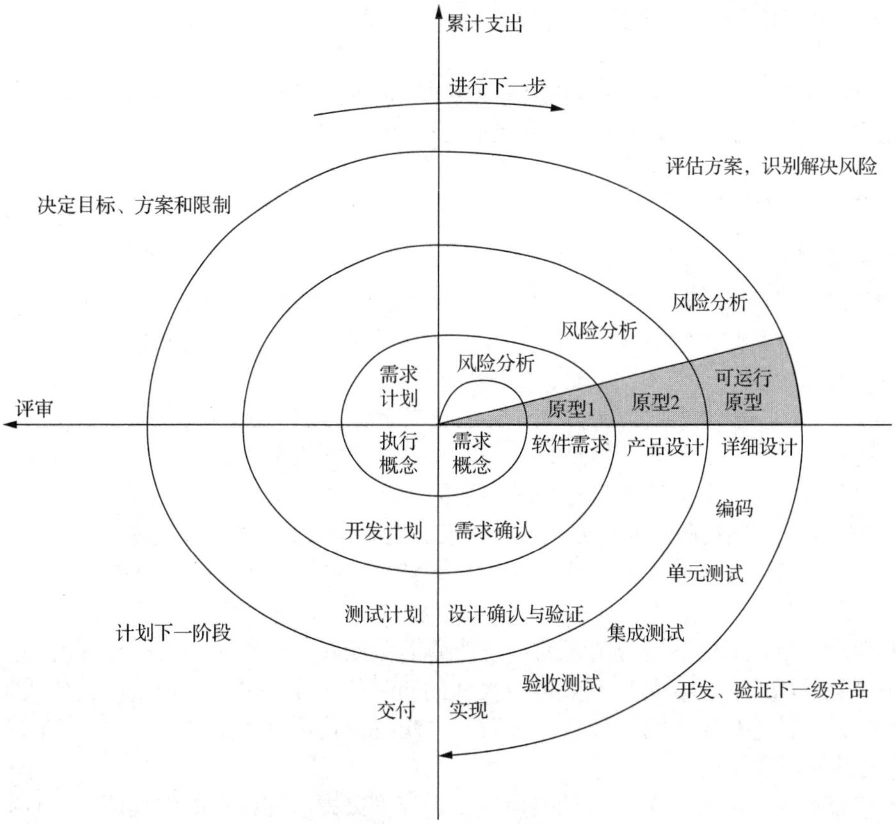

图 4-4 螺旋式开发

4. 敏捷开发

敏捷开发是一种以人为核心、迭代、循序渐进的软件开发模式，如图 4-5 所示。它强调团队合作、持续集成和交付价值，关注用户需求和变化。敏捷开发过程中的系统开发人员通常分为多个小组，每个小组负责一部分功能或模块的开发。这种开发模式的优点是适应性强、灵活性高、能够快速响应用户需求变化，适用于小型项目或需求变化较大的项目。

不同的开发模式适用于不同的项目和需求场景，系统开发人员需要根据实际情况选择合适的开发模式。

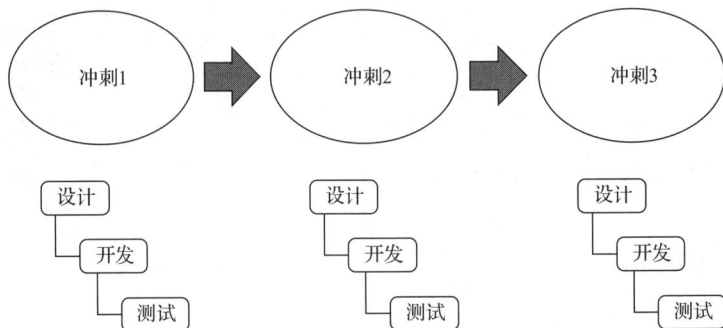

图 4-5 敏捷开发

4.2 电子商务系统开发技术及工具

电子商务系统的开发极其复杂，若想全面掌握，需要经过系统学习和实践。本节仅对前端、后端和数据库 3 个部分的开发技术及工具做简要介绍。

4.2.1 前端技术及工具

1. 前端基础技术

（1）HTML。HTML 是一种用于创建网页的标准标记语言。它包括一系列标签，通过这些标签可以将网络上的文档格式统一，使分散的互联网资源连接为一个逻辑整体。HTML 文本是由 HTML 命令组成的描述性文本，HTML 命令可以说明文字、图形、动画、声音、表格、链接等。超文本是一种组织信息的方式，它通过超链接方法将文本中的文字、图表与其他信息媒体相关联。这些相互关联的信息媒体可能是同一个网页里的文字、图片或视频，也可能是别的网页上的内容，或是地理位置相距遥远的某台计算机上的文件。这种组织信息方式将分布在不同位置的信息资源用随机方式进行连接，为人们查找、检索信息提供方便。

（2）CSS。CSS 是一种用来表现 HTML 或 XML 等文件式样的计算机语言，是一种标准的样式表语言，用于描述网页的表示，即布局和格式。CSS 可以控制许多仅使用 HTML 无法控制的属性，它能够根据不同使用者的理解能力简化或者优化写法，具有较强的易读性。在制作网页时采用 CSS 技术，可以有效地对页面的布局、字体、颜色、背景和其他效果实现更加精确的控制。只要对相应的代码做一些简单的修改，就可以改变同一页面的不同部分，或者不同页面的外观和格式。

（3）JavaScript。JavaScript 是一种轻量级、解释型或即时编译型的编程语言，具有函数优先的特点。它不需要编译，运行过程中由 JavaScript 解释器逐个进行解释并执行。JavaScript 是一种基于原型编程、多范式的动态脚本语言，并且支持面向对象、命令式、声明式、函数式编程。JavaScript 被广泛用于开发 Web 页面，但它也被用到了很多非浏览器环境中。JavaScript 的主要用途包括表单动态校验（密码强度检测）、网页特效制作、服务端开发、桌面程序制作、游戏开发等。

2. 前端框架和库

（1）React。React 是一个用于构建用户界面的 JavaScript 库，它基于 JSX 语法，提供了一种更加灵活和易于扩展的用户界面组件设计方式。它支持状态管理、数据绑定、动画效果实现等功能，可以轻松构建出复杂的用户界面。React 的核心概念是状态管理和虚拟 DOM

（Document Object Model，文档对象模型），它可以在不刷新整个页面的情况下，动态地更新用户界面组件的状态和样式。

（2）Vue.js。Vue.js 是一套用于构建用户界面的渐进式框架。与其他大型框架不同的是，Vue 被设计为可以自底向上逐层应用。Vue 的核心库只关注视图层，不仅易于上手，还便于与第三方库或既有项目整合。另外，当与现代化的工具链以及各种支持类库结合使用时，Vue 也完全能够驱动复杂的单页应用。

（3）Angular。Angular 是一个用于构建 Web 应用的 JavaScript 框架，它基于 MVC（Model-View-Controller，模型—视图—控制器）模式，提供了一种更加灵活和易于扩展的用户界面组件设计方式。它支持数据绑定、动态 DOM 操作、模板引擎等功能，可以轻松构建出复杂的 Web 应用。Angular 适用于大型应用和组件化开发，可以快速构建出简单易用的 Web 应用。

除了以上 3 种外，还有 Bootstrap、Svelte、Flutter、Preact 等较为流行的前端框架和库。

3. 前端开发工具

（1）Adobe Dreamweaver。Adobe Dreamweaver，简称 DW，是 Adobe 公司开发的一款网页开发工具。它提供了可视化的界面和丰富的工具，帮助系统开发人员快速创建和编辑网页、网站和移动应用。DW 支持 HTML、CSS、JavaScript 等多种语言，方便系统开发人员创建和编辑网页元素，同时支持与服务器端技术的集成，如 PHP、MySQL 等。

（2）WebStorm。WebStorm 是 JetBrains 公司开发的一款 JavaScript 开发工具，其界面如图 4-6 所示，它与 IntelliJ IDEA 同源，继承了 IntelliJ IDEA 强大的 JavaScript 部分的功能，提供了智能代码提示、代码检查、代码重构和调试等功能，适用于各种 Web 应用程序的开发。

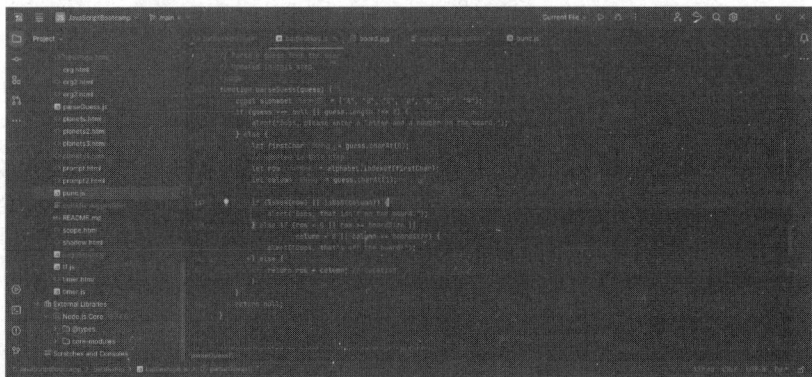

图 4-6　WebStorm 界面

（3）HBuilder。HBuilder 是 DCloud 公司推出的一款支持 HTML5 的 Web 开发软件，它具备完整的语法提示、代码输入法、代码块等功能，可以大幅提升 HTML、JavaScript 的开发效率。HBuilder 还支持多种语言和框架，如 Vue.js、React 等，同时提供了丰富的插件和扩展支持，方便系统开发人员进行自定义开发。

除了以上 3 种外，还有 Visual Studio Code、Sublime Text、Atom 等较为流行的前端开发工具。

4.2.2　后端技术及工具

1. 后端编程语言

（1）Python。Python 是一种解释型、面向对象的高级编程语言，其语法简洁清晰，易于学习掌握，同时具有丰富的第三方库和模块，可以快速开发出各种应用程序，适用于包括 Web 开发、数据分析、人工智能、科学计算、机器学习、自然语言处理在内的多个领域。

（2）Java。Java 是一种面向对象的编程语言，其语法严谨，易于学习和掌握，同时具有丰富的第三方库和框架，拥有较好的性能和稳定性，可以快速开发出各种应用程序，适用于构建大型企业级应用、移动应用等。同时 Java 具有跨平台性，可以在不同的操作系统和设备上运行。

（3）PHP。PHP 是一种开源的脚本语言，主要用于 Web 开发，其语法简单易学，易于上手，适用于构建动态网页和 Web 应用程序。PHP 具有较好的性能和稳定性，同时具有广泛的社区支持和丰富的第三方库，可以与 HTML、CSS 等前端技术无缝集成。

除了以上 3 种外，还有 Ruby、Go、C/C++ 等较为流行的后端编程语言。

2. 后端框架和库

（1）Django。Django 是一个用 Python 编写的全栈 Web 应用程序框架，它遵循 MVT（Model-View-Template，模型—视图—模板）架构，旨在帮助系统开发人员快速、轻松地开发 Web 应用程序。Django 具有强大的 ORM 功能，方便进行数据库操作。同时，Django 还提供了丰富的插件和库，使得系统开发人员可以轻松地扩展其功能。Django 适用于构建复杂的 Web 应用程序，特别适用于需要快速开发且对安全性有较高要求的场景。

（2）Spring。Spring 是一个用 Java 编写的开源框架，它提供了一个完整的 Java 平台，用于构建企业级的 Web 应用程序。Spring 遵循面向对象的编程思想，提供了丰富的模块和库，包括 Spring MVC、Spring Boot 等，使得系统开发人员可以快速构建稳健、可靠的 Web 应用程序。Spring 适用于构建大型企业级应用，特别是需要高度可扩展性和可维护性的场景。

（3）Laravel。Laravel 是由 Taylor Otwell 基于 MVC 架构开发的 PHP Web 框架，它旨在帮助系统开发人员快速搭建功能丰富的网站和应用。Laravel 具有简单、优雅的语法和丰富的功能，包括路由、会话、迁移、缓存等，使得系统开发人员可以快速构建高质量的 Web 应用程序。Laravel 适用于构建各种类型的 Web 应用程序，特别是需要快速开发和迭代更新的场景。

除了以上 3 种外，还有 Flask、Hibernate、Symfony 等较为流行的后端框架和库。

3. 后端开发工具

（1）PyCharm。PyCharm 是一种面向 Python 开发人员的集成开发环境，由 JetBrains 公司开发。它为 Python 开发人员提供了许多高级功能，包括智能代码助手、代码自动提示、重构、J2EE 支持、Ant、JUnit、CVS（Concurrent Version System，并发版本系统）整合、代码审查、创新的 GUI（Graphical User Interface，图形用户界面）设计等。PyCharm 旨在提高 Python 开发人员的效率，减少编写代码的时间和精力。PyCharm 界面如图 4-7 所示。

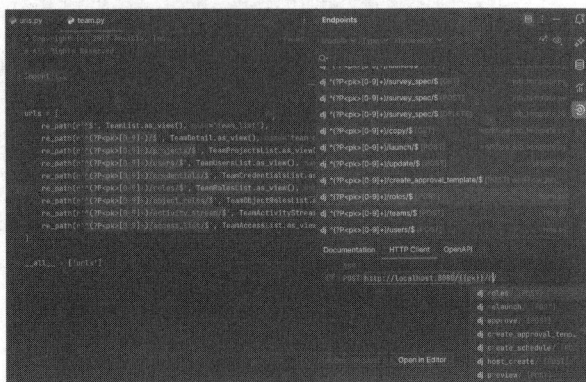

图 4-7　PyCharm 界面

（2）IntelliJ IDEA。IntelliJ IDEA 是一种功能强大的 Java 集成开发环境，由 JetBrains 公司开发。它具有智能代码助手、代码自动提示、重构、J2EE 支持、Ant、JUnit、CVS 整合、代码审查等功能。IntelliJ IDEA 适用于各种类型的 Java 项目开发，包括桌面应用程序、Web 应用程序和企业级应用程序等。

（3）PHPStorm。PHPStorm 是一种轻量级且便捷的 PHP 集成开发环境，由 JetBrains 公司开发。它为 PHP 开发人员提供了许多高级功能，包括智能代码补全、快速导航、即时错误检查、单元测试和可视化功能等，适用于各种类型的 PHP 项目开发，包括 Web 应用程序、桌面应用程序和命令行应用程序等。此外，PHPStorm 还提供了一些高级功能，以支持 Django 框架下的专业 Web 开发。

除了以上 3 种外，还有 Eclipse 等较为流行的后端开发工具。

4.2.3　数据库技术及工具

1. 关系型数据库与非关系型数据库

关系型数据库建立在关系模型基础上，采用表格的方式（即以行和列的方式）存储数据。它的特点是数据结构化，并按照结构化的方法存储数据，具有很高的数据一致性和完整性，支持事务处理，适用于需要高可靠性和高一致性的应用场景。关系型数据库采用 SQL 进行查询，SQL 提供了丰富的操作和查询功能，便于用户对数据库进行各种操作。

非关系型数据库通常以对象的形式存储在数据库中，其数据结构由每个对象的属性来决定，数据存储方式多样，包括键值对、文档、图片等，具有高并发、高扩展性、高稳定性和低成本等特点，适用于需要处理海量数据和高并发的应用场景，如 Web 电子邮件、社交网络服务、云计算应用等。非关系型数据库不使用 SQL 进行查询，而是使用各自的数据查询语言。

总的来说，关系型数据库和非关系型数据库在数据存储和管理方面具有不同的特点，应用场景也不同。在实际应用中，系统开发人员需要根据实际需求和项目特点选择合适的数据库类型。

2. 数据库管理系统

（1）MySQL。MySQL 是一个开源的关系型数据库管理系统，由瑞典 MySQL AB 公司开发，基于 C 和 C++ 语言，具有高性能、可扩展性和易用性等特点。它支持多种存储引擎，包括 InnoDB、MyISAM 等，还支持多种查询语言和编程接口，如 SQL、Python、Java 等。MySQL 适用于中小型数据量的存储和处理，广泛应用于 Web 应用程序和大型数据仓库。

（2）SQL Server。SQL Server 是由微软公司推出的关系型数据库管理系统，是一个可扩展的、为分布式客户机 / 服务器计算所设计的数据库管理系统。它实现了与 WindowsNT 的有机结合，提供了基于事务的企业级信息管理系统方案。SQL Server 具有高性能、高可靠性和高安全性等特点，广泛应用于企业级应用程序和大型数据仓库。

（3）MongoDB。MongoDB 是非关系型数据库当中功能最丰富、最像关系型数据库的产品。它支持的数据结构非常松散，是类似 json 的 bjson 格式，因此可以存储比较复杂的数据类型。Mongo 最大的特点是它支持的查询语言非常强大，其语法有点类似于面向对象的查询语言，几乎可以实现类似关系型数据库单表查询的绝大部分功能，而且支持对数据建立索引的功能。MongoDB 适用于需要处理大量数据和高并发的应用场景，如 Web 电子邮件、社交网络服务、云计算应用等。

除了以上 3 种外，还有 Oracle、IBM DB2、Cassandra 等较为流行的数据库管理系统。

4.3　电子商务系统安全性技术

4.3.1　数据加密与安全传输技术

1. 数据加密技术

在电子商务系统中，常用的数据加密技术包括对称加密技术和非对称加密技术。对称加密技术使用相同的密钥进行加密和解密，常见的算法有 AES（Advanced Encryption Standard，高级加密标准）和 DES（Data Encryption Standard，数据加密标准）等。这些算法可以提供较高的加密强度和效率，适用于大量数据的加密。然而，对称加密需要确保密钥的安全传输和存储，因此也存在一定的安全隐患。

非对称加密技术使用不同的密钥进行加密和解密，如图 4-8 所示。非对称加密技术常见的算法有 ECC（Elliptic Curve Cryptography，椭圆曲线密码学）等。非对称加密技术的特点是加密和解密使用不同的密钥，以提供更高的安全性，适用于敏感数据的加密和数字签名等应

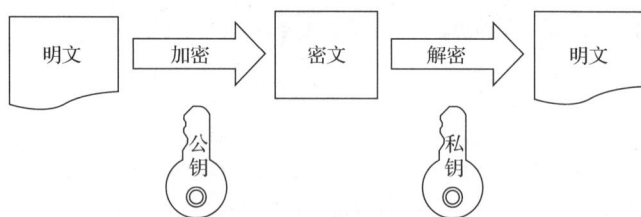

图 4-8　非对称加密技术

用。然而，非对称加密技术的算法复杂度较高，加密和解密速度相对较慢。

除了以上两种加密技术，还有混合加密技术，即将对称加密和非对称加密技术结合起来使用，以提高加密效率和安全性。

2. 安全传输技术

在电子商务系统中，常用的安全传输技术包括 SSL（Secure Sockets Layer，安全套接层）/TLS（Transport Layer Security，传输层安全）协议和 IPSec（Internet Protocol Security，互联网安全）协议等。SSL/TLS 协议是一种基于 TCP（Transmission Control Protocol，传输控制协议）的安全传输协议，它可以在通信双方之间建立加密通道，以保证数据的机密性和完整性。SSL/TLS 协议广泛应用于 Web 浏览器和服务器之间的通信，可以防止网络窃听和中间人攻击。

IPSec 是一种基于 IP（Internet Protocol，互联网协议）的安全协议，它可以为 IP 数据包提供机密性、完整性、身份验证等保护。IPSec 可以与各种网络协议一起工作，如 TCP、UDP（User Datagram Protocol，用户数据报协议）等，提供端到端的安全性保证。

在选择数据加密和安全传输技术时，需要考虑具体的业务需求和安全威胁。对于大量数据的加密和传输，可以使用对称加密技术配合 SSL/TLS 协议；对于敏感数据的加密和数字签名等应用，可以使用非对称加密技术配合 SSL/TLS 协议或 IPSec 协议。同时，为了保证数据的安全性，还需要采取其他安全措施，如访问控制、数据备份等。

4.3.2　身份验证与访问控制技术

1. 身份验证技术

在电子商务系统中，常用的身份验证技术包括用户名 / 密码认证、数字证书和多因素身份验证等。

用户名 / 密码认证是最常见的身份验证方式，用户只有输入正确的用户名和密码才能通过认证。然而，这种方式存在被窃取或破解的风险，为了提高安全性，可以采用一些强化措施，如密码加密存储、限制登录尝试次数等。

数字证书是一种基于公钥加密技术的身份验证方式，它由权威认证机构颁发，包含用户的身份信息和公钥。用户在登录时需要出示数字证书，系统通过验证数字证书的有效性和用户的身份信息，确认用户的身份。数字证书可以提供更高的安全性，适用于调用敏感数据和登录重要系统时的身份验证。

多因素身份验证是一种更为安全的身份验证方式，它结合了多种验证因素，如用户名、密码、手机验证码、指纹识别等。这种方式可以增加非法访问的难度，提高系统的安全性。

2．访问控制技术

访问控制技术用于限制用户对系统资源的访问权限。在电子商务系统中，可以根据用户的角色和权限来限制其对系统功能的访问。常见的访问控制模型包括基于角色的访问控制（Role-Based Access Control，RBAC）和基于属性的访问控制（Attribute-Based Access Control，ABAC）等。

基于角色的访问控制可以根据用户的角色来分配权限。每个角色拥有一组特定的权限，用户只能获得其角色对应的权限。这种访问控制模型适用于大型电子商务系统，可以简化权限管理，提高系统的可维护性。

基于属性的访问控制可以根据用户的属性来分配权限。用户的属性可以包括职位、部门、地域等信息，系统根据这些属性来决定用户对资源的访问权限。这种访问控制模型适用于访问控制需求灵活的系统，可以根据实际情况动态调整用户的权限。

在实现访问控制时，还需要考虑一些特殊情况的处理，如跨域访问、敏感数据的访问控制等。对于跨域访问，可以通过单点登录（Single Sign On，SSO）等方式实现跨域的身份验证和资源访问；对于敏感数据的访问控制，可以采用更加严格的授权机制和数据脱敏技术来确保数据的安全性。

身份验证和访问控制是保障电子商务系统安全的重要措施。在选择合适的身份验证和访问控制技术时，需要考虑系统的规模、业务需求和安全威胁等因素，以确保系统能够提供有效的安全保障。

4.3.3　系统安全审计与监控技术

1．安全审计技术

安全审计是对系统安全性进行评估和审查的过程。通过实施安全审计，可以及时发现和纠正潜在的安全漏洞和风险。在电子商务系统中，安全审计可以包括对系统配置、数据传输、用户行为等方面的审计。通过分析日志文件、监控系统资源使用情况等手段，可以及时发现并应对潜在的安全问题。

2．监控技术

监控技术是对系统运行状态和性能进行实时监测和管理的技术。通过监控系统的各项指标，可以及时发现系统故障或潜在的性能问题，从而采取相应的措施进行维护和优化。在电子商务系统中，监控可以包括对服务器、网络设备、应用程序等各个层面的监控。通过收集和分析监控数据，可以了解系统的运行状况和性能表现，及时发现并解决潜在的问题。

3．入侵检测与防御

入侵检测与防御是保护系统免受恶意攻击的重要措施。入侵检测系统通过实时监测系统的网络流量和日志文件，可以及时检测到诸如网络嗅探、暴力破解、恶意代码注入等攻击行为，并采取相应的防御措施进行阻止。在电子商务系统中，入侵检测与防御是保障系统安全性和稳定性的重要手段。

4．漏洞扫描与修复

漏洞扫描与修复是及时发现和修复系统安全漏洞的重要过程。通过定期或实时扫描系统，可以及时发现潜在的安全漏洞和风险。一旦发现漏洞，应立即采取修复措施，以消除安全隐患。在电子商务系统中，漏洞扫描与修复是保障系统安全性不可或缺的环节。

系统安全审计与监控技术是确保电子商务系统安全性和稳定性的重要手段。通过使用安全审计、监控、入侵检测与防御以及漏洞扫描与修复等技术，可以及时发现和应对潜在的安全威胁，保障系统的正常运行。在选择合适的系统安全审计与监控技术时，需要考虑系统的规模、业务需求和安全威胁等因素，以确保系统能够提供有效的安全保障。

4.3.4 常见网络攻击的防范

在电子商务系统中，常见的网络攻击包括拒绝服务（Denial of Service，DoS）、分布式拒绝服务（Distributed Denial of Service，DDoS）、网络钓鱼、恶意软件等。

1. 拒绝服务与分布式拒绝服务的防范

DoS 和 DDoS 通过发送大量无效或恶意请求来淹没目标服务器，使其无法响应正常请求。为了防范这类攻击，可以采取以下措施。

（1）限制连接数量：通过限制来自单个 IP 地址或用户账户的连接数量，可以减小 DoS 的影响。

（2）使用防火墙和入侵检测系统（Intrusion Detection System，IDS）：防火墙可以过滤掉恶意流量，而 IDS 可以监控网络流量并检测异常行为。

（3）DDoS 防御：通过在多个服务器上分散流量，可以避免单点故障并减小 DDoS 的影响。

2. 网络钓鱼的防范

网络钓鱼是攻击者通过伪装成合法网站或电子邮件来诱导用户输入敏感信息的一种攻击方式。为了防范网络钓鱼，可以采取以下措施。

（1）实施多因素身份验证：要求用户提供除了用户名和密码之外的其他验证方式，如手机验证码、指纹识别等，可以增加非法访问的难度。

（2）安全电子邮件：使用数据加密和数字签名技术来确保电子邮件的安全性，使接收者能够验证邮件的来源和完整性。

（3）教育和培训：加深员工对网络钓鱼的认识，使其能够识别和避免此类攻击。

3. 恶意软件的防范

恶意软件是一种旨在破坏、窃取或传播数据的软件程序。为了防范恶意软件，可以采取以下措施。

（1）定期更新和打补丁：及时更新系统和软件补丁，以消除已知漏洞。

（2）使用防病毒软件：安装可靠的防病毒软件，定期进行全面扫描并更新病毒库。

（3）设置应用程序权限：仅授予应用程序必要的权限，以减少潜在的恶意行为。

（4）网络安全培训：加深员工对恶意软件的认识，使其能够识别并报告可疑活动。

4. 社交工程的防范

社交工程是一种利用人类心理和社会行为的弱点来进行攻击的方法。为了防范社交工程，可以采取以下措施。

（1）加强员工培训：教育员工不要轻信陌生人或点击来自不信任来源的链接或附件。

（2）制定安全政策和流程：明确规定与陌生人交流的规则和流程，以减少潜在风险。

（3）保护客户数据：通过数据加密和访问控制来保护客户数据，使其不被未经授权的人员访问或泄露。

（4）定期审查和更新安全策略：及时审查和更新安全策略，以应对新的安全威胁和风险。

4.4 电子商务系统开发趋势

随着信息技术的不断进步和电子商务的快速发展，电子商务系统的开发趋势也在不断演变。当前电子商务系统开发重点在人工智能和机器学习、云计算、区块链、低代码开发、微服务架构、容器化等方面，下面对这些技术进行简单介绍。

1. 人工智能和机器学习

人工智能和机器学习在电子商务系统开发中的应用主要包括自动化、预测分析、智能推荐等方面。人工智能和机器学习的应用可以提高电子商务系统的智能化水平，提高系统开发的效率和精度。

2. 云计算

云计算为电子商务系统开发提供了更灵活、更可靠的计算和存储资源，使得系统开发得以更加高效、快速地开展。同时，云计算还可以提供大数据处理和分析能力，为系统开发提供更多的数据支持。

3. 区块链

区块链可以为电子商务系统开发提供安全、透明、不可篡改的数据存储和处理能力，可以有效解决系统开发中的信任和数据安全问题。

4. 低代码开发

低代码开发是一种通过可视化界面和预构建组件进行系统开发的开发方式。低代码开发可以提高开发效率、降低开发成本，同时也可以提高开发质量和降低维护成本。图 4-9 所示为低代码开发平台——钉钉宜搭。

5. 微服务架构

微服务架构是一种将系统拆分为多个小型服务架构的模式。微服务架构可以提高系统的可扩展性和灵活性，同时也可以降低系统的维护成本和提高开发效率。

图 4-9　低代码开发平台——钉钉宜搭

6. 容器化

容器化可以为系统开发提供更加一致、可靠的开发和部署环境，同时也可以提高系统的可移植性和可扩展性。

这些系统开发趋势不仅可以提高系统的开发效率、降低开发成本，还能提高系统的可靠性和安全性、改善用户体验等，是未来电子商务系统开发的重要方向。

思考与练习

1. 名词解释

（1）HTML　（2）瀑布式开发　（3）关系型数据库　（4）非对称加密

2. 选择题

（1）（　　）是一种以人为核心、迭代、循序渐进的软件开发模式。它强调团队合作、持续集成和交付价值，关注用户需求和变化。

　　A. 瀑布式开发　　B. 迭代式开发　　C. 螺旋式开发　　D. 敏捷开发

（2）（   ）适用于包括 Web 开发、数据分析、人工智能、科学计算、机器学习、自然语言处理在内的多个领域。

    A．Python   B．Java   C．PHP   D．Ruby

（3）（   ）可以及时检测到诸如网络嗅探、暴力破解、恶意代码注入等攻击行为，并采取相应的防御措施进行阻止。

    A．安全审计技术   B．监控技术   C．入侵检测系统   D．漏洞扫描技术

（4）（   ）是一种通过可视化界面和预构建组件进行系统开发的开发方式，可以提高开发效率、降低开发成本，同时也可以提高开发质量和降低维护成本。

    A．人工智能和机器学习   B．云计算

    C．区块链   D．低代码开发

3．简答题

（1）简述前端、后端、数据库的交互流程。

（2）系统开发应考虑的因素有哪些？

（3）分别列出两种常见的前端、后端开发工具。

（4）简述对称加密技术和非对称加密技术的区别。

（5）简述常见网络攻击的形式及防范措施。

思维导图

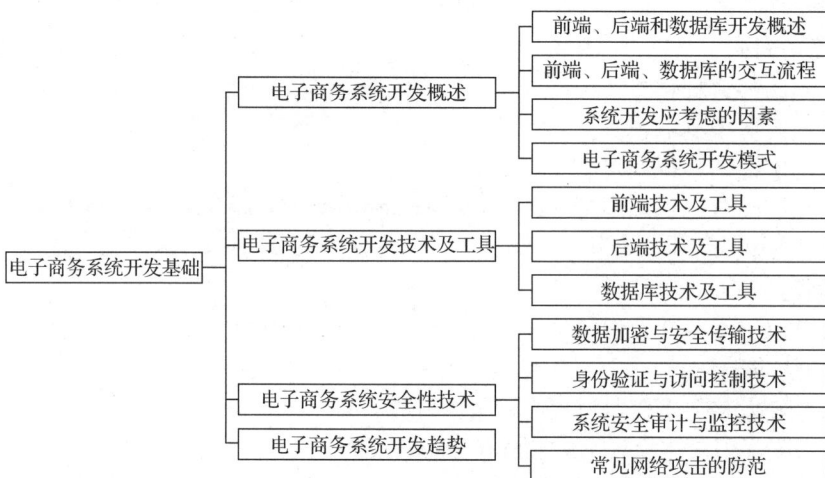

任务实训

实训题目： 开发技术选择

实训目标： 针对目标系统选择合适的前端、后端、数据库开发技术及工具。

实训思路： 根据目标系统的特点和前期建模资料，选择合适的前端、后端、数据库开发技术及工具，给出选择理由，并阐释如何保证系统安全。

第5章
电子商务项目管理

【学习目标】

- 了解电子商务项目及电子商务项目管理的概念和特点。
- 熟悉电子商务项目管理过程组。
- 掌握电子商务项目范围管理过程及主要使用的工具和技术。
- 掌握电子商务项目进度管理过程及主要使用的工具和技术。
- 熟悉电子商务项目成本管理和项目质量管理过程及主要使用的工具和技术。

【能力目标】

- 加深对电子商务项目管理重要性的认识。
- 能够结合工作实际情况进行电子商务项目管理。

引导案例

某电子商务系统集成商因公司业务发展过快，项目经理人员缺口较大，决定从在公司工作3年以上的业务骨干中选拔一批。张某原是公司的一名技术骨干，编程水平很高，在同事中有一定威信，因此被选中直接担任某系统集成项目的项目经理。张某很珍惜这个机会，决定无论自己多么辛苦都要把这个项目做好。

随着项目的逐步展开，张某遇到很多困难。他领导的小组中有2个新招聘的高校毕业生，十分欠缺技术和经验，一遇到技术难题，就请张某进行技术指导。有时张某干脆自己动手编码来解决问题，因为教这些新手如何解决问题反而更费时间。由于有些组员是张某的老同事，在他们没能按计划完成工作时，张某为了维护同事关系，不好意思当面指出，只好自己将他们未做完的工作做完或将不合格的地方修改好。该项目的客户方是某公司行政管理部门，客户代表是该部门的主任，和本公司领导的关系很好，因此对客户方提出的各种要求，张某和组内的技术人员基本全盘接受，生怕得罪了客户方，进而影响公司领导对自己能力的看法。张某在项目中遇到的各种问题和困惑也无处倾诉。项目的进度已经严重滞后，而客户方的新需求不断增加，各种问题纷至沓来，张某觉得项目的各种压力都集中在他一个人身上，而项目组的其他成员没有一个人能帮上忙。

[问题1] 该公司在项目经理选拔与管理方面的制度是否规范？为什么？

[问题2] 结合本案例，分析张某在工作中存在的问题。

[问题3] 结合本案例，谈一谈你对张某的建议。

5.1 电子商务项目管理概述

电子商务是指在全球各地广泛的商业贸易活动中，在互联网开放的网络环境下，基于浏览器／服务器应用方式，买卖双方不谋面地进行各种商贸活动，实现消费者的网上购物、商户之间的网上交易和在线电子支付等各种商务活动、交易活动、金融活动和相关的综合服务活动的一种新型商业运营模式。电子商务涉及的内容非常多，且电子商务系统框架非常复杂，要想成功实施电子商务项目，必须进行有效的项目管理。

项目管理是指在项目活动中运用专门的知识、技能、工具和方法，使项目能够在资源有限的条件下，实现或超出设定的需求和期望的过程。

电子商务项目管理是指项目的管理者在有限的资源约束下，运用系统的观点、方法和理论，对电子商务项目涉及的全部工作进行有效的管理，即对从电子商务项目的投资决策开始到电子商务项目结束的全过程进行计划、组织、指挥、协调、控制和评价，以实现项目的目标。电子商务项目管理贯穿整个电子商务项目生命周期，它虽然具有一定的特殊性，但是也属于一般项目管理的范畴。因此，电子商务项目管理具有一般项目管理的特征。下文的项目管理过程、项目管理过程组、项目范围管理、项目进度管理、项目成本管理和项目质量管理等内容同样适用于电子商务项目管理。

5.1.1 电子商务项目

项目（Project）是用有限的资源、有限的时间为特定客户完成特定目标的一次性工作。这里的资源是指完成项目所需的人、财、物；时间是指项目有明确的开始和结束时间；客户是指提供资金、确定需求并拥有项目成果的组织或个人；目标则是满足要求的产品、服务和成果，并且有时它们是不可见的。

电子商务项目是以电子商务模式为主导开展的项目。电子商务项目可应用于任何一个拥有电子商务平台的公司、企业及个人。电子商务项目通常作为实现电子商务企业组织战略计划的手段，是典型的一类项目，其具备一般项目的共同特征。

1. 临时性

临时性是指每一个项目都有确定的开始和结束时间。当项目的目标已经达到，或者项目经理已经清楚地看到该目标不会或不可能达到时，或者项目的必要性已不复存在并已终止时，该项目即到达了它的终点。临时性不一定意味着时间短，许多电子商务项目要持续好几年。然而，在任何情况下项目都是有期限的。

项目团队作为一个工作单位，其存在时间很少超过项目本身，即大部分项目都是由特意为其组建的专门团队负责实施的。项目完成时，这个团队也就解散了，重新安排团队成员去向。

2. 独特性

独特性是电子商务项目可交付成果的一种重要特征。例如，某电子商务系统集成商已经开发集成了数以万计的产品，但其中每一个都是独特的——不同的业主、不同的设计、不同的地点、不同的承建人等。重复部件的存在并不改变整个电子商务项目工作的独特本质。

3. 渐进明细

渐进明细是指电子商务项目的成果目标是逐步实现的，因为项目的产品、成果或服务事先不可见，在项目前期只能粗略地进行定义，随着项目的进行才能逐步明朗、完善和精确。项目范围的说明也是粗略的，随着项目团队对目标和可交付成果的理解更完整、更深入，项目的范围变得更具体、更详细。

在电子商务系统项目中，由于用户的不同特点和需求，每一个电子商务系统项目都和其他工程不一样，因此需要定制，每一个项目都可以具有一定的新意。

5.1.2 电子商务项目与日常运营

每一个电子商务组织都从事着与电子商务相关的工作，实现某些目标，一般来说，工作是指日常运营或者项目。两者是重叠的，有许多共同特征。例如，日常运营和项目都是由人来实现的，都受制于有限的资源且都需要规划、执行和控制。

日常运营和项目两者之间的区别主要有以下几点。

① 日常运营是持续不断和重复进行的，而项目是临时的、独特的。

② 项目的目标和日常运营的目标有本质的不同。项目的目标是交付成果，然后结束项目；而日常运营的目标一般是维持经营。

③ 项目可能涉及组织中的所有层级的人，日常运营不涉及跨组织层级。项目可能仅需一人参与，也可能需要成千上万人的参与。完成项目可能需要几个星期，也可能需要多年。项目可能只涉及组织中的一个单位，也可能涉及若干个单位，如构建联合体和伙伴关系。以下是电子商务项目的一些例子。

- 为电子商务网站开发一项新功能。
- 设计电子商务移动端应用程序。
- 开发或购买一套新的信息系统。
- 设计开发一套购物小程序系统。
- 增加一项新的购物功能或服务。

5.2 项目管理过程

项目管理涉及的知识领域包括项目整体管理、项目范围管理、项目进度管理、项目成本管理、项目质量管理、项目人力资源管理、项目沟通管理、项目风险管理和项目采购管理。在电子商务项目管理过程中，项目团队必须做到以下几点。

① 明确客户的需求。

② 在管理项目时，选用可以达到项目目标的合适的过程。

③ 平衡范围、进度、成本、质量和风险等方面的不同要求，生产出高质量的产品。

④ 调整产品规格、计划和管理体系，以满足不同项目干系人的需求，并管理他们的期望。

对于项目活动对应的项目管理细节是否应该形成文件化的标准，目前在国际上或行业内还没有达成完全一致的意见。这种标准需要描述一个项目的启动、计划、执行、监控以及项目的收尾过程，如图 5-1 所示。对于电子商务项目，应用项目管理过程有助于提高电子商务项目成功的可能性。在项目团队中，项目经理要负责确定怎样的过程更契合给定的项目。实际上，项目经理及其团队应认真考虑每个过程。项目管理人员在管理项目时，要结合项目的实际对通用的管理过程进行"剪裁"，为项目量身定制系列过程，分阶段进行管理。

一个过程是指为了得到预先指定的结果而要执行的一系列相关的行动和活动。过程与过程之间相互作用。每个过程在所有项目中至少出现一次，而且如果项目划分了阶段，则同样的过程可能出现在一个或多个项目阶段，只是这个过程会越来越明确和详细。

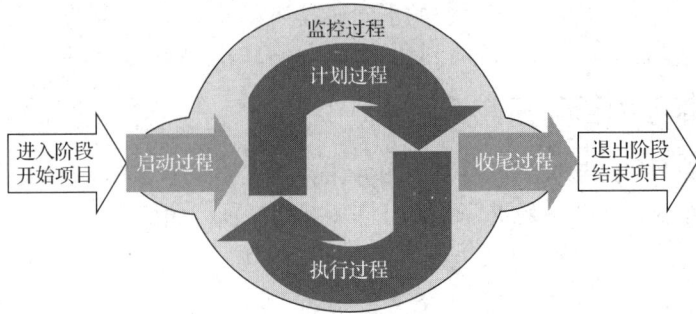

图 5-1　项目管理过程

一般来说，一个项目至少需要以下 4 个过程。

① 技术类过程（或称工程类过程）。技术类过程是指研制特定产品、得到特定成果或提供特定服务的具体技术过程，要回答怎么做好技术工作、怎么把系统开发出来等问题。技术过程与项目所在的行业有关。例如，信息系统项目的技术类过程有"需求分析""总体设计""编码""测试""布线""组网"等。

② 管理类过程。电子商务行业的项目都有共同的管理过程。按出现的时间先后，管理过程可以分为启动过程、计划过程、执行过程、监控过程和收尾过程。

③ 支持类过程。例如，配置管理过程就属于支持类过程。

④ 改进类过程。例如，总结经验教训就属于改进类过程。

本章后续各节将着重介绍项目管理过程组。

5.3　项目管理过程组

项目管理过程组可以归纳为：启动过程组、计划过程组、执行过程组、监控过程组和收尾过程组。读者可能认为它们彼此之间有明确的界限，但是在实践过程中，它们会以某种方式交叉及重叠，如图 5-2 所示。

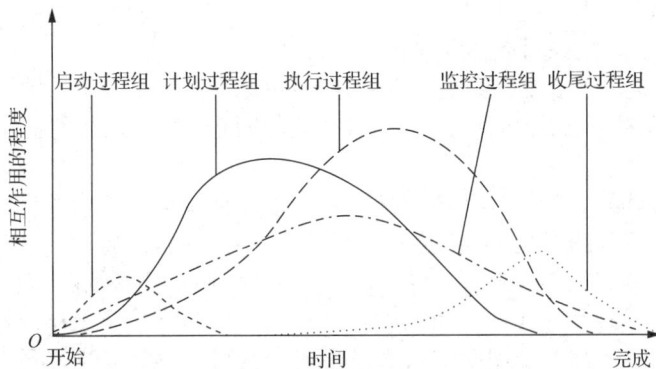

图 5-2　项目管理过程组的相互作用

Shewart 提出了一种关于项目管理过程交互的根本概念，并由 Deming 对其进行了修订，这就是 PDCA 循环（Plan-Do-Check-Act Cycle）。这个循环由其产生的结果构成，即其每一部分的结果又是其他部分的输入。从整体上看，项目管理过程比 PDCA 循环复杂得多，图 5-3 所示为将项目管理过程组映射成 PDCA 循环。

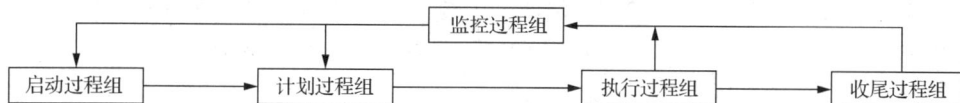

图 5-3　将项目管理过程组映射成 PDCA 循环

① 启动过程组：定义并批准项目或阶段。

② 计划过程组：定义和细化目标，规划最佳的技术方案和管理计划，以实现项目或阶段所承担的目标并确定项目范围。

③ 执行过程组：整合人员和其他资源，在项目的全生命周期或某个阶段执行项目管理计划，并得到输出与成果。

④ 监控过程组（监督与控制过程组）：要求定期测量和监控进展，识别实际绩效与项目管理计划的偏差，必要时，采取纠正措施或变更管理，以确保项目目标或阶段目标达成。

⑤ 收尾过程组：正式交付产品、服务或工作成果，有序地结束项目或阶段。

每个单独的过程都明确了如何使用输入来产生项目管理过程组的输出。一个项目过程产生的成果又会成为其他过程的输入。例如，监控过程组不仅监控当前项目阶段及整个项目的工作，还要为前面的项目阶段是否需要采取纠正措施和下个阶段是否需要采取预防措施提供反馈，或实施变更修改计划以确保项目的执行。

5.4　项目范围管理

复杂的电子商务项目涉及的角色有独立的策划者、设计者和承建商。在管理项目范围之前，首先应收集客户等干系人的需求，并根据需求定义并记录产品的特征与功能，这一部分内容会在第 7 章中详细介绍。

项目范围管理确定在项目内包括什么工作和不包括什么工作，由此界定的项目范围在项目的全生命周期内可能因种种原因而变化，项目范围管理也要管理项目范围的这种变化。项目范围的变化也称为变更。项目范围管理是通过 6 个管理过程来实现的。

① 编制项目范围管理计划。编制项目范围管理计划即通过制订项目范围管理计划，以规定如何定义、检验、控制项目范围，以及如何定义与创建工作分解结构。

② 收集需求。收集需求即为实现项目目标，明确并记录项目干系人的相关需求的过程。

③ 定义范围。该过程给出关于项目和产品的详细描述。这些描述写在详细的项目范围说明书里，作为项目决策的基础。

④ 创建工作分解结构。该过程将项目的可交付物和项目工作细分为更小的、更易于管理的单元。在项目范围管理过程中，最常用的工具是工作分解结构（Work Breakdown Structure，WBS）。工作分解结构是一种以结果为导向的分析方法，用于分析项目涉及的工作，所有这些工作构成项目的整个工作范围。工作分解结构为项目进度管理、成本管理和范围变更提供了基础。

⑤ 确认范围。该过程决定是否正式接受已完成的项目为可交付物。

⑥ 范围控制。范围控制是指监控项目和产品的状态，管理范围变更。

项目章程、项目范围说明书（初步）、项目管理计划的完成，为编制项目范围管理计划提供了依据，而项目范围管理计划为定义范围和创建工作分解结构提供了方法。

编制项目范围管理计划、收集需求、定义范围和创建工作分解结构属于计划过程，而确认范围和范围控制则属于监控过程。这些过程之间及其与其他领域的过程之间互相影响。根据电子商务项目需要，每个过程可能会需要一人或多人的努力。每个过程通常在项目中至少发生一次。如果项目被划分为几个阶段，则每个过程通常在项目的某个阶段中至少发生一次，甚至可能在多个阶段被多次执行。

尽管这里提到的这些过程各自独立，但是在实践中，它们是以各种形式重叠和相互影响的。

5.4.1　编制项目范围管理计划

电子商务项目范围的定义和管理过程将影响整个项目是否成功。每个项目的管理团队都必须慎重地权衡工具、数据来源、方法论、过程和程序以及一些其他因素，以确保在管理项目范围时所做的努力与项目的规模、复杂性和重要性相符。例如，对于关键项目，项目管理团队需要做正式的、彻底的范围管理。而对常规项目则可以相应地简化。项目管理团队要把这样的决策写入项目范围管理计划。

项目范围管理计划是一个计划工具，用以描述该团队如何定义项目范围，如何制定详细的项目范围说明书，如何定义与创建工作分解结构，以及如何检验和控制项目范围。

项目管理团队在编制项目范围管理计划时，需要联系实际工作，考虑各种主要制约因素。例如，准备采取的行动是否有可能违背本组织的既定方针，某些活动之间是否存在必然的联系等。

要保证一个计划的合理性，必然需要合理、科学的分析方法和技术。编制项目范围管理计划使用的工具与技术主要有专家判断及模板、表格和标准。

5.4.2　收集需求

收集需求即为实现项目目标，明确并记录项目干系人的相关需求的过程。该过程的主要作用是为定义和管理项目范围（包括产品范围）奠定基础。收集需求时使用的工具与技术主要有访谈、焦点小组、引导式研讨会、群体创新技术、群体决策技术、问卷调查、观察、原型法、标杆对照、系统交互图和文件分析。收集需求过程的输入包括：项目范围管理计划、需求管理计划、干系人管理计划、项目章程、干系人登记册。收集需求过程的输出包括：需求文件和需求跟踪矩阵。项目管理团队应在需求跟踪矩阵中记录每个需求的相关属性。需求跟踪矩阵中记录的典型属性包括唯一标识、需求的文字描述、收录该需求的理由、所有者、来源、优先级别、版本、当前状态和状态日期。为确保干系人满意，可能需要增加一些补充属性，如稳定性、复杂性和验收标准。

5.4.3　定义范围

定义范围是给出关于项目和产品的详细描述，并把这些描述写在详细的项目范围说明书里的过程。准备一份详细的项目范围说明书对项目的成功是至关重要的，这个工作基于在项目启动阶段的主要可交付物，如初步的项目范围说明书、假定以及约束。在获知更多的项目信息后，项目范围会被更清晰地定义和描述。为了完成项目，项目管理团队需要分析现存的风险、假定以及约束，同时把必要的新发现的风险、假定以及约束追加到详细的项目范围说明书中。定义范围的工具和技术有产品分析、识别多个可选的方案、专家判断法。

5.4.4　创建工作分解结构

创建工作分解结构是将项目的可交付物和项目工作细分为更小的、更易于管理的单元的过程，它组织并定义了整个项目范围。项目的工作分解结构是管理项目范围的基础，详细描述了项目所要完成的工作。工作分解结构的组成元素有助于项目干系人检查项目的最终产品。工作分解结构的底层元素是能够被评估、被安排进度和被追踪的。

工作分解结构的底层的工作单元称为工作包，它是定义工作范围、定义项目组织、设定项目产品的质量和规格、估算和控制费用、估算时间周期和安排进度的基础。

如果准确无误地分解出工作分解结构，并且这样的工作分解结构得到了客户等项目干系人的认可，那么凡是出现在工作分解结构中的工作都应该属于项目的范围，都是应该完成的。凡是没有出现在工作分解结构中的工作，则不属于项目的范围，要想完成这样的工作，要遵循变更控制流程并需经过变更控制委员会的批准。

当前较为常用的工作分解结构表示形式主要有以下两种。

① 分级的树形结构：类似于组织结构图，如图5-4所示。树形结构的工作分解结构层次直观、清晰，结构性很强，但不容易修改，对于大的、复杂的项目很难展示项目的全景。

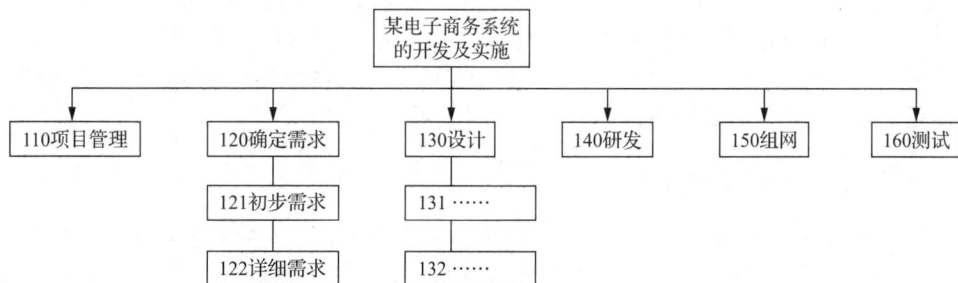

图5-4　树形结构的工作分解结构

② 列表形式：类似于书籍的分级目录，是直观的缩进格式。列表形式能够反映项目所有的工作要素，但直观性较差。

创建工作分解结构的工具和技术主要有分解、工作分解结构模板、工作包的格式和滚动式计划。

5.4.5　确认范围

确认范围是客户等项目干系人正式验收并接受已完成的项目可交付物的过程。确认范围过程也称为范围核实过程。确认范围包括审查项目可交付物，以保证每一交付物令人满意。如果项目在早期被终止，则确认范围过程将记录其完成的情况。

确认范围应该贯穿项目的始终。确认范围与质量控制不同，确认范围是有关工作结果是否接受的问题；而质量控制是有关工作结果正确与否的问题，质量控制一般在确认范围之前完成，当然二者也可同步进行。

确认范围的技术是检查，检查包括测量、测试和验证等，以确定工作和可交付物满足要求和验收标准。检查有时又称为审查、产品评审、审计和走查。

5.4.6　范围控制

范围控制是监控项目和产品的状态，如项目的工作范围状态和产品范围状态的过程，也是控制变更的过程。控制项目范围以确保所有请求的变更和推荐的纠正行动，都要通过整体变更控制过程处理。当变更发生并且集成到其他控制过程时，项目范围控制也被用来管理实际的变更。人们经常把不受控制的变更称为项目"范围蔓延"。变更是不可避免的，进而需要某种类型的变更控制过程。

项目干系人常常由于项目环境或者其他各种原因要求对项目的范围基准进行修改，甚至重新计划，而这一类修改或变化就称为变更。

范围控制的工具和技术包括偏差分析、重新制订计划、变更控制系统和变更控制委员会、配置管理系统。

5.5　项目进度管理

项目进度管理又称为项目时间管理，属于项目管理涉及的知识领域之一。其中，项目进度管理的过程包括规划项目进度管理、定义活动、排列活动顺序、估算活动资源、估算活动持续时间、制订进度计划和控制进度。

例5-1　某天下午5:30下班后，你准备请一位要好的同事到家里吃饭，因为晚上7:00还必须到单位加班，所以只准备做几个家常菜，具体准备了凉拌菜（5分钟）、红烧鱼（30分钟）、炒青菜（10分钟）和鸡蛋汤（15分钟），当然还要煮米饭（20分钟）。目前厨房里有一台电饭煲和一台双头燃气灶。（菜名后面括号里的时间包括准备菜和做菜所用的时间。）

[问题]　请你设计做好这顿饭的流程，并计算所需的时间。

5.5.1　规划项目进度管理

项目进度管理包括使项目按时完成所必需的一切管理过程。进度安排的准确程度可能比成本估计的准确程度更重要。对于成本估计的偏差，软件产品可以靠重新定价或者大量的销售来弥补；但进度计划不能实施，会导致市场机会丧失或者用户不满意，而且也会使成本增加。因此在考虑进度安排时，要把人员的工作量与花费的时间联系起来，合理分配工作量，利用进度安排的有效分析方法来严密监控项目的进展情况，以使项目的进度不拖延。

规划项目进度管理是为实施项目进度管理制定政策、程序，并形成文档化的项目进度管理计划的过程。该过程的主要作用是，为如何在整个项目过程中管理、执行和控制项目进度提供指南和方向。项目进度管理计划是项目管理计划的组成部分，项目进度管理过程及与其相关的工具和技术应写入项目进度管理计划。根据项目需要，项目进度管理计划可以是正式的或非正式的，可以是非常详细的或高度概括的。项目进度管理计划应包括合适的控制临界值，还可以规定如何报告和评估紧急情况。在项目执行过程中，可能需要更新项目进度管理计划，以反映在项目进度管理过程中发生的变更。

5.5.2　定义活动

通过工作分解结构，项目管理团队将项目工作分解为一系列更小、更易管理的活动。这些小的活动是保障完成项目最终交付物的具体的、可实施的详细任务。在项目实施过程中，项目管理团队要就所有的活动编制出一张明确的活动清单，并且让项目团队的每一个成员都能够清楚有多少工作需要完成。活动清单应该采取文档形式，以便于在项目其他过程中使用和管理。而针对这些活动的识别以及归档的过程称为定义活动。定义活动的工具和技术有分解、模板、滚动式规划、专家判断和规划组成部分。

5.5.3　排列活动顺序

排列活动顺序又称为工作排序，主要是指确定各个活动之间的依赖关系，并形成文档。在一个项目中，活动的执行可能需要依赖于一定活动的完成，也就是说，它的执行必须在某些活动完成之后，这就形成了活动的先后依赖关系。

一般来说，确定依赖关系应首先分析活动之间本身存在的逻辑关系，在此逻辑关系确定的基础上再加以充分分析，以确定各活动之间的组织关系。为了进一步编制切实可行的进度管理计划，项目管理者应首先对活动进行准确的顺序安排。工作排序可以利用计算机辅助工具完成，也可以采用手工的方式进行。对于较小项目或在大中型项目的早期阶段，手工方式可能更为有效。手工方式和自动技术也可以结合起来使用。

工作排序使用的主要工具和技术有前导图法（单代号网络图法）、箭线图法（双代号网络图法）、进度计划网络模板、确定依赖关系、提前滞后。下面主要介绍前导图法和箭线图法（说明：前导图、箭线图统称为网络图）。

1. 前导图法

前导图法（Precedence Diagramming Method，PDM）又称为单代号网络图法，为大多数项目管理软件所采用，是一种用于编制项目进度网络图的方法。前导图法使用方框或者长方形（称为节点）代表活动，将方框或者长方形用箭头连接，显示它们之间存在的逻辑关系。图 5-5 展示了一个用 PDM 绘制的简单项目进度网络图。

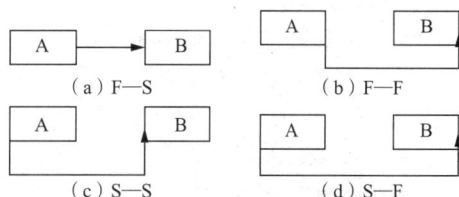

绘制前导图

在前导图法下，活动之间存在的 4 种类型的依赖关系如图 5-6 所示。

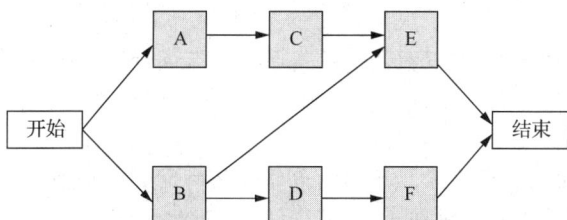

图 5-5　用 PDM 绘制的简单项目进度网络图

图 5-6　活动之间存在的依赖关系

（1）结束—开始的关系（F—S 型）。前序活动结束后，后续活动才能开始。
（2）结束—结束的关系（F—F 型）。前序活动结束后，后续活动才能结束。
（3）开始—开始的关系（S—S 型）。前序活动开始后，后续活动才能开始。
（4）开始—结束的关系（S—F 型）。前序活动开始后，后续活动才能结束。

在前导图中，每项活动都有唯一的活动号，并都注明了预计工期。通常，每个节点的活动会有如下几个时间点：最早开始时间（Earliest Start Time，EST）、最迟开始时间（Latest Start Time，LST）、最早结束时间（Earliest Finish Time，EFT）、最迟结束时间（Latest Finish Time，LFT），这几个时间点通常作为每个节点的组成部分。在网络图中，节点有 3 种表示方法，如图 5-7 所示。

图 5-7　网络图中的节点表示法

例 5-2　图 5-8 所示为某电子商务系统建设项目主要活动的单代号网络图，共有 A、B、C、D、E 等 5 个活动，工期以工作日为单位，现在需要回答以下问题。

[问题 1] 请在图中填写各活动的最早开始时间（EST）、最早结束时间（EFT）、最迟开始时间（LST）、最迟结束时间（LFT），从第 0 天开始计算。

[问题 2] 请找出该网络图的关键路径，分别计算活动 B、活动 C 的总时差和自由时差，说明此网络工程的关键部分能否在 40 个工作日内完成，并说明具体原因。

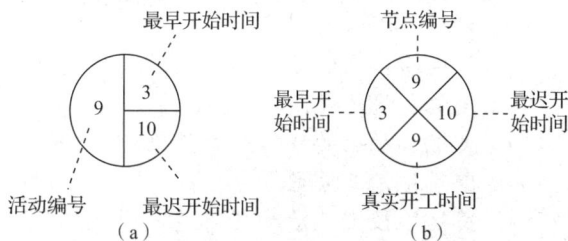

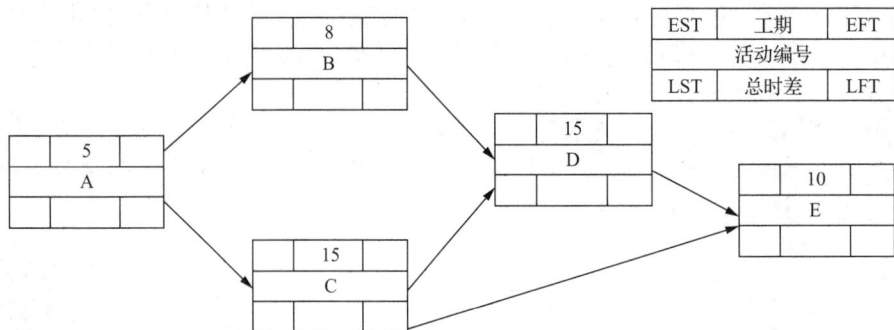

图 5-8　某电子商务系统建设项目主要活动的单代号网络图

解题技巧如下。

① 最早开始时间（EST）、最早结束时间（EFT）、最迟结束时间（LFT）、最迟开始时间（LST）时间推算法。

- 以前推法来计算最早时间。

某一活动的最早开始时间（EST）＝指向它的所有紧前活动的最早结束时间的最大值。

某一活动的最早结束时间（EFT）＝EST+T（作业时间）。

- 以逆推法来计算最迟时间。

某一活动的最迟结束时间（LFT）＝指向它的所有紧后活动的最迟开始时间的最小值。

某一活动的最迟开始时间（LST）＝LFT-T（作业时间）。

- 自由时差是在不影响紧后活动最早开始时间的前提下，本活动可以利用的机动时间。

自由时差＝所有紧后活动的最早开始时间最小值－最早结束时间（EFT）。

- 总时差是在不影响总工期的前提下，本活动可以利用的机动时间。

总时差＝最迟开始时间（LST）－最早开始时间（EST）＝最迟结束时间（LFT）－最早结束时间（EFT）。

② 关键路径是指网络终端元素的序列，该序列具有最长的总工期并决定了整个项目的最短完成时间。其有如下特点。

- 关键路径上的活动的持续时间决定了项目的工期，关键路径上所有活动的持续时间总和就是项目的工期。
- 关键路径上的任何一个活动都是关键活动，其中任何一个活动的延迟都会导致整个项目完工时间的延迟。
- 关键路径上的活动耗时是可以完工的最短时间，若缩短关键路径上的总耗时，则会缩短项目工期；反之，则会延长整个项目的总工期。但是如果缩短非关键路径上的各个活动耗时，则不至于影响整个项目的完工时间。
- 关键路径上的活动是总时差最小的活动，改变其中某个活动的耗时，可能使关键路径发生变化。
- 多条关键路径可以并存，它们各自的时间总量（即总工期）一定相等。
- 关键路径是相对的，也可以是变化的。在采取一定的技术组织措施之后，关键路径可能变为非关键路径，非关键路径也可能变为关键路径。

解答：

① 首先计算出所有工作的 EST、EFT、LST 和 LFT，得到图 5-9 所示的结果。

② 根据关键路径法可以得出该网络图的关键路径是 ACDE。

活动 B 的总时差为 7 天，活动 C 的总时差为 0 天，活动 B 的自由时差为 7 天，活动 C 的自由时差为 0 天，关键路径 ACDE 历时 45 天，总工期为 45 天，因此该项目无法在 40 个工作日内完工。

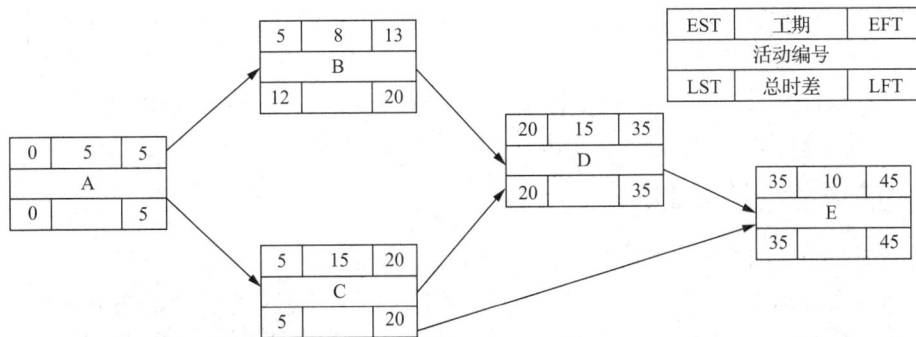

图 5-9　填写 EST、EFT、LST 和 LFT 后的网络图

2. 箭线图法

与前导图法不同，箭线图法（Arrow Diagramming Method，ADM）是用箭线表示活动，用节点表示事件的一种网络图绘制方法，这种方法又称为双代号网络图法，如图 5-10 所示。箭线图法给每个事件而不是每项活动指定唯一的代号。活动的开始（箭尾）事件称为该活动的紧前事件，活动的结束（箭头）事件称为该活动的紧后事件。

绘制箭线图

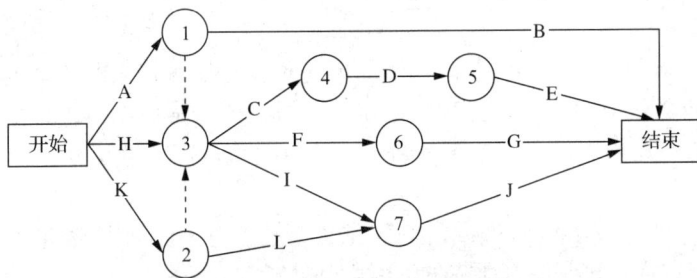

图 5-10　箭线图法（双代号网络图法）

绘制箭线图遵循如下 3 个基本原则。

① 箭线图中的每一事件都必须有唯一的代号，即箭线图中不会有相同的代号。

② 任意两项活动的紧前事件和紧后事件的代号至少有一个不相同，节点代号沿箭线方向越来越大。

③ 流入（流出）同一节点的活动，均有共同的后继活动（或前序活动）。

为了更好地、更清楚地表达活动之间的关系，人们引入了一种额外的、特殊的活动，称为虚活动。它不消耗时间，在网络图中由一条虚箭线表示，如上文的图 5-10 所示。

5.5.4　估算活动资源

估算活动资源就是确定在实施电子商务项目活动时要使用何种资源（人员、设备或物资），每一种资源使用的数量，以及何时将资源用于项目计划活动中。

活动资源估算过程同费用估算过程紧密配合，下面举两个例子进行说明。

① 施工项目团队必须熟悉当地的建筑法规。这类知识从当地的卖方（指施工公司）那里不难获取。但如果当地可用的人力资源缺乏特殊或专门的施工技术，那么付出一笔额外费用聘请咨询人员，可能是了解当地建筑法规的最有效方式。

② 汽车设计团队需要熟悉最新的自动装配技术。获取必要知识的途径包括聘请一位咨询人员，派一位设计人员出席机器人研讨会，或者把来自生产岗位的人员纳入设计团队等。

估算活动资源的主要技术和工具包括专家判断、多方案分析、自下而上估算等。

5.5.5　估算活动持续时间

估算活动持续时间是逐步细化与完善的，在估算过程中，相关人员不仅要考虑有没有足够的历史数据，而且要考虑数据的质量。例如，随着电子商务项目设计工作的逐步深入，可供使用的数据越来越详细、越来越精确，因此估算活动持续时间也将越来越准确，质量也越来越高。

估算活动持续时间时不仅需要估算计划活动持续时间，而且需要估算完成计划活动必须投入的资源数量，并确定为完成该计划活动需要的工作时间。对于每一活动持续时间（也称为历时估算），所有支持历时估算的数据与假设都要记载下来。

估算活动持续时间的主要方法和技术如下。

1. 专家判断

由于影响活动持续时间的因素太多，如资源的质量或生产率，因此活动持续时间常常难以估算。只要有可能，就可以利用以历史信息为根据的专家判断。各项目团队成员也可以提供历时估算的数据，或根据以前的类似项目提出有关最长活动持续时间的建议。如果无法请到专家，则活动持续时间估算的不确定性和风险会增加。

2. 类比估算

类比估算是以从前类似活动的实际持续时间为根据，估算将来的活动的持续时间。当有关项目的详细信息数量有限时，如在项目的早期阶段，就经常使用这种方法估算项目的持续时间。类比估算可利用历史信息和专家判断。

3. 参数估算

将欲完成工作的数量乘以生产率得到的结果可作为估算活动持续时间的量化依据。例如，根据图纸数乘以设计每张图纸所需的人时数估算设计项目的生产率，根据电缆的长度（单位：米）乘以安装每米电缆所需的人时数得到电缆安装项目的生产率，用计划的资源数乘以每班次需要的工时或生产能力再除以可投入的资源数，即可确定各工作班次的持续时间。例如，每班次的持续时间为 5 天，计划投入的资源为 4 人，可以投入的资源为 2 人，则每班次的持续时间为 10（$4 \times 5 \div 2 = 10$）天。

4. 三点估算

考虑原有估算中风险的大小，可以提高活动历时估算的准确性。三点估算就是在确定 3 种估算结果的基础上做出的。

（1）最有可能的历时估算（T_m）。其是指在充分考虑资源生产率、资源的可用性、对其他资源的依赖性和可能的中断的前提下，为计划活动分配资源，估算计划活动的持续时间。

三点估算法

（2）最乐观的历时估算（T_o）。基于各种条件组合在一起，形成最有利组合时，估算出来的活动历时就是最乐观的历时估算。

（3）最悲观的历时估算（T_p）。基于各种条件组合在一起，形成最不利组合时，估算出来的活动历时就是最悲观的历时估算。

$$活动历时的均值 = （T_o+4T_m+T_p）／6$$

因为是估算，所以难免有误差。以三点估算法估算出的历时符合正态分布曲线，其方差如下。

$$\sigma = （T_p - T_o）／6$$

活动历时估算值可以通过 3 个估算的平均值来确定，该平均估算值比单一点的、最有可能的历时估算值更为准确。

三点估算法来自计划评审技术（Program Evaluation and Review Technique，PERT），举例如下。

活动 A 的最乐观的历时为 6 天，最有可能的历时为 10 天，最悲观的历时为 20 天。

活动 A 的历时为：（6+4×10+20）／6=11（天）。

活动 A 历时的方差为：（20-6）／6 ≈ 2.3（天）。

5．应急时间分析

项目团队可以在总项目进度表中以"应急时间""时间储备""缓冲时间"为名称增加一些时间，这种做法是承认进度风险的表现。应急时间可取活动历时估算值的某一百分比，或某一固定的时间，或根据定量风险分析的结果确定。应急时间可能全部用完，也可能只使用一部分，还可能随着项目更准确的信息增加和积累而逐渐减少或取消。这样的应急时间应当连同其他有关的数据和假设一起形成文件。

5.5.6　制订进度计划

在制订进度计划的过程中，项目团队需要制定项目进度表。制定项目进度表是一个反复多次的过程，在这一过程中，项目团队确定了项目活动计划的开始与完成日期。制定项目进度表可能要求对历时估算与资源估算进行审查与修改，以便进度计划在经批准之后能够用作跟踪项目绩效的基准。制定项目进度表的过程随着工作的绩效、项目管理计划的改变，以及预期的风险发生或消失，或识别出新风险而贯穿项目始终。制订进度计划采用的主要技术和工具有进度网络分析、关键路径法、进度压缩、假设情景分析、资源平衡、关键链法、项目管理软件、应用日历、调整时间提前与滞后量，以及进度模型。一般情况下，制订进度计划会输出项目进度表，项目进度表有项目进度网络图、横道图（又称为甘特图）和里程碑图等几种类型。

例如，图 5-11 所示为某企业电子商务系统建设项目甘特图，其通过条状图来显示项目、进度，以及与其他时间相关的系统进展的内在关系随着时间进展的情况。

序号	任务名称	开始日期	完成日期	持续时间	2024年1月													
					15	16	17	18	19	20	21	22	23	24	25	26	27	28
1	前期准备	2024-1-15	2024-1-16	2天														
2	需求分析	2024-1-17	2024-1-20	4天														
3	系统设计	2024-1-21	2024-1-23	3天														
4	系统实施	2024-1-23	2024-1-26	4天														
5	系统测试	2024-1-26	2024-1-28	3天														

图 5-11　某企业电子商务系统建设项目甘特图

5.5.7 控制进度

控制进度是监控项目的状态，以便采取相应措施以及管理进度变更的过程。进度控制重点关注如下内容。

① 确定项目进度的当前状态。

② 对引起进度变更的因素施加影响，以保证这种变更朝着有利的方向发展。

③ 确定项目进度已经变更。

④ 当变更发生时管理实际的变更。进度控制是整体变更控制过程的一个组成部分。

项目进度控制是依据项目进度基准计划对项目的实际进度进行监控的，使项目能够按时完成。有效项目进度控制的关键是监控项目的实际进度，及时、定期地将其与计划进度比较，如有偏差，就立即采取必要的纠正措施。项目进度控制必须与其他变化控制过程紧密结合，并且贯穿项目始终。当项目的实际进度滞后于计划进度时，相关人员应发现问题、分析问题并找出妥善的解决办法。通常可使用以下方法缩短项目的工期。

① 投入更多的资源以加速项目进度。

② 指派经验更丰富的人去完成或帮助完成项目工作。

③ 通过改进方法或技术提高生产效率。

进度控制还应当重点关注项目进度报告和执行状况报告，它们反映了项目当前在进度、费用、质量等方面的执行情况和实施情况，是进行进度控制的重要依据。

定期举行项目会议，如每天早上的 10 分钟会议、下午的 10 分钟会议或周例会，也是进行进度控制的好办法。

项目进度控制的主要技术和工具有进度变更控制系统、绩效衡量、项目管理软件、偏差分析、进度比较横道图、资源平衡、假设条件情景分析、进度压缩、制订进度计划的工具等。

5.6 项目成本管理

在电子商务项目中，成本是指项目活动或其组成部分的货币价值或价格，包括为实施、完成或创造该活动或其组成部分所需资源的货币价值。具体的成本一般包括直接工时、其他直接费用、间接工时、其他间接费用以及采购价格。项目全过程所耗用的各种成本的总和为项目成本。

项目管理受范围、进度、成本和质量的约束，项目成本管理在项目管理中占有重要地位。项目成本管理就是要确保在批准的预算内完成项目。具体的项目成本管理要靠制订成本管理计划、成本估算、成本预算、成本控制 4 个过程来完成。

① 制订成本管理计划：制订项目成本结构、估算、预算和控制的计划。

② 成本估算：估算完成项目所需资源的成本。

③ 成本预算：合计各项工作或活动的估算成本，以建立成本基准。

④ 成本控制：管理造成成本偏差的因素，控制项目成本预算的变更。

这 4 个过程之间不仅有交互作用，而且与其他知识领域的过程也有交互作用。根据项目的具体需要，每个过程都可能涉及一个或多个人或集体所付出的努力。一般来说，每个过程在每个项目中至少出现一次。如果项目被分成几个阶段，则每个过程将在一个或多个项目阶段中出现。

5.6.1 项目成本管理的意义与范畴

项目成本管理是项目管理的一个重要组成部分，它是指在项目实施过程中，为了保证完成项目所花费的实际成本不超过其预算成本而展开的项目成本估算、成本预算和成本控制等方面的管理活动。它包括在批准的预算内完成项目所需的诸过程。

虽然项目成本管理主要关心的是完成项目活动所需资源的成本，但也必须考虑项目决策对项目产品、服务或成果的使用成本、维护成本和支持成本的影响。例如，限制设计审查的次数有可能降低项目成本，但同时有可能增加客户的运营成本。广义的项目成本管理通常称为"生命期成本计算"。生命期成本计算经常与价值工程技术结合使用，这样可以降低成本，缩短时间，提高项目可交付成果的质量和绩效，并优化决策过程。

为保证项目能够完成预定的目标，必须加强对项目实际成本的控制，一旦项目成本失控，就很难在预算内完成项目，不良的成本控制常常会使项目处于超出预算的危险境地。但是在项目的实际实施过程中，项目超预算的现象还是屡见不鲜，这种成本失控的情况通常是由下列原因造成的。

① 成本估算过程和成本预算过程不够准确细致。

② 许多项目在进行成本估算、成本预算及成本控制的方法上没有统一的标准和规范。

③ 项目团队在思想认识上存在误区，导致项目实施过程中有太多变量及变数。

实际上，尽管项目在实施过程中会有很大的不确定性，但是只要在项目成本管理工作方面树立正确的思想，采取适当的方法，遵循一定的程序，严格按照项目管理的要求做好成本估算、预算和控制工作，将项目的实际成本控制在预算成本以内是可能的。

5.6.2　项目成本估算、预算和控制

执行项目成本管理的第一个过程是由项目管理团队制订成本管理计划，制订成本管理计划是编制项目整体管理计划的一部分。制订成本管理计划的结果是生成成本管理计划，成本管理计划中列出了模板并制定了项目成本结构、估算、预算和控制的标准。本管理过程及其使用的工具和技术因应用领域的不同而不同，一般在项目生命周期定义过程中进行选择，并在成本管理计划中记录。

1. 项目成本估算

项目成本估算是指对完成项目各项活动所必需的各种资源的成本做出的估算。成本估算需要根据活动资源估算中确定的资源需求（包括人力资源、设备、材料等），以及市场上各种资源的价格信息来进行。

具体来讲，项目成本的大小与项目消耗资源的数量、质量、价格，项目的工期长短（项目消耗的各种资源包括人力、物力、财力等都有自己的时间价值），项目的质量结果（因质量不达标而返工时需要花费一定的成本），项目范围的宽度和深度有关（项目范围越宽、越深，项目的成本就越大；反之，项目成本越小）。项目成本估算和项目造价是两个既有联系又有区别的概念。项目造价中不仅包括项目成本，还包括项目组织从事项目而获取的盈利，即项目造价＝项目成本＋盈利。项目成本是项目组织做出项目报价的重要考虑因素之一。

项目成本估算分为 3 个主要步骤。首先，识别并分析项目成本科目，即项目成本包括的资源或服务的类目，如人工费、材料费、咨询费等。其次，根据已识别的项目成本科目，估算每一科目的成本。最后，分析成本估算结果，找出各种可以相互替代的成本，协调各种成本之间的比例关系。例如，在项目的可行性研究和设计阶段增加一些工作会增加项目的成本和规划阶段的成本，但是设计质量的提高可能会大大减少项目实施阶段的成本，因此项目设计成本的增加会带来项目实施成本的减少，即两种成本之间存在相互替代关系。在项目成本估算过程中，要积极寻找这种有替代关系的成本，仔细研究两种成本的此消彼长关系和幅度对项目总成本的影响，努力使项目预期收益最大化。

成本估算的工具和技术有类比估算法（自上而下估算法）、确定资源费率、自下而上的

成本估算、项目管理软件、卖方投标分析和准备金分析。

2. 项目成本预算

项目成本预算是进行项目成本控制的基础，它是将项目的成本估算合理分配到项目的各项具体工作或活动中，以确定项目中各项工作或活动的成本定额，制定项目成本的控制标准，规定项目意外成本的划分与使用规则的一项项目管理工作。项目中的各项活动或工作应在项目章程中有整体预算并在整体预算被批准后进行。项目成本预算有以下三大作用。

① 项目成本预算是按计划分配项目资源的活动，以保证能够及时获得各项工作或活动所需的各种资源。

② 项目成本预算同时也是一种控制机制。项目成本预算作为项目各项具体工作或活动的全部成本定额，是度量项目各项工作或活动在实际实施过程中资源使用数量和效率的标准，项目工作或活动花费的实际成本应该尽量在预算成本以内。要时刻着眼于项目的经济利益，必须在完成项目目标的前提下尽可能地节约资源，严格控制资源的使用。另外也要看到，由于项目在实施过程中可能会遇到很多不可预测的事件，会面临种种不确定性，项目实际成本偏离项目预算在所难免，因此，需要根据实际施工情况对项目各项工作或活动的成本预算进行适当的调整。从图 5-12 中可知，在某一时间点上实际支出成本与计划支出成本存在一定的偏离。

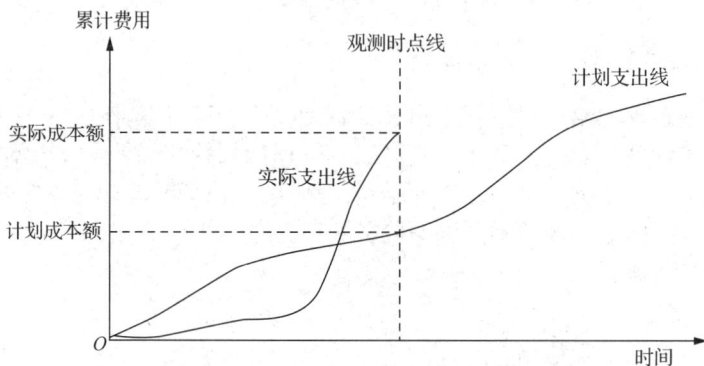

图 5-12　成本费用曲线

③ 项目成本预算为项目管理者监控项目施工进度提供了一把标尺。项目费用总要与一定的施工进度相联系，在项目实施的任何时间点上，都应该有确定的预算成本支出。根据项目预算成本的耗费情况和耗费这些预算成本对应的实际工期，并与耗费同样的预算成本的计划工期相比较，项目管理者可以及时掌握项目的进度状况。如果成本预算和项目进度没有联系，就可能存在一些危险情况。例如，某一项目的实际施工费用已经超过项目进度对应的成本预算，但是还没有超出项目的总预算，则有可能因偏差的日积月累最终造成项目失败。

项目成本预算的工具与技术主要有成本汇总、准备金分析、参数估算、资金限制平衡。

3. 项目成本控制

项目成本控制是指项目组织为保证在变化的条件下不超出预算成本，按照事先拟订的计划和标准，采用各种方法，对项目实施过程中发生的各种实际成本与计划成本进行对比、检查、监督、引导和纠正，尽量将项目的实际成本控制在计划和预算范围内的管理过程。随着项目的开展，根据项目实际发生的成本，不断修正原先的成本估算和预算安排，并对项目的最终成本进行预测的工作也属于项目成本控制的范畴。项目成本控制工作具体如下。

① 识别可能引起项目成本基准计划发生变动的因素，并对这些因素施加影响，以保证该变化朝着有利的方向发展。

② 以工作包为单位，监督成本的实施情况，发现实际成本与预算成本之间的偏差，查找偏差产生的原因，做好实际成本的分析评估工作。

③ 对发生成本偏差的工作实施管理，有针对地采取纠正措施，必要时，可以根据实际情况对项目成本基准计划进行适当的调整和修改，同时要确保所有的相关变更都准确地记录在成本基准计划中。

④ 将核准的成本变更和调整后的成本基准计划通知项目的相关人员。

⑤ 防止不正确的、不合适的或未授权的项目变动所发生的费用被列入项目成本预算。

⑥ 成本控制应该与项目范围变更、进度计划变更、质量控制等紧密结合，防止单纯控制成本引起项目范围、进度和质量方面的问题，甚至出现无法承受的风险。

有效成本控制的关键是经常及时地分析成本绩效，以便在项目成本失控之前及时采取纠正措施。一旦项目成本失控，要想在预算内完成项目是非常困难的，如果项目没有额外的资金支持，那么成本失控的后果可能是推迟项目工期、降低项目的质量标准、缩小项目的工作范围，这些后果都是我们不愿意看到的。

项目成本控制的工具与技术主要有成本变更控制系统、绩效测量、预测技术、项目绩效评估、项目管理软件和偏差管理。其中，绩效测量主要使用挣值分析法进行。

5.7　项目质量管理

电子商务项目的信誉是靠质量树立的，效益是靠质量带来的，项目质量管理的重点是质量规划、质量保证和质量控制。

5.7.1　项目质量管理概述

成功的项目管理是在约定的时间和范围、预算的成本以及要求的质量下，达到项目干系人的期望。成功地管理项目质量是非常重要的。项目质量管理是项目管理的重要方面，它与范围、成本和进度共同形成了项目成功的关键因素。项目质量管理是指为确保项目能够满足项目干系人的需求而执行的所有质量管理活动，这些活动有明确的质量政策、目标和责任，并在质量体系中凭借质量规划、质量保证和质量控制等措施，明确质量政策的执行、质量目标的完成以及质量责任的履行。

自 20 世纪以来，许多像 Deming、Juran 一样的科学家研究质量管理并提出了一系列的质量管理体系和标准。美国项目管理协会也从项目管理知识体系中把质量管理单拿出来，将其作为一个独立而又与其他知识体系息息相关的项目管理知识领域。

1. 项目质量的定义

ISO 9000 对项目质量的定义是：一组固有特性满足需求的程度。需求是指明示的、通常隐含的或必须履行的期望。特性是指可区分的特征，可以是固有的或被赋予的，定性的或定量的，有各种类别的（物理的、感官的、行为的、时间的、功能的等）。美国质量管理协会把质量定义为"过程、产品或服务满足明确或隐含的需求能力的特征"。

2. 项目质量管理的定义

项目质量管理就是确定和建立质量方针、质量目标及职责，并在质量体系中通过质量规划、质量保证、质量控制和质量改进等手段来实施全部质量管理职能的所有活动。在项目管理知识体系（Project Management Body Of Knowledge，PMBOK）中，项目质量管理是执行组织确定的质量政策、完成目标与履行职责的各过程和活动，旨在使项目满足项目干系人的需求。

质量管理的定义可以说明，质量管理是企业（项目）围绕着使产品质量能满足不断更新的质量要求而开展的策划、组织、计划、实施、检查和监督、审核等管理活动的总和。它是企业（项目）各级职能部门领导的职责，由企业最高领导（或项目经理）负全责，只有充分调动与质量相关的所有人员的积极性，才能完成质量管理任务。

5.7.2　质量规划、质量保证和质量控制

1. 质量规划

质量规划包括识别与项目相关的质量标准以及确定如何满足这些标准。质量规划是通过参照或者依据实施组织的质量策略、项目的范围说明书、产品说明书等，识别出与项目相关的所有质量标准，从而达到或者超出项目干系人的期望和要求。

质量规划是项目计划编制的关键过程之一，应当定期进行并与其他项目计划编制的过程同步。例如，为了实现已经识别出质量标准的产品的变更，可能需要对成本或者进度计划进行调整。

质量规划的重点是识别每一个独特项目的相关质量标准，把满足项目相关质量标准的活动或者过程规划到项目的产品和管理项目所涉及的过程中。质量规划还包括以一种能理解的、完整的形式表达为确保质量而采取的纠正措施。在项目的质量规划中，能够直接描述满足客户需求的关键因素是非常重要的。

项目团队应该清楚现代质量管理中的一项基本原则，即质量出自计划和设计，而非出自检查。

2. 质量保证

质量保证是一项管理职能，包括所有为保证项目能够满足相关质量标准而进行的活动，质量保证应该贯穿整个项目生命周期。质量保证一般由质量保证部门或者类似的部门完成。项目经理和相关质量部门做好质量保证工作，可以对项目质量产生非常重要的影响。

质量保证适用于项目团队、客户或发起人以及其他不包括在项目中的相关人员。质量保证也为持续过程改进创造条件。持续过程改进提供了一个持续改进质量的方法，通过减少浪费和无价值的行为，使各过程在更高的效率与效果水平上运行。过程改进由商业组织过程来区分，就像软件程序模块代码或微过程，它可以应用于其他组织过程中的宏观过程，如开拓市场。

3. 质量控制

质量控制是指项目管理团队采取有效措施，监督项目的具体实施结果，判断它们是否符合有关的项目质量标准，并确定消除产生不良结果原因的途径。也就是说，质量控制是确保项目质量不可或缺的过程。质量控制应贯穿项目执行的全过程。

项目质量控制活动一般包括保证由内部或外部机构进行监测管理的一致性，发现与质量标准的差异，消除产品或服务过程中性能不达标的原因，以确定可达到和实现的项目的成本和效益目标，必要时，还可以修订项目的质量标准或项目的具体目标。

项目具体结果既包括项目的最终产品（可交付成果等）或服务，也包括项目过程的结果，如成本绩效和进度绩效。项目产品的质量控制一般由质量控制职能部门或类似部门负责，而项目过程结果的质量却需要由项目管理组织的成员控制。质量控制过程还可能包括详细的活动和资源计划。

质量管理计划、绩效报告以及工作结果等是进行质量控制的依据。项目质量控制的工具和技术一般有以下几个。

① 检查。检查包括诸如测量、审查和测试等活动，进行这些活动的目的是确定结果与要求是否一致。

② 控制图。控制图又称为管理图，用于决定一个过程是否稳定或者可执行，是反映生产程序随时间变化而发生的质量变动的状态图，是将过程结果表现在时间坐标上的一种图线表示法。

③ 帕累托图。帕累托图来自帕累托定律，该定律认为，绝大部分的问题或者缺陷产生于相对有限的起因，也就是常说的二八定律，即 20% 的原因造成 80% 的问题。

④ 统计抽样。统计抽样是项目质量管理中的一个重要概念。样本大小取决于想要的样本有多大的代表性。一个简单的决定样本大小的公式是：样本大小 $=0.25 \times$（可信度因子 / 可接受误差）^{2}。在统计学中，与质量控制相关的另一个关键概念是标准差，如图 5-13 所示。

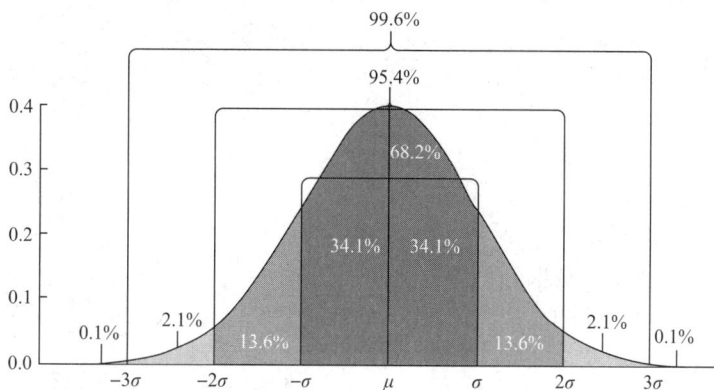

图 5-13　正态分布和标准差

⑤ 流程图。流程图是显示系统中各要素之间相互关系的图。在质量管理中，常用的流程图有因果图（见图 5-14）和系统或程序流程图。

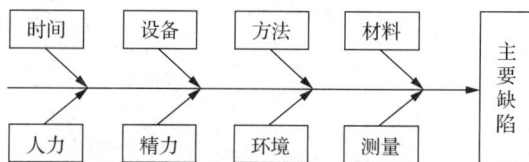

图 5-14　因果图

⑥ 趋势分析。趋势分析涉及根据历史结果，利用数学技术来预测未来的成果，可用于跟踪一段时间内变量的变化。

⑦ 缺陷修复审查。缺陷修复审查由质量控制部门或者类似的组织进行，以确保产品的缺陷得到修复，并且符合项目干系人的需求。

思考与练习

1. 名词解释

（1）项目　（2）电子商务项目管理　（3）项目管理过程　（4）项目范围管理
（5）项目进度管理　（6）项目成本管理　（7）项目质量管理

2. 选择题

（1）（　　）是用有限的资源、有限的时间为特定客户完成特定目标的一次性工作。

　　A. 客户　　　　　　B. 运营　　　　　　C. 服务　　　　　　D. 项目

（2）项目管理过程组可以归纳为（　　）过程组。

  A. 启动   B. 计划   C. 执行   D. 监控和收尾

（3）（　　）管理包括使项目按时完成所必需的一切管理过程。

  A. 项目进度 B. 项目范围 C. 项目时间 D. 项目计划管理

（4）（　　）是一种用于编制项目进度网络图的方法，它使用方框或者长方形（称为节点）代表活动，将方框或者长方形用箭头连接，显示它们之间存在的逻辑关系。

  A. 前导图法 B. 单代号网络图法 C. 箭线图法 D. 双代号网络图法

（5）为了更好地、更清楚地表达活动之间的关系，人们引入了一种额外的、特殊的活动，称为（　　）。它不消耗时间，在网络图中由一条虚箭线表示。

  A. 虚对象   B. 虚活动   C. 虚箭头   D. 虚消息

（6）具体的项目成本管理要靠（　　）几个过程来完成。

  A. 制订成本管理计划   B. 成本估算

  C. 成本预算   D. 成本控制

3．简答题

（1）简述如何创建工作分解结构。

（2）简述工作排序常用的方法。

（3）项目成本管理的意义是什么？

（4）谈谈你对项目质量管理的认识。

思维导图

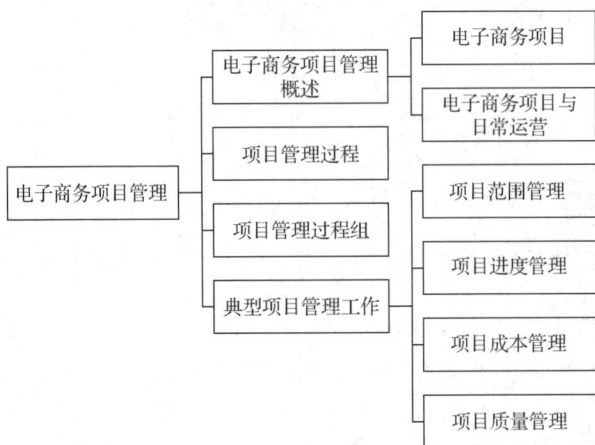

任务实训

  实训题目：项目管理实践

  实训目标：根据前期项目小组的组建情况及目标系统情况，对项目进行有效的管理。

  实训思路：结合项目小组特点、拟定的项目情况和目标系统情况，对项目进行范围、时间、成本、质量等方面的管理，并记录管理过程。

第 6 章
电子商务系统规划

【学习目标】

- 了解信息系统发展阶段模型。
- 熟悉电子商务系统规划的定义、内容和步骤。
- 掌握电子商务系统规划的常用方法。
- 掌握系统调查的方法及业务流程图的绘制方法。
- 熟悉电子商务系统可行性分析报告的撰写步骤和内容。

【能力目标】

- 能够根据项目实际情况选择合适的方法进行电子商务系统规划。
- 能够结合企业实际情况进行电子商务系统可行性分析。
- 能够撰写电子商务系统可行性分析报告和电子商务系统规划报告。

引导案例

投资公司"软银"的创始人孙正义，曾经在 23 岁时花了 1 年多的时间来想自己到底要做什么。他把自己想做的 40 多件事情都列出来，而后逐一地做详细的市场调查，并做出了 10 年的预想损益表、资金周转表和组织结构图，40 个项目的资料摞起来足有 10 多米高。然后他列出了 25 项选择事业的标准，包括该工作是否能使自己全身心投入 50 年不变，10 年内是否至少能成为全日本第一，等等。依照这些标准，他给自己的 40 个项目打分排队，计算机软件批发业务脱颖而出。根据 10 多米高的资料做事业选择，从长远的角度看问题，深思熟虑，周密规划，为他日后的成功打下了坚实基础。

[问题 1] 孙正义成功的秘诀是什么？

[问题 2] 结合本案例，你认为开发一个系统至关重要的第一步是什么？为什么？

6.1 信息系统的发展历史

6.1.1 信息系统发展阶段

计算机在管理中的应用与计算机技术、通信技术和管理科学的发展紧密相关。虽然信息系统和信息处理在人类文明开始时就已存在，但直到电子计算机问世、信息技术实现飞跃发展以及现代社会对信息的需求增长，其才迅

信息系统发展
阶段

速发展起来。第一台电子计算机诞生于 1946 年，信息系统经历了由单机到网络、由低级到高级、由电子数据处理系统到管理信息系统再到决策支持系统、由数据处理到智能处理的过程。这个发展过程大致可分为以下几个阶段。

1. 电子数据处理系统（Electronic Data Processing System，EDPS）

电子数据处理系统的特点是数据处理的计算机化，目的是提高数据处理的效率。从发展阶段来看，它可分为单项数据处理和综合数据处理两个阶段。

（1）单项数据处理阶段（20 世纪 50 年代中期到 20 世纪 60 年代中期）

这一阶段是电子数据处理系统的初级阶段，主要用计算机部分地代替手工劳动，进行一些简单的单项数据处理工作，如计算工资、统计产量等。

（2）综合数据处理阶段（20 世纪 60 年代中期到 20 世纪 70 年代初期）

这一阶段的计算机技术有了很大发展，出现了大容量的外存储器。这时各类信息报告系统应运而生。信息报告系统是管理信息系统的雏形，其特点是按事先规定的要求提供各类状态报告。

2. 管理信息系统（Management Information System，MIS）

20 世纪 70 年代初，随着数据库技术、网络技术和科学管理方法的发展，计算机在管理中的应用日益广泛，管理信息系统逐渐成熟起来。

管理信息系统的一个特点是高度集中，能将组织中的数据和信息集中起来，并进行快速处理，统一使用。中心数据库和计算机网络系统是管理信息系统的重要标志。管理信息系统的处理方式是在数据库和网络基础上的分布式处理。随着计算机网络和通信技术的发展，管理信息系统不仅能把组织内部的各级管理联结起来，而且能够克服地理界限，把分散在不同地区的计算机网络互联，形成跨地区的各种业务信息系统。

管理信息系统的另一特点是利用定量化的科学管理方法，通过预测、计划优化、管理、调节和控制等手段来支持决策。

3. 决策支持系统（Decision Support System，DSS）

美国的斯科特·马顿（Scott Marton）在《管理决策系统》一书中首次提出了"决策支持系统"的概念。早期的管理信息系统主要为管理者提供预定的报告，而决策支持系统则是在人和计算机交互的过程中帮助管理者探索可能的方案，为管理者提供决策所需的信息。

决策支持系统以管理信息系统管理的信息为基础，是管理信息系统功能上的延伸。从这个意义上来说，决策支持系统是管理信息系统发展的新阶段，是把数据库处理与经济管理数学模型的优化计算结合起来，具有管理、辅助决策和预测功能的管理信息系统。

综上所述，电子数据处理系统、管理信息系统和决策支持系统各自代表了信息系统发展过程中的某一阶段，至今它们仍各自不断地发展着，而且相互交叉。电子数据处理系统是面向业务的信息系统，管理信息系统是面向管理的信息系统，决策支持系统则是面向决策的信息系统。决策支持系统在组织中可能是一个独立的系统，也可能作为管理信息系统的一个高层子系统存在。

管理信息系统是一个不断发展的概念。20 世纪 90 年代以来，决策支持系统与人工智能、计算机网络技术等结合形成了智能决策支持系统（Intelligent Decision Support System，IDSS）和群体决策支持系统（Group Decision Support System，GDSS）。又如，电子数据处理系统、管理信息系统和办公自动化（Office Automation，OA）技术在商贸中的应用已发展成为电子商贸系统。该系统以通信网络上的电子数据交换（Electronic Data Interchange，EDI）标准为基础，实现了集订货、发货、运输、报关、保险、商检和银行结算于一体的商贸业务，大大方便了商贸业务和进出口贸易。此外，还出现了不少新的概念，诸如总裁信息系统、战略信息系统、计算机集成制造系统和其他基于知识的信息系统等。

6.1.2 信息系统发展阶段模型

信息系统的发展过程存在阶段特征，信息系统发展阶段模型描述了信息系统发展的规律和特点，是信息系统规划需要遵循的基本原则。诺兰模型和米歇模型是经典的信息系统发展阶段模型。

1. 诺兰模型

在 20 世纪 80 年代，美国管理信息系统专家理查德·诺兰（Richard Nolan）提出了信息系统进化的阶段模型，即诺兰模型。诺兰认为，任何组织由手工信息系统向以计算机为基础的信息系统发展时，都存在着客观的发展道路和规律。当时，他认为信息系统发展可以分为 4 个阶段：起步阶段、蔓延阶段、控制阶段和集成阶段。在 1979 年，诺兰在论文 "Managing the Crises in Data Processing" 中修正了诺兰模型，认为诺兰模型包括 6 个阶段：初装阶段、蔓延阶段、控制阶段、集成阶段、数据管理阶段和成熟阶段，如图 6-1 所示。诺兰模型的 6 个阶段反映了企业计算机应用的发展，前 3 个阶段具有计算机时代的特征，后 3 个阶段具有信息时代的特征，信息资源规划是诺兰模型中的一个重要转折点。诺兰强调，任何组织在实现以计算机为基础的信息系统时都必须从一个阶段发展到下一个阶段，模型中的各阶段都是不能跳跃的。诺兰模型的预见性被国际上许多企业的计算机应用发展情况所证实。

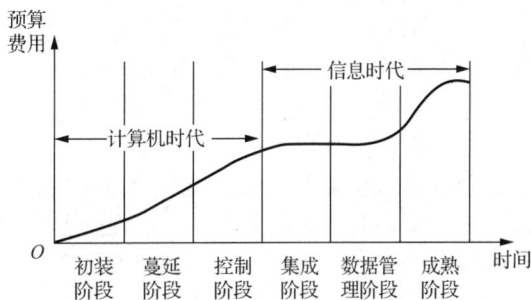

图 6-1 诺兰模型

（1）诺兰模型的 6 个阶段

① 初装阶段。组织购置了第一台计算机并初步开发或购买了管理应用程序。通过初步应用开始认识到计算机在管理中的作用，组织中的个别人或个别组织具有了初步使用计算机的能力，初装阶段大多发生在财务、人事等数据处理量大的部门。在初装阶段，组织对计算机的计划和控制能力非常薄弱，各应用系统之间、各部门之间基本没有联系，组织缺乏信息系统规划。

② 蔓延阶段。随着计算机在组织中的应用初见成效，信息系统从少数部门扩散到多数部门，大量的应用程序使组织的事务处理效率有了提高。在该阶段，出现了许多亟待解决的问题，例如数据的冗余、数据的不一致以及难以共享等。管理层致力于在各个可能的场合引入信息技术，信息系统的应用呈现快速增长趋势，但只有一部分计算机的应用产生了实际的效益。

③ 控制阶段。由于蔓延阶段信息系统应用迅速增长，组织中的信息系统预算每年以 30% ～ 40% 或更高的比例增长，但投资的回报不理想。由于应用系统项目不断积累，客观上要求加强组织协调和控制，因此出现了由组织的领导和职能部门负责人参加的领导小组，对整个组织的系统建设进行统筹规划，特别是利用数据库技术解决数据共享问题。该阶段是实现从以计算机管理为主向以数据管理为主转换的关键，管理层对计算机在组织管理中的应用进行深层次思考，这意味着计算机管理时代的结束。

④ 集成阶段。经过前几个阶段，企业已经初步形成各个业务子系统，由于在建立各个业务子系统时缺乏系统性的规划，因此这一阶段的各个子系统集成比较困难。为了使各个子系统集成得以顺利实现，建立集中式的数据库及能够充分利用和管理各种信息的系统，组织要做好集成计划，准备大量资金，重新装备设备，挑选有经验的信息技术人员来做好这项工作，

因此预算费用又一次迅速增长。

⑤ 数据管理阶段。在各子系统集成基本完成后，计算机成为日常管理工作中不可缺少的工具。信息系统开始从支持单项应用发展到在逻辑数据库支持下的综合应用。组织开始全面考察和评估信息系统建设的各种成本和效益，全面分析和解决信息系统投资中各个领域的平衡与协调问题。

⑥ 成熟阶段。组织的各个业务部门都充分利用信息技术设备及软件系统来提高本部门的效益，各个业务部门之间的业务也主要通过信息化设备和软件系统来完成。信息资源成为企业的核心竞争要素之一。

（2）诺兰模型的增长要素

诺兰模型指明了信息系统发展过程中的 6 种增长要素。

① 计算机硬软件资源：从早期的磁带向分布式计算机发展。

② 应用方式：从批处理方式到联机方式。

③ 计划控制：从短期的、随机的计划到长期的、战略的计划。

④ 信息系统在组织中的地位：从附属于别的部门发展为独立的部门。

⑤ 领导模式：开始时技术领导是主要的，随着用户和高层管理人员越来越了解信息系统，高层管理人员开始与信息系统部门共同决定信息系统发展战略和规划。

⑥ 用户意识：从作业管理级的用户发展到中、上层管理级。

（3）诺兰模型的作用

诺兰模型总结了信息系统发展的经验和规律，其基本思想对信息系统的建设具有指导意义。诺兰模型的意义在于它在一定程度上较为简明地描述了信息技术作为组织的一种变革力量的发展路线，以及企业在信息技术环境中的演变过程。对于企业的信息化管理人员来说，无论是确定开发信息系统的策略，还是制订信息系统的规划，都应该首先正确地理解和辨识信息技术的发展状况以及本企业在信息技术潮流中所达到的阶段，进而根据该阶段特征来指导信息系统的建设。

2．米歇模型

在诺兰模型的基础上，20 世纪 90 年代初，美国的信息化专家米歇对诺兰模型做了进一步修正。他认为信息系统集成与数据管理密不可分，系统集成阶段的重要特征就是搞好数据组织。米歇将信息系统的连续发展划分为 4 个阶段，即起步阶段、增长阶段、成熟阶段和更新阶段。决定这些阶段特征的有 5 个方面，包括信息技术、应用状况、数据处理能力、企业文化和全员素质，如图 6-2 所示。

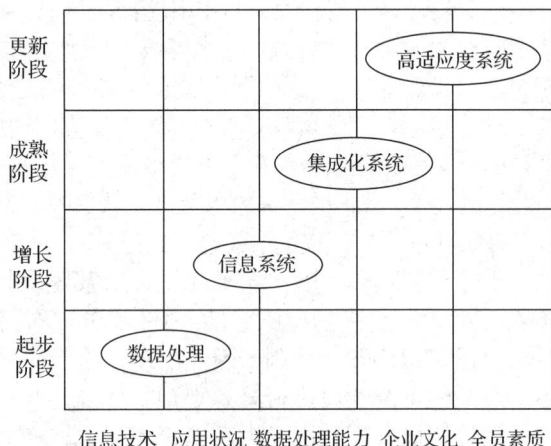

图 6-2　米歇模型

米歇模型对诺兰模型的修正使得诺兰模型中的集成阶段与数据管理阶段统一，即实现数据的集中和应用系统的整合。同时，信息系统建设是极复杂的。信息系统建设除了要考虑理论、技术和方法等因素外，更多要考虑文化、社会、环境、管理和经济等人文社会因素。根据米歇模型，企业信息系统建设与信息技术、应用状况、数据处理能力、企业文化和全员素质等因素相关。在信息系统建设过程中，管理者必须改革和调整所有阻碍企业发展和信息系统建设的不合理的管理体制，制定有利于企业发展和信息系统建设的规章制度。

米歇模型可以帮助企业和系统开发机构掌握当前的发展情况，了解自己的信息系统综合应用在现代信息系统的发展阶段中所处的位置，是研究企业的信息体系结构和寻找变革途径的基础，由此明确企业建设现代信息网络的发展目标。调查表明，目前许多企业运行的管理信息系统在开发时没有经过科学有效的构思和详细规划，企业没有深入研究如何将信息技术与业务工作结合起来，而在考虑管理信息系统整合或集成时，一般都偏重于计算机系统和通信网络方面，这似乎是花大钱就立竿见影的解决方案，但实际上根本达不到企业信息系统整合或集成的目的。参照米歇模型，管理者可以发现企业在综合信息技术应用连续发展方面的不足，并能找到改进的方向，从而做到在不同阶段采取不同的措施，对症下药。

随着互联网技术的发展，电子商务作为新的商业媒介，在信息系统的支持下，实现了消费者、企业与供应商三者之间的无缝交流。信息系统将企业管理、生产及后台的运作这些分散的子系统用数据进行整合，使之成为一个整体。因此，电子商务系统规划的前提是掌握信息系统发展各个阶段的特点。

6.2　电子商务系统规划概述

电子商务系统规划是为完成未来的某个目标而设计相关的实施步骤。企业电子商务的实施实际上意味着企业商务活动的转型，而这种转型不是一蹴而就的，需要经历一个过程，因此，需要对这一过程中的每个步骤如何实施、何时实施进行统筹安排，从而降低企业实施电子商务系统的风险。要做到这一点，就要求电子商务系统与企业的电子商务计划同步、配套，在电子商务系统建设伊始，就明确系统建设的目标、范围、规模、实施方式等内容，形成一个方案框架。

电子商务系统作为一个典型的信息系统，其采纳的过程通常是一个演进过程，在组织中的应用存在着不同的层次，如图 6-3 所示。电子商务系统在组织中的应用存在着事务处理、分析处理和商务智能 3 个层次。每个层次所要求的组织转变和带来的潜在收益也不尽相同。3 个层次的应用目标分别为提高效率和降低成本、加强管理和控制风险，以及形成竞争优势。随着应用层次的提升，电子商务系统对组织具有更高的价值，同时，其复杂度也越来越高。

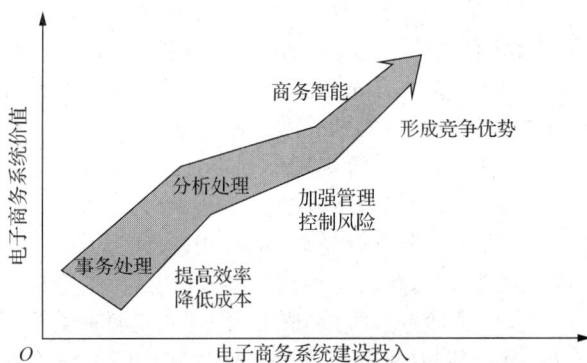

图 6-3　电子商务系统的应用层次与规划

电子商务系统的建设要服从企业的电子商务计划，在开发过程中要考虑到企业商务模式的变更、业务流程的更新，这就要求在建设电子商务系统的初期进行规划工作，即根据企业的目标和发展战略以及电子商务系统建设的客观规律，考虑企业面临的内外环境，科学地制定电子商务系统的发展战略和总体方案，合理安排电子商务系统建设的进程，为后期的分析、设计和实施工作提供一个清晰的思路。

6.2.1　电子商务系统规划的定义

电子商务系统规划是指以支持企业开发电子商务系统为目标，确定电子商务的发展战略，明确未来电子商务系统的商务模式和模型，设计电子商务系统的总体结构，说明建设电子商务系统的方案，选择建设电子商务系统的技术，给出实施步骤及时间安排，说明人员组织，评估建设电子商务系统的开销和收益。

6.2.2 电子商务系统规划的必要性

电子商务兴起至今，开展电子商务的企业成功与失败的都不在少数，这表明电子商务的实施过程是效益与风险并存的，并不是所有的电子商务活动都一定能够获得成功。电子商务系统在企业电子商务活动中扮演着重要的角色，电子商务系统与电子商务计划同步、配套是企业成功开展电子商务活动的关键，这就要求在电子商务系统开发初期就要进行系统规划，形成系统的建设方案并进行效益和成本的评估分析。

首先，电子商务是企业依托网络、现代信息技术开展的商务活动，而技术的飞速发展使得企业电子商务系统的构造、实施存在很大的挑战。

其次，成功开展电子商务的企业通过电子商务获得的效益要大于投入的成本，这要求开发电子商务系统前进行效益和成本分析，一方面要考虑分析系统的市场前景、盈利方式等效益目标，另一方面要考虑系统的软硬件开发费用、系统开发人员的雇佣和培训费用以及系统的推广和维护费用等成本目标。对电子商务系统的效益和成本进行分析、比较和评价之后，就基本能推断出项目的开展是否能获得成功。

6.2.3 电子商务系统规划的特点

电子商务系统规划是由战略层或者决策层做出的，其中对未来电子商务系统的描述是概括的，并不阐述细节和技术手段。电子商务系统规划无须明确指出未来系统具体怎么做，但一定要明确给出系统未来的目标与定位，即系统要完成的任务。明确电子商务系统规划的特点，有助于提高规划工作的科学性和有效性。电子商务系统规划具有以下特点。

电子商务系统规划的特点

① 电子商务系统规划强调由战略层或决策层做出，规划工作面向长远的、根本性的、全局性的和关键性的目标。

② 电子商务系统规划强调企业间的协作，它不但强调内部环境的规划，还强调与外部环境的信息交换和接口的规划。

③ 电子商务系统规划不在于解决项目开发中的具体业务问题，而是为整个系统建设确定目标、战略、系统总体结构方案和资源计划，整个过程是一个管理决策的过程。

④ 电子商务系统规划的工作环境是企业管理环境，负责规划工作的人员主体是高层管理人员，他们对管理与技术环境的理解程度、对管理与技术发展的见识及工作态度对规划工作具有重要作用。

⑤ 电子商务系统规划是对资金流、信息流和实物流的综合规划，规划工作的结果宜粗不宜细，它依据企业实施电子商务的目标，服从于企业电子商务的整体战略。

⑥ 电子商务系统规划必须纳入整个企业的发展规划，并应随企业的发展而定期更新。

6.3 电子商务系统规划的主要内容

电子商务系统规划的任务是在确定系统的目标和定位的基础上，确定企业电子商务系统的长期发展方向和战略，决定电子商务系统在整个过程中的规模和发展进程。电子商务系统规划对于企业开展电子商务具有决定性的作用，规划的主要内容包含以下几个方面。

1. 制定电子商务系统的发展战略

电子商务系统的发展战略能够帮助企业的管理层确立以企业战略为导向、以外界环境为依据、以商务活动与互联网整合为重心的观念，从而正确定位信息技术部门在整个组织中的作用，保证电子商务系统的战略目标能够和企业发展目标相适应。

为了保障规划目标能够在企业内推行，企业往往需要成立专门的领导小组以保证总体战略目标能够自上而下地贯彻执行，使决策层的意图能够贯彻到企业的执行层，并由执行层提供决策和评估活动所需要的信息。下层的电子商务应用要和企业总体目标采用相同的原则，提供衡量和评估业绩的方法，保证电子商务系统建设目标的实现。

电子商务系统发展战略的主要内容通常包括以下几点。

① 明确企业的目标和战略。

② 根据企业的目标和发展战略，建立若干年内的奋斗目标，确定电子商务系统的使命。

③ 对电子商务系统的建设、升级或更新提出报告。

④ 对目前电子商务系统的功能、应用环境和应用现状进行评估，并制定电子商务系统实施的相关政策、目标和战略。

对企业的发展目标及战略规划的重视是近几年来企业的发展趋势。如何在发展迅速且竞争日趋激烈的电子商务环境中实现企业的可持续发展，如何增强企业对环境快速变化的适应能力，等等，已经成为困扰许多企业的难题。从目前业界流行的组织变革、战略转型等话题中可以看出，越来越多的企业的决策者与管理者意识到，仅仅重视常规的业务投资与运营管理已经难以确保企业适应环境变化和可持续发展，同时，他们也日益意识到企业自身竞争力和竞争优势等要素的重要性。

企业的目标和使命是企业战略制定和评估的依据。明确企业的目标和使命是非常重要的，正如学者彼得·德鲁克（Peter Drucker）所说：“经营宗旨如此独特，是一个企业或机构经营失败的唯一原因，也是最重要的原因。”对于企业而言，一个明确的宗旨（即战略目标）应阐明企业是什么和希望成为什么，在战略上要允许企业创造性地发展，而在战术上要限制企业采取一些冒险行动。战略目标的确定，使本企业有别于其他同类型的企业，为企业现在和未来的活动提供评价体系。另外，战略目标的陈述应该准确清晰，易于被企业中的所有人理解。

2. 制定电子商务系统的总体结构方案

电子商务系统的总体结构方案又称为电子商务系统的整体方案，其目标是阐述电子商务系统的体系结构，说明其逻辑层次，界定各个部分的作用及相互关系。在电子商务系统的总体结构方案中，应该明确企业在决策支持和信息处理方面的信息需求，形成适合整个企业和各个分支部门的系统建设总体结构方案，制订总体发展计划，确定系统和应用项目的先后实施次序和建设进程。

总体结构方案的特点是：侧重于从逻辑上阐述系统各部分的关系，而不是说明构造系统的技术产品。

电子商务系统总体结构方案的主要内容通常包括以下几点。

① 系统的体系结构。

② 系统各层次的构成及作用，包括客户层、服务表达层、应用逻辑层、系统的支持平台、基础网络环境。

③ Intranet 结构。

④ Extranet 结构。

⑤ 网站或企业信息门户的结构。

3. 分配电子商务系统建设资源

电子商务系统的建设是一项系统工程，涉及信息技术、网络技术和用户的交互，这些交互会对客户原有的工作习惯、工作方式产生触动和冲击，带来业务流程的变化和企业结构的调整，甚至体制变革。同时，随着需求的膨胀和技术的发展，电子商务系统功能越来越多，技术越来越复杂，开发和掌握此系统需要一定的时间。因此，建设电子商务系统对于一个企业而言，是一个长期的过程，其效益往往在一个较长的阶段后才能体现。例如，互联网零售企业亚马逊在经历了长达 9 年的亏损之后，终于在 2003 年实现了首次盈利。由此可见，企业对电子商务系统，应该本着可持续发展的思想来持续投入。

目前，在已经建成的电子商务系统中，有不少用户认为效益不明显，且投入成本较大。效益不明显的主要原因是在项目论证时缺乏可持续发展的观念，在建设和运行中没有引入科学的项目管理手段，导致资源分配不合理，影响了项目成效。因此，在着手建设电子商务系统时，需要先制订电子商务系统建设资源分配计划，即制订硬件和软件资源、数据通信设备、人员、技术和资金等资源的分配计划，提出系统建设的总体和分项概算。

资源分配计划的主要目的是解决电子商务系统建设过程中资源分配不合理的问题。因此，作为一个电子商务系统的设计者，在建设电子商务系统过程中需要注意避免如下资源分配的常见问题。

① 重视硬件，轻视软件。目前，在国际上进行电子商务系统开发时，通常对软、硬件的投入比例各约为 50%。而在国内进行同类系统开发时，软件投入却只占 5% ～ 20%。对软件的投入不足导致系统的硬件设备和数据资源等被大量闲置。

② 重视国外产品，轻视国内产品。许多企业在采购电子商务系统所需的软、硬件产品时，有盲目选择国外先进产品的倾向，这会直接导致投入的成倍增长。

③ 重视系统建设，轻视前期规划、后期运行管理和数据维护。部分企业对电子商务系统的建设不是有的放矢，而是跟风上马。论证不充分、缺乏统一的规划和管理，容易导致重复投资；后期对系统运行管理和数据维护投入的不足，会导致数据开发和更新缓慢，难以满足用户的需求。

资源分配不合理会导致电子商务系统建设过程中出现投资不足和资源浪费并存的现象。在一些存在问题的电子商务系统中，一方面资金投入不足，无法维持项目的开发和运转；另一方面，企业机房里的中高档商业系统长期用于处理个人计算机就能处理的工作，有的设备和系统甚至被长期闲置。

电子商务系统的建设不可能一蹴而就，需要各参与方保持一致的目标和坚定的信念，战略目标要清晰，并且保证有力组织和审慎实施。要有一个统一的管理体系负责电子商务系统的整体规划和项目管理，并对资金进行审计和监管，保证有关的资金不被挪用或滥用。

在电子商务系统的建设过程中，要进行严格的资源管理，对需求设计、项目管理、项目监理以及评估验收等环节进行科学、规范的管理，控制成本，保证电子商务系统建设的质量和进度。

4. 制订项目实施计划

通常，项目实施计划是在电子商务系统项目开发小组对用户进行了实施方法和流程培训以后，且用户方的项目小组也对系统的整体框架及各个模块的功能与使用都比较熟悉的情况下制订的。这时用户方项目小组对系统开发人员所提供的实施电子商务系统的基本流程、各个阶段的主要任务和预期目标都有比较清晰的认识和理解，保证接受系统开发人员提供的开发方法与系统方案，认同系统开发人员的各项工作。

应该注意的是，项目实施计划必须由双方的项目经理协商制订。项目实施计划必须建立在电子商务系统的标准实施流程基础之上，同时还应结合企业的实际情况和电子商务系统建设的具体要求，充分考虑项目进行中可能出现的问题和情况，并针对特殊情况制定最优的处理方案。

项目实施的进度是由实施的具体内容决定的，因此常常需要根据不同的实施内容所需的不同时间分别制订多个计划。不同的项目实施计划可以给用户和系统开发人员双方的决策层提供更多选择，保证整个实施过程更符合供需双方的具体情况和条件。

电子商务系统开发项目的实施计划必须首先得到企业决策层的认可。企业管理者尤其是决策层对电子商务系统建设的认识和态度，直接影响到系统的使用效果甚至建设的成败。电子商务企业领导对项目的重视不仅可以在实施过程中带来实际性的帮助，还将对各相关部门负责人和系统的管理人员在思想上产生重要的影响。电子商务系统的用户是积极主动地认识、掌握并使用新系统，还是消极被动地接受，甚至抵触新系统，两种截然不同的态度，也会导致新系统使用效果的巨大差别。再者，项目实施计划还必须得到电子商务企业各部门的认可和企业全员的积极参与。新系统带来的新思想和业务流程，对每一个部门的每一位员工都会产生不同程度的影响，甚至带来不便，但是电子商务系统的建设更多地从企业整体角度来考虑各种商务活动和每个数据，因此它要求系统的每个使用人员在进行数据和业务处理时要考虑系统的整体需求。新系统的实施工作可能只涉及一部分人员，但新系统的应用却与企业的每一个部门和每一位员工有关。

电子商务系统的使用涉及面很广，业务流程较复杂，有时还会引发业务流程甚至企业员工岗位的变化，以及部门职责的转变，而这已经远远超越了部门的界限，所以在实施过程中经常会遇到跨部门或涉及岗位功能变动的问题，这些都需要企业决策层来协调解决。因此，项目实施计划必须由企业决策层确认核批后实施。

一个精心制订的项目实施计划是否能够被很好地执行，在很大程度上取决于领导对计划的认可程度和各相关部门的支持程度，只有得到全企业范围认可的项目实施计划，才会得到各个方面的配合，才有可能按照预定的时间表顺利实施。由此可见，项目实施计划需要企业决策层和执行层共同认可，从而达到互动共进的理想局面。

确保项目实施计划的有效执行是项目实施过程中一个极其复杂的问题，也是整个项目实施过程中最为困难的部分。但是无数成功经验表明，只要抓住以下两个基本的方面就能保证项目实施计划的有效执行。

① 必须严格按照项目实施和管理方法进行运作，做好项目进度的跟踪和控制。

② 必须保证任何计划变更只是对原计划的适当调整、补充和完善。只有这样，才能保证项目实施计划的有效性、可持续性及可操作性。

总之，一个切实可行的项目实施计划可以作为项目实施进度控制的依据，也可以作为各项辅助工作开展的参考。可以说，有效的项目实施计划是保障电子商务系统成功的关键，处理得当可以收到事半功倍的成效。

5．进行可行性分析

根据待开发电子商务系统的需求，分析新系统的商务模式和商业机会、需要的信息技术、可能发生的投资和费用及产生的效益，判断待开发的电子商务系统成功的可能性。

6.4　电子商务系统规划的步骤

制订企业的电子商务系统规划是电子商务系统建设的第一阶段，其本身就是一个庞大的项目。进行电子商务系统规划有以下几个步骤。

1. 建立制订电子商务系统规划的组织

（1）项目负责人

项目负责人主要负责与高层管理人员进行交流。

（2）项目小组

参加项目小组的人员一般有以下 3 类。

① 企业经营人员。

② 技术人员。

③ 相关领域的专家顾问（如物流、金融方面）。

2. 分析电子商务系统的战略

对于电子商务系统规划而言，战略分析相当重要。因为企业实施电子商务系统必须清楚地了解客户的需求，然后明确为了满足客户需求，企业应具备怎样的能力并达到怎样的战略目标。最后要做的是，明确为了完成企业战略目标，电子商务系统的建设应该达到怎样的目标，这一目标必须向下传达，必须使每一个系统开发人员都明白。

电子商务系统的战略分析主要包括以下内容。

① 确定电子商务系统规划的范围，既是对整个企业制订整体（或全局）规划，也是对企业内一个部门制订规划。

② 确定电子商务系统规划的时间限制。时间短，结果可能粗糙；时间长，规划过于详细，结果可能过时。

③ 明确企业战略目标。

基于以上内容，电子商务系统的战略分析主要有两个步骤：第一步是企业本身进行自我诊断，分析企业总的战略目标和使命，然后进行环境分析，识别企业的机会和威胁，进行组织资源分析，发现企业的优势和劣势；第二步是企业将自我诊断的结果整理成"战略目标信息集合"，该集合包括企业的使命、目标、战略及其他战略变量（如管理水平、发展趋向、环境约束等），然后将此信息集合转化为"电子商务系统战略的集合"，这一信息集合由电子商务系统的目标、使命、环境约束等信息组成。

3. 制定规划进度表

制订电子商务系统规划需要完成多项任务。为此，需要制定一个详细的规划进度表，便于及时检查和掌握工作进度。规划进度表中应规定各个任务的优先次序和完成任务的时间安排，给项目组成员分配具体任务和确定任务完成的时间。

4. 初步调查与分析现行系统

初步调查主要涉及当前企业的目标与任务、组织机构及管理体制的状况、可供利用的资源及约束条件、存在的主要问题及薄弱环节等内容。

初步调查的目的就是事先了解系统的基本状况，为系统建设者构思并提出一个切实可行的系统实施框架奠定基础。初步调查的范围大致包括用户需求、企业的运行现状和企业的基本状况。企业的基本状况包括企业的性质、企业内部的组织结构、物流生产过程、厂区各办公楼或车间（或连锁商店总店与分店）的布局（为今后处理各种模型之间的关系和网络分布及分布式数据库做准备）、上级主管部门、横向协作部门、下设直属部门（了解系统的对外信息流通渠道）等。这些都与拟定系统实施框架有着直接的关系，所以应该将调查结果明确地列出来并加以分析。

5. 提出新系统的开发方案

开发方案包括新系统的目标、功能、结构、开发方式、开发方法、开发进度计划、项目成本、资源需求等。例如，有可能采用的计算机系统和网络系统、所需要的人力（包括系统开发人员、计算机软硬件技术人员、专业管理人员、基础数据统计人员等）和财力、可借用的设备（主要指已有信息系统中的网络或计算机设备）及子系统等。

6. 制定实施进度表

根据开发方案确定要完成的内容，制定一个详细的实施进度表。实施进度表中应规定各个子系统的优先次序和完成的时间安排、给项目组成员分配的具体任务和确定完成的时间。

7. 可行性分析

可行性分析包括分析开发新系统的必要性、新系统开发方案的经济性、技术上的可行性、组织管理上的可行性及环境的可行性等，它决定了该系统是否能立项，以及立项后大致按什么规模、什么模式进行开发。进行可行性分析之后，系统规划的结果才可作为系统开发的主要依据。可行性分析主要分析以下几方面的内容。

① 从企业内部和外部分析电子商务系统的实际需求。
② 分析企业基础数据管理工作对新系统的支持程度。
③ 分析企业管理的现状和现代化管理的发展趋势。
④ 分析现有的物力和财力对新系统开发的支持程度。
⑤ 对现有的技术条件进行评估并分析开发新系统在技术上的可行性。
⑥ 分析管理人员对新系统的期望值。
⑦ 分析新系统的适应能力，以确定最后可行的系统。

8. 提出系统规划报告

系统规划报告应当包括绪论、系统建设的背景、必要性和意义、系统的候选方案、可行性分析、几种方案的比较研究和建设性结论。

6.5 电子商务系统规划的常用方法

电子商务系统规划的方法较多，主要有关键成功因素法（Critical Success Factor，CSF）、战略目标集转化法（Strategy Set Transformation，SST）和企业系统规划法（Business System Planning，BSP）等。

6.5.1 关键成功因素法

1. 关键成功因素的基本概念

关键成功因素是指在一个企业中的若干能决定企业在竞争中能否获胜的因素，是企业高层管理者做决策时最需要的信息。关键成功因素的重要性置于企业其他所有目标、策略之上。企业管理者如果能掌握少数几项重要因素，便能确保企业具有一定的竞争力，竞争力是一组能力的组合。如果企业想要持续成长，就必须对关键成功因素加以管理，否则无法达到预期的目标。

通常，不同企业、不同业务活动中的关键成功因素是不同的，即使是同一产业中的不同企业，也都会存在不同的关键成功因素。关键成功因素来源于4个方面：产业结构、竞争因素、环境因素和暂时因素。

管理者按照关键成功因素所指明的方向实施管理时，还需要一个相应的评价指标体系以衡量行为的效果，即关键绩效指标（Key Performance Indicator，KPI）。关键成功因素法是一个由企业目标、关键成功因素和关键绩效指标组成的复合概念体系。关键成功因素法的意义在于，为企业的高层管理者成功履行管理职责，为实现企业目标提供一个清晰的思路和有效的方法，即高层管理者可以根据企业目标确定关键成功因素，制定描述相应关键成功因素的关键绩效指标，围绕关键成功因素开展企业各项工作并使用关键绩效指标评价管理工作成效，形成一个以企业战略目标为设定值，以关键成功因素法为分析方法，以电子商务系统为支持手段的反馈控制系统，如图6-4所示。关键绩效指标用来确定电子商务系统的需求，确定了需求以后，可以通过分析现有的电子商务系统确定所需信息是否能由现有数据库生成。

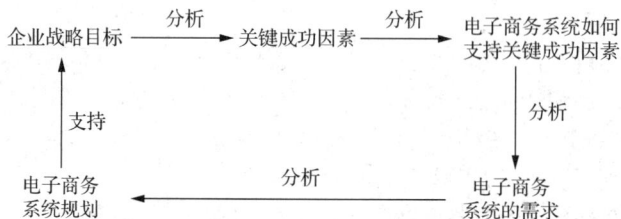

图 6-4　关键成功因素法中的反馈控制系统

2. 关键成功因素法的实施步骤

关键成功因素法的实施包括 4 个步骤，如图 6-5 所示。

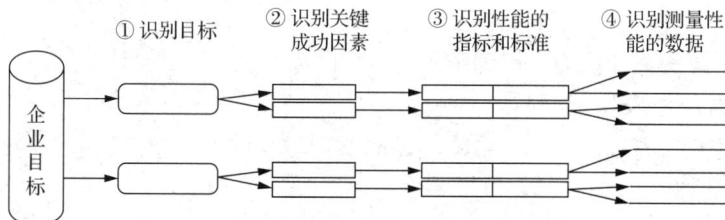

图 6-5　关键成功因素法的实施步骤

① 识别目标。每个企业都会有自己的目标，在不同时期又会有不同的重点。企业的目标应根据企业内外的客观环境条件制定。

② 识别关键成功因素。了解企业的发展战略后，再识别达成该战略的所有关键成功因素。可以采用逐层分解的方法找出影响战略目标的各种因素。

③ 识别性能的指标和标准。

④ 识别测量性能的数据。

识别关键成功因素就是要识别与系统目标联系的主要数据及其关系，识别关键成功因素所用的工具是鱼骨图。某企业有一个提高产品竞争力的目标，可以用鱼骨图画出影响它的各种因素，以及影响这些因素的子因素。

如何确定这些因素中哪些因素是关键成功因素，不同企业采用的方法是不同的。一个习惯于高层管理者决策的企业，主要由高层管理者选择关键成功因素；一个习惯于群体决策的企业，可以用德尔菲法或其他方法把不同人设想的关键成功因素综合起来。关键成功因素法在高层应用效果较好。

6.5.2　战略目标集转化法

战略目标集转化法由威廉·金（William King）于1978年提出，他把整个战略目标看成"信息集合"，由该企业的使命、目标、战略和其他战略变量（如管理的复杂性、企业发展趋势、变革习惯及重要的环境约束因素等）组成，电子商务系统的战略规划过程是把企业的战略目标转变为电子商务系统战略目标的过程。

电子商务系统战略目标集由系统目标、系统约束和系统战略构成。系统目标主要定义电子商务系统的服务要求；系统约束包括内部约束与外部约束，内部约束来自企业本身，外部约束来自企业外部；系统战略是该战略目标集的重要元素，是系统开发中应该遵循的一系列原则，如系统安全性、可靠性、应变能力等要求，开发的科学方法及合理的管理等。

应用战略目标集转化法的过程就是将企业的战略目标集转化为电子商务系统的战略目标。应用战略目标集转化法有以下两个工作步骤。

1. 识别企业的战略目标集

先考查该企业是否制订了长期的战略目标，如果没有，就要去构造这种战略目标集，可以采用以下步骤。

① 描绘出企业关联集团，如供应商、客户、股东、政府代理人、地区社团及竞争者等。

② 识别关联集团的要求。企业的使命、目标和战略反映出每一关联集团的要求，要对每个关联集团要求的特性做定性描述，对这些要求被满足程度的直接和间接度量进行说明。

③ 定义企业相对于每一个关联集团的任务和战略。

④ 解释和验证企业的战略目标集。

2. 将企业战略目标集转化成电子商务系统战略目标

电子商务系统战略目标应包括系统目标、约束以及设计原则等。将企业战略目标集转化成电子商务系统战略目标的这个转化过程需要对企业战略目标集的每个元素确定其对应的电子商务系统战略目标元素，然后提出整个电子商务系统的结构，最后选出一个方案提交给企业领导。

6.5.3　企业系统规划法

企业系统规划法是由 IBM 于 20 世纪 70 年代初发展起来的一种对信息系统进行规划和设计的结构化方法。它是 IBM 用于内部系统开发的一种方法，旨在通过规范化的方法指导电子商务系统的开发。后来，企业系统规划法成为一种通用的系统规划方法流行开来。

1. 企业系统规划法的基本思想

企业系统规划法的基本思想是信息支持企业运行。自上而下地识别企业目标、企业过程和数据，然后对数据进行分析，自下而上地设计电子商务系统。该电子商务系统支持企业目标的实现，表达所有管理层次的要求，向企业提供一致性信息，对企业内部的组织机构的变动具有适应性，如图 6-6 所示。

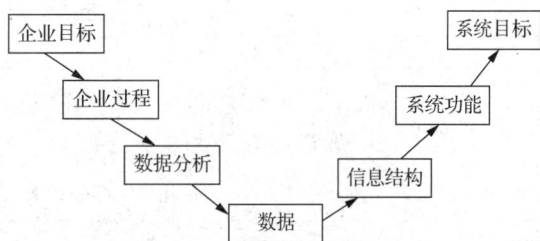

图 6-6　企业系统规划法的基本思想

实施企业系统规划法的前提是，在企业内部有改善电子商务系统的要求，并且有为建立电子商务系统而形成总体战略的需要。因而，企业系统规划法的基本概念与企业的电子商务系统的长期目标有关，表现在以下几方面。

① 电子商务系统的战略必须支持企业各个层次的需求。企业的层次分别是战略层、管理控制层、操作控制层。不同层次的管理活动有不同的信息需求，电子商务系统战略应当能满足各层次的信息管理需要。

② 电子商务系统战略规划应该由总体信息系统结构中的子系统开始实现。对于大型信息系统而言，企业系统规划法是"自上而下"的系统规划和"自下而上"分步实施。

③ 电子商务系统应该适应企业的组织机构和管理体制的变化。企业系统规划法采用企业过程的概念，企业过程同具体的管理职责无关。

2. 企业系统规划法的工作步骤

用企业系统规划法制订规划是一项系统工程。企业系统规划法是把企业目标转化为电子商务系统战略的全过程，它的工作步骤如下。

（1）描述企业的战略目标

首先要对企业的高层管理人员进行深入调查，了解他们从哪里获取信息，如何使用信息，企业的现状和企业的目标是什么，以及他们需要什么支持信息来进行决策等情况。

（2）定义企业过程

定义企业过程是企业系统规划法的核心。只有熟知企业过程，才能识别电子商务系统的需求。企业过程是逻辑上相关的一组决策和活动的集合，这些决策和活动是管理企业资源所需要的。整个企业的管理活动由许多企业过程组成。识别企业过程的目的是了解电子商务系统的工作环境，对企业如何完成其目标有深刻的了解。

① 定义企业过程与识别企业的业务处理过程。企业过程是构成电子商务系统的基础，按照企业过程所构建的电子商务系统，在企业内部的组织结构变化时可以不改变。识别企业的业务处理过程是定义企业过程的基础。识别企业的业务处理过程可以通过以下3个方面来实现。

- 战略规划和管理控制。战略规划通常是指企业的长期总体计划、投资计划、资源开发计划等。例如，经济预测、组织计划、产品线模型等。企业战略规划和管理控制的相关内容如表6-1所示。

表6-1 企业战略规划和管理控制的相关内容

战略规划	管理控制
经济预测	市场/产品预测
组织计划	工作资金计划
政策开发	雇员水平计划
放弃/追求分析	运营计划
预测管理	预测
目标开发	测量与评价
产品线模型	

- 产品和服务。任何产品和服务都有一定的生命周期，通常包括要求、获得、服务、退出4个阶段，产品和服务各阶段的相关内容如表6-2所示。

表6-2 产品和服务各阶段的相关内容

要求	获得	服务	退出
市场计划	产品设计开发	库存控制	销售
市场研究	产品说明	接受	订货服务
预测	工程记录	质量控制	运输
定价	生产调度	包装储存	运输管理
材料需求	生产运行		
能力计划	购买		

- 支持资源。支持资源是企业必需的，包括资金、人才、材料和设备等。管理人员通过各种资源支持他们的目标，只有研究他们管理资源的各种活动和决策过程，才能总结出企业各组织的管理功能。通过支持资源识别企业的业务处理过程，这种方法类似于上文的产品和服务，由资源的生命周期出发列举企业过程，如表6-3所示。

表 6-3　支持资源的相关内容

资源	生命周期			
	要求	获得	服务	退出
资金	财务计划 成本控制	资金获得 接收	公文管理 银行账目 会计总账	会计支付
人才	人事计划 工资管理	招聘 转业	补充和收益 职业发展	终止合同 退休
材料	需求生产	采购 接收	库存控制	订货控制 运输
设备	主设备计划	设备购买 建设管理	机器维修 家具、附属物	设备报损

识别企业的业务处理过程是企业系统规划法成功的关键，输出应有以下文件：一个过程组及过程表；每个过程的简单说明；一个关键过程的表，即识别满足目标的关键过程；产品和服务过程的流程图。

②建立企业过程和企业关系。用企业过程矩阵将企业的组织机构与企业过程联系起来，以明确各个企业的组织机构与企业过程的联系，如表 6-4 所示。该矩阵中 M 表示主要参与部门，S 表示部分参与部门。

表 6-4　企业的组织机构与企业过程的联系

企业的组织机构	企业过程				
	销售	购买材料	财务报表处理	成本核算	市场计划
市场部	M				M
财务部	S	S	M	M	S
生产部		M			

（3）定义数据类

在定义了企业过程后，下一步工作是对由企业过程所产生、控制和使用的数据，按照逻辑上的相关性进行分析和归并，以减少数据冗余。识别企业数据的方法有两种：企业实体法和企业过程法。

①企业实体法。实体有产品、客户、设备、材料以及人员等客观存在。企业实体法以矩阵形式列出企业实体与数据类的关系，如表 6-5 所示。

表 6-5　企业实体与数据类的关系

数据类	企业实体						
	产品	客户	设备	材料	卖主	现金	人员
计划/模型	产品 计划	销售领域 市场计划	能力计划 设备计划	材料需求 生产调度		预算	人员计划
统计/汇总	产品 需求	销售历史	运行 设备利用	开列需求	卖主 行为	财务统计	生产率 盈利历史
库存	产品 成本 零件	客户	设备 机器负荷	原材料 成本 材料单	卖主	财务 会计总账	雇用工资 技术
业务	订货	运输		采购 订货	材料 接收	接收 支付	

②企业过程法。企业过程法是对每一个企业过程进行分析，包括企业过程的输入数据、

输出数据是什么,采用输入—处理—输出图来表达企业过程的输入、处理、输出的关系,如图6-7所示。

（4）建立企业过程与数据类的关系

定义好企业过程和数据类之后,可以用企业过程/数据类矩阵来表示企业过程和数据类之间的联系。企业过程/数据类矩阵又称为U/C矩阵。

① 建立U/C矩阵。在U/C矩阵中,将企业过程作为行、数据类作为列,如果某个企业过程产生某个数据类,就在该列对应的矩阵中填C（Create）;如果某个企业过程使用某个数据类,就在该列对应的矩阵中填U（Use）,如表6-6所示。例如,经营计划功能要使用有关成本和财务的数据,则在这些数据下面的"经营计划"行上标记符号U;若产生的是计划数据,在"计划"下"经营计划"行上标记符号C。

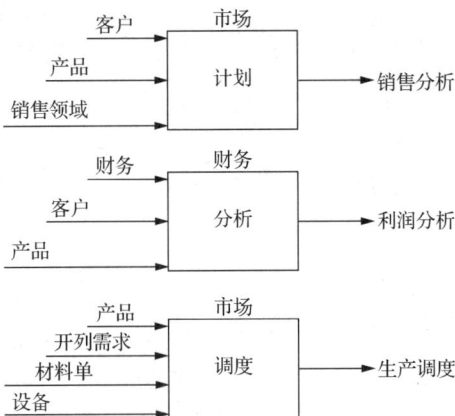

图6-7 企业过程的输入、处理、输出的关系

表6-6 U/C矩阵表

企业过程	数据类															
	客户	订货	产品	加工路线	材料表	成本	零件规格	原材料库存	成品库存	职工	销售区域	财务	计划	设备负荷	材料供应	工作令
经营计划						U						U	C			
财务计划						U				U		U	U			
产品预测	U		U								U		U			
产品设计开发	U		C		U		C									
产品工艺			U		C		U	U								
库存控制								C	C						U	U
调度			U											U		C
生产能力计划				U										C	U	
材料需求			U		U										C	
作业流程				C										U	U	U
销售区域管理	C	U	U													
销售	U	U	U								C					
订货服务	U	C	U													
发运		U	U							U						
会计	U		U									U				
成本会计		U				C										
人员会计												C				
人员招聘考核												U				

② 定义信息系统结构。采用U/C矩阵来分析和识别将要开发的信息系统和各个子系统及子系统之间的数据流,具体步骤如下。

- 调整U/C矩阵。首先,将企业过程按照过程组排列,每一个企业过程按发生的先后顺序排列。其次,调整数据类的横向位置,使矩阵中的C最靠近从左上到右下的主对角线。
- 系统逻辑功能的划分。把U和C最密集的区域用线条框起来,每一个小方块构成一个子系统。划分子系统时应注意:沿对角线一个接一个地画,既不能重叠,又不能漏掉任何一个数据和功能,如表6-7所示。

表 6-7　U/C 矩阵子系统表

企业过程		数据类															
		计划	财务	产品	零件规格	材料表	原材料库存	成品库存	工作令	设备负荷	材料供应	加工路线	客户	销售区域	订货	成本	职工
经营计划	经营计划	C	U													U	
	财务计划	U	U													U	U
技术准备	产品预测	U		U									U	U			
	产品设计开发			C	C	U							U				
	产品工艺			U	U	C	U										
生产制造	库存控制						C	C	U		U						
	调度			U					C	U							
	生产能力计划									C	U	U					
	材料需求			U		U					C						
	作业流程								U	U	U	C					
销售	销售区域管理			U									C		U		
	销售			U									U	C	U		
	订货服务			U									U		C		
	发运			U				U							U		
财务	会计			U									U				U
	成本会计														U	C	
人事	人员会计																C
	人员招聘考核																U

　　企业系统规划法是根据信息的产生和使用来划分子系统的，它尽量把信息产生的企业过程和使用的企业过程划分在一个子系统中，从而减少了子系统之间的信息交换。

6.5.4　3 种规划方法的比较

　　关键成功因素法能抓住主要矛盾，使目标的识别重点突出。但是，其一般在确定企业目标时使用最有利。

　　战略目标集转化法是从另一个角度识别系统目标的结构化方法，反映了各种人的要求，而且给出了按这种要求的分层，然后把企业战略目标转化为电子商务系统目标。它能保证目标比较全面，疏漏较少，但在突出重点方面不如前者。

　　企业系统规划法虽然也首先强调系统目标，但没有明显的系统目标引出过程。它通过经营管理人员酝酿"过程"引出系统目标，企业目标到系统目标的转换是通过一步步分析得到的，这样可以定义出新的系统以支持企业过程，也就把企业目标转化为系统目标。所以，企业系统规划法的中心内容是识别企业的业务处理过程，而不是 U/C 矩阵。

　　把关键成功因素法、战略目标集转化法和企业系统规划法这 3 种方法结合起来使用，称之为 CSB。在这种方法中，首先，用关键成功因素法确定企业目标；其次，用战略目标集转化法补充完善企业目标，并将这些目标转化为系统目标；最后，用企业系统规划法校核两个目标，并确定电子商务系统结构，这样就弥补了单个方法的不足，但这也使得整个方法过于复杂，从而削弱了灵活性。可以说，迄今电子商务系统战略规划还没有一种十全十美的方法。由于战略规划本身的非结构性，可能永远也找不到唯一解。进行任何一个企业的电子商务系统规划均不应照搬以上方法，而应当具体情况具体分析，对以上方法有的放矢，灵活运用。

6.5.5　系统规划的策略

电子商务系统规划的策略是指信息系统规划的总体指导思想。目前，常用的电子商务系统规划策略有自顶向下策略、自底向上策略和混合策略。

1. 自顶向下策略

在自顶向下的电子商务系统规划策略中，企业的高层管理者认为当前企业中的所有业务和系统都是可以改进的，在这种思想指导下，从企业的经营管理战略导出电子商务系统的战略规划，设置电子商务系统的建设目标，并不断分解细化，制定和采取一系列达到这些目标的措施。采用自顶向下策略，高层管理者按照组织分工、部门设置、业务流程等把设置的目标分解成多个小目标，即从整体上协调和规划，把大问题分解为小问题，把长期问题分解成短期问题，把复杂问题分解成简单问题。这种方法的优点是：电子商务系统建设的需求明确，规划更有针对性。由于这种开发策略要求很强的逻辑性，因而难度较大，但这是一种重要的策略，是电子商务系统走向集成和成熟的要求。

2. 自底向上策略

在自底向上的电子商务系统规划策略中，企业中的某个业务单元出现了问题，高层管理者才采取措施解决这些问题，这种策略源于企业底层的业务人员。在这种策略中，经常把若干个职能目标集成到一个目标中，与自顶向下策略相比，这种策略并不要求对企业的整体进行规划，电子商务系统的调整通常是由中层管理人员或底层业务人员驱动。自底向上策略的优点是可以避免出现系统大规模运行不协调的风险；缺点是由于缺乏从整个系统出发考虑问题，随着电子商务系统的发展，往往要做出许多重大修改，甚至重新规划和设计。

3. 混合策略

为了充分发挥上述两种策略的优点，在实际中往往可以综合应用。自顶向下策略适用于一个企业的总体规划方案的设计，而自底向上策略又适用于电子商务系统中具体业务的规划设计。因此，在用自顶向下策略确定了一个电子商务系统的总体规划方案以后，再采用自底向上策略，对每一个业务系统进行具体功能和数据的分析和分解，并逐层归纳到决策层。

6.6　系统调查

当用户提出开发电子商务系统的要求后，为了确定这种开发要求是否具有可行性，还需要系统开发人员在开发之前认真调查。为了系统开发工作的效率更高，通常将系统调查分为初步调查和详细调查两步。

初步调查是在规划阶段进行的，即先投入少量人力对系统进行大致的了解，分析其开发的可行性；详细调查是在分析阶段进行的，即在确定系统开发具有可行性并正式立项后，再投入大量人力对系统进行大规模、全面、详细的调查。

初步调查的目的是获取足够的信息以协助制定待开发系统的开发方案，决定待开发系统是否能够立项。因此，初步调查不是一个全面的数据收集活动，不必定义所有的问题，也不必过多地考虑所有可能的解决方法，而是有针对性地调查。

新系统是在现行系统基础上经过改建或重建而得到的，因此，要建立一个新系统，需要对现行系统进行调查，对现行系统的运行方式进行全面的了解。详细调查的目的是了解现行系统的运行状况，发现其薄弱环节，找出问题的实质，对新系统能否开发做定性及定量分析，确保新系统比现行系统更有效。

6.6.1 系统调查的原则与内容

1. 系统调查的原则

（1）规范性

系统调查要循序渐进，逐层深入。合理安排调查顺序，可以提高调查效率，有利于取得好的调查效果。一般来说，对系统先进行自上而下的初步调查，在了解总体和全局的基础上，再对系统进行由下而上的具体调查。

（2）用户参与

系统调查将涉及组织内部管理工作的各个方面，调查者应主动与被调查者在业务上进行沟通。系统调查的工作人员由使用部门的业务人员、主管人员和设计部门的系统分析人员、系统设计人员共同构成，两个部门结合就能互补不足，更深入地发现系统存在的问题，共同研讨解决的方案。

（3）调查前要做好计划

根据系统开发的需要，明确调查任务的划分，制订调查计划，以便事先安排时间、地点和内容，并通知有关部门人员做好准备。通过事先计划，主导调查顺序和调查内容，可以提高调查效率和改善调查效果。

（4）工程化的工作方式

为了提高调查的工作效率，参与调查的工作人员需要按分工与协作相结合的工程化的方法组织调查。工程化就是将工作事先计划，对每个人的工作方法和调查所用的表格、图例做统一规划，以便相互沟通、分工协作。

2. 系统调查的内容

（1）系统界限和运行状态调查

根据现行系统的发展历史、目前规模、经营效果、业务范围及与外界的联系等，确定系统界限、外部环境和接口，并衡量现有的管理水平等。

（2）组织机构调查

组织机构调查的内容包括现行系统的组织机构设置、人员分工和岗位职责情况等。了解现行系统的构成和业务范围，可以进一步了解人力资源，发现组织和人事等方面存在的不合理现象。

（3）管理功能的调查

为了实现系统的目标，系统必须具有各种功能。管理功能要以组织机构为背景进行识别和分析，因为每个组织都是一个功能机构，各自具有不同的功能。

（4）业务流程调查

对不同系统进行不同的业务处理，系统分析人员要尽快熟悉业务，全面细致地了解整个系统的业务流程，以及物流和信息流的情况。除此之外，对各种输入、输出、处理和处理量等都要了解清楚。

（5）数据流程的调查

在业务流程调查的基础上舍去具体的物质形式，对收集的数据和数据处理过程进行分析和整理，绘制数据流程图。例如，根据收集的单据和报表了解信息的载体，进一步落实现行系统的数据收集、整理、输入、存储、处理、输出等各个环节，从而得到完整的数据流程。

（6）约束条件与薄弱环节调查

约束条件指现行系统在人员、资金、设备、处理时间和方式等各方面的限制条件和规定。现行系统中的各个薄弱环节是新系统要解决和改进的主要问题，往往也是新系统目标之一。因此，在调查中要注意收集用户的各种要求，善于发现问题并找到问题的前因后果。

6.6.2　系统调查的方法

在做出开发新系统的决策之后，就应当组织力量成立调查小组，采用多种方法对现行系统进行调查分析，这个阶段为新系统开发进行原始资料的准备，并使系统开发人员对现行系统建立感性和理性的认识。详细调查应当遵循用户参与的原则。调查小组应由使用单位的业务人员、领导和设计单位的系统分析员、系统设计员共同组成。系统调查的方法主要有以下几种。

1. 发放调查表

调查表通过问答形式把系统调查人员和用户联系起来。利用调查表进行调查，可以有利于系统调查人员缩短调查时间，降低调查成本费用。用调查表进行调查时，要把问题提得全面、易懂、明确，这是设计调查表应遵守的基本原则。被调查者选择答案的方式主要有以下 3 种。

① 选择最适合被调查单位的答案。这种问题一般比较具体明确，调查表中已给出若干可能的答案，例如，采用何种方法计算机器设备的折旧。

② 填写不确定的答案。可能的答案比较广泛，被调查者必须根据本单位的具体情况做出明确的答复。例如，账户月发生额最大值为多少？由于不同单位的生产规模、业务量的不同，账户月最大发生额显然是不会相同的。

③ 提供某些资料。例如，被调查者提供现行系统中各种账、证、表的格式，用户给出成本核算流程图。

2. 用户访问调查

用户访问调查就是由系统调查人员直接走访被调查者，获取有关现行系统的详尽资料。直接访问有关人员，从而了解到一些通过发放调查表所不能得到的信息。为了保证每次访问都能得到足够多的信息，系统调查人员应做到如下 4 点。

① 必须明确每次访问的任务，做到有的放矢。应当提前列出访问计划，以防止访问过程中提不出问题。

② 访问对象必须准确。应选那些对访问任务最了解、对建立新系统最有信心的人员作为访问对象。

③ 要注意访问的方式。要友善和善于引导，应让被访问者感到是在和你共同探讨，而不是被审问。

④ 要及时做好访问记录。在访问完毕后加以归纳整理并编写成文档，最终形成一整套系统调查资料。

3. 开调查会

管理中的有些问题常牵涉众多的人员，通过开征询会、讨论会的方式往往有利于尽快弄清这些问题的来龙去脉，把握问题的本质。为了开好调查会，应先写好调查提纲并发给每个调查对象，让其有一定的准备时间，便于把问题讲清楚。开调查会是一种集中调查的方法，在深度调查和征询有关人员对建立系统的看法时，开会讨论的调查方法更能发挥作用。

4. 参加业务实践

系统开发人员如果欠缺对业务环节的了解，往往会使调查的广度和深度受到限制，使系统分析和系统设计不能建立在正确的基础上，导致所建立的新系统不能适应实际需要。因此，为了充分了解现行系统的特性，系统开发人员去参加业务实践，不仅可以获得第一手资料，还便于与业务人员交流，使系统开发工作接近用户。

以上所述的不同调查方法各有不同的侧重点和适用面。在实际工作中，系统调查人员应当根据系统调查的实际需要确定调查方法，在某些情况下可以将上面提到的几种方法结合使用。

6.6.3　组织机构与业务功能调查

1. 组织机构调查

现行系统中的信息流动是以组织机构为基础的，各部门之间存在信息流和物流交换，因此需要通过分析把握当前组织的组织机构与业务流程之间的关系。组织机构指的是一个组织（企业、部门、车间、科室等）的组成以及这些组成部分之间的隶属关系，通常可用组织机构图来表示。

组织机构图表明了各部门的划分及其相互关系、人员配备、业务分工、信息流和物流的关系等。组织机构图把组织分成若干部分，同时标明行政隶属关系、信息流动关系和其他关系。例如，图 6-8 所示为某企业的行政组织机构图，从这张组织机构图中可以观察出各部门之间的隶属关系。

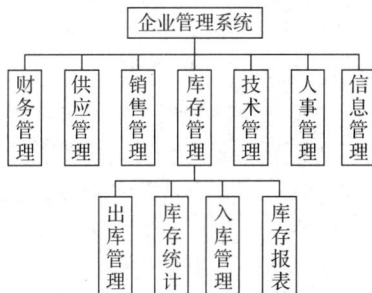

2. 业务功能调查

为了实现战略发展目标，管理部门设置了不同的管理职能。业务功能调查的目标就是了解或确定系统的目标、系统的功能结构以及它们之间的关系，归纳出企业的部门和业务层次的功能，用树状图的形式描述出来（即功能结构图）。例如，图 6-9 所示为某企业管理系统的功能结构图。

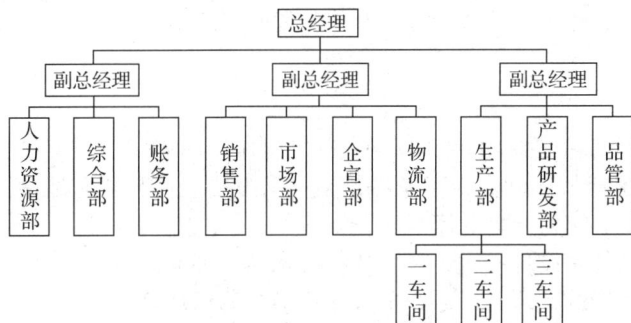

图 6-8　某企业的行政组织机构图　　　图 6-9　某企业管理系统的功能结构图

6.6.4　业务流程调查

业务流程图
绘制方法

业务流程调查的任务是调查系统中各环节的业务活动，了解业务内容，以及信息的输入、输出、处理和数据存储等。业务流程图是分析业务流程的重要工具。它是一种描述系统内各单位、人员之间业务关系、作业顺序和信息流向的图表。

业务流程图反映了实际的业务活动。制作业务流程图的过程也是全面了解系统业务处理的过程。业务流程图显示了现行系统中各项业务活动的处理过程。在业务流程图上能够拟出由计算机实现的部分，以明确系统的边界。另外，通过业务流程图可以对业务流程做进一步分析，分析组织的业务流程是否合理，删除重复的环节，修正不合理的环节，明确整个业务流程，为以后的分析与设计打下良好的基础。

业务流程图用来描述企业的业务功能，其常用符号如图 6-10 所示。

某企业的库存管理业务流程如图 6-11 所示。仓库部门根据计划部门所提交的物料需求计划单以及销售部门提供的出库单，去查阅库存台账的情况，决定是否需采购物料。如果不需要采购，则通知生产部门前来领料；否则，仓库管理员向采购部门递交采购单，通知其购货。当物料到达后，仓库部门办理入库处理，并通知生产部门前来领料。生产部门的产品到仓库部门办理入库处理。

图 6-10　业务流程图常用符号

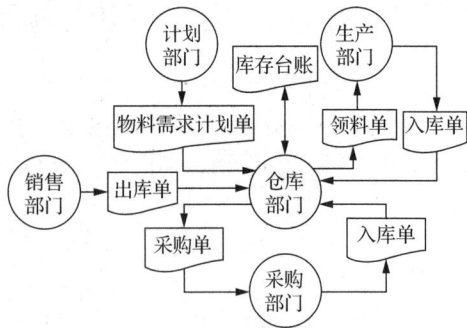

图 6-11　某企业的库存管理业务流程

6.7　电子商务系统可行性分析

可行性分析就是在初步调查、分析及电子商务系统开发方案制定的基础上，运用技术经济理论与方法，分析电子商务系统的可行性，最后做出是否继续开发的明确结论。

电子商务系统可行性分析要从以下 3 个方面进行考虑。

1. 技术可行性分析

技术可行性分析即分析待开发系统的功能、性能和技术上的限制条件，确定开发方案在现有技术条件下是否有可能实现。这里所说的现有技术条件是指社会上已经比较普遍地使用了的技术，不应把尚在实验室里的新技术作为分析的依据。

另外，这里所说的现有技术条件指的是硬件技术条件、软件技术条件和人力技术条件。硬件技术条件、软件技术条件具体指的是待开发系统的开发环境与运行环境。

人力技术条件具体指的是从事系统开发、维护、运行工作的技术力量。这里需要分析的是，在系统开发、维护和运行各阶段需要的内容提供人员、系统分析员、系统设计员、程序员、操作员、录入员及软、硬件维护员、业务员、管理人员等各类专门人员能否满足要求；如果目前不能满足要求，在将来经过培训能否满足要求。

2. 经济可行性分析

经济可行性分析主要是对电子商务系统开发的成本与效益做出评估，即分析系统所带来的经济效益是否超过系统开发和维护所需的费用。

（1）系统费用

系统费用主要包括以下几项内容。

① 设备费用。它包括计算机硬件、软件、输入 / 输出设备、空调、电源及其他机房设施、设备的安装及调试费用等。

② 开发费用。它包括系统开发所需的劳务费及其他有关开支。

③ 运行费用。它包括系统运行所需的各种能源、材料费用，如电、纸张等费用，以及设备的维护费用。其他与运行有关的费用开支也应包括在内。

④ 培训费用。它包括用户管理人员、操作人员及维护人员培训的费用。

（2）系统收益

系统收益的估计不像系统费用估计那样具体，因为系统的收益往往不易定量计算。系统收益的估计可以从直接效益和间接效益两方面考虑。

① 直接效益。它是指系统交付使用后，在某一时期能产生的明显经济效益。一般来说，

系统投入使用后，只有通过一定时间的运作、维护和宣传后，才能逐步产生效益。

② 间接效益。它包括：提高工作效率，提高企业管理水平；节省人力，减轻有关业务人员手工处理的工作负担；及时给企业领导提供决策信息；提高企业全体人员的素质。

3. 管理及经营可行性分析

电子商务系统是企业商务活动在网上的实现。企业建设电子商务系统，根本目的是要在网上开展电子商务活动，使电子商务系统得以运营，为企业创造利润。为了保障电子商务活动的开展，并使企业获得收益，就要在规划阶段分析待开发电子商务系统在管理及经营上的可能性，分析企业管理和经营电子商务系统的基础条件与环境条件。管理及经营可行性分析内容如下。

① 企业及部门主管领导对电子商务系统的开发是否支持，态度是否坚决。

② 与系统有直接关系的业务人员对系统开发的态度如何，配合情况如何。

③ 现行的业务管理基础工作如何，现行业务系统的业务处理是否规范等。

④ 是否有在网上开展商务活动的经验。

⑤ 是否制定经营发展战略、网站长期与短期经营目标。

⑥ 是否进行了准确的电子商务市场细分和定位。

⑦ 是否有专业的经营管理人员来运营网站。

⑧ 是否建立了有序、畅通的企业运营机制。

⑨ 是否有完善的内容和服务运营体系。

⑩ 是否有适合企业现状的经营方法。

⑪ 是否有基本的经营经费支撑。

6.8　可行性分析报告

可行性分析报告是系统开发人员对企业准备开发的电子商务系统进行可行性分析的结论。可行性分析报告采用书面的形式，作为论证和进一步开发的依据。

编写可行性分析报告的目的是：通过对项目的详细调查研究，将系统开发中可能面临的问题及其解决方案进行初步设计及合理安排，明确开发风险及其所带来的经济效益；说明该开发项目的实现在技术、经济和管理及经营方面的可行性；评价为了达到开发目标而可能选择的各种方案；论证所选定的方案的优势。

可行性分析报告的一般格式如下。

1. 引言

（1）编写目的

阐明编写可行性分析报告的目的。

（2）项目背景

项目背景应包括如下内容。

① 所建议开发系统的名称。

② 项目的任务提出者、系统开发人员、用户及开发系统的组织、公司方。

③ 项目与其他系统的关系。

（3）定义

列出文档中用到的术语的定义和英文缩写词的中英文全称。

（4）参考资料

列出有关资料的作者、标题、编号、发表日期、出版单位或资料来源，具体包括如下内容。

① 项目经核准的计划任务书、合同或上级机关的批文。

② 与项目有关的已发表的资料。

③ 文档中所引用的资料，所采用的软件标准或规范。

2. 对现行系统的分析

对现行系统的初步调查分析结果包括现行系统的组织结构、业务流程、工作负荷，现行系统的人员状况、运行费用，现行系统的计算机配置、使用效率和局限性，现行系统在上述各方面出现的问题和要求。其具体包括如下内容。

① 处理流程和数据流程。

② 工作负荷。

③ 费用支出，如人力、设备、空间、支持性服务、材料等开支。

④ 人员，列出所需人员的专业技术类别和数量。

⑤ 设备。

⑥ 局限性，说明现行系统存在的问题及需要开发新系统的原因。

3. 系统的候选方案

提出一个主要开发方案和若干个辅助开发方案。

4. 技术可行性分析

① 对新系统的简要描述。

② 与现行系统比较的优越性。

③ 处理流程和数据流程。

④ 采用新系统可能带来的影响，主要包括如下内容。

• 对设备的影响。

• 对现行系统或软件的影响。

• 对用户的影响。

• 对系统运行的影响。

• 对开发环境的影响。

• 对经费支出的影响。

⑤ 技术可行性评价，主要包括如下内容。

• 在现有条件下，功能目标是否能够达到。

• 利用现有技术，性能目标是否能够达到。

• 对系统开发人员数量和质量的要求，并说明能否满足。

• 在规定的期限内开发能否完成。

5. 经济可行性分析

① 支出。

② 效益。

③ 投资收益率。

④ 投资回收周期。

⑤ 敏感性分析，主要指一些关键因素，举例如下。

• 系统生命周期长短。

• 系统工作负荷量。

• 处理速度。

• 设备和软件配置变化对支出及效益的影响。

6. 管理及经营可行性分析

① 企业及部门主管领导对电子商务系统开发的态度。

② 与系统有直接关系的业务人员对系统开发的态度。

③ 现行的业务管理基础工作和现行业务系统的业务处理。

④ 企业在网上开展商务活动的经验。

⑤ 企业的经营发展战略、网站长期与短期经营目标。

⑥ 网络市场细分和定位。

⑦ 网站运营管理人员。

⑧ 企业运营机制和服务运营体系。

7. 候选方案的比较研究

对所有的候选方案从技术、经济、管理及经营 3 个方面进行比较研究，逐个阐明各候选方案，并重点说明未被推荐的理由。

8. 结论

根据以上的分析、比较，最后应给出一个结论，通常有以下 3 种情况。

① 可以按某方案立即执行。

② 需要增加资源，或待某些条件成熟时，或对目标修改之后按某方案执行。

③ 方案均不可行，停止建设。

思考与练习

1. 名词解释

（1）决策支持系统　（2）诺兰模型　（3）电子商务系统规划　（4）关键成功因素法

（5）战略目标集转化法　（6）企业系统规划法　（7）系统规划的策略

2. 选择题

（1）信息系统发展阶段包括（　　　）。

   A. 电子数据处理系统阶段　　　　　　　B. 管理信息系统阶段

   C. 决策支持系统阶段　　　　　　　　　D. 大数据处理阶段

（2）信息系统发展阶段模型描述了信息系统发展的规律和特点，是信息系统规划需要遵循的基本原则，其包括（　　　）。

   A. 索拉克模型　　　B. 诺兰模型　　　C. 戴明模型　　　D. 米歇模型

（3）（　　　）是指以支持企业开发电子商务系统为目标，确定电子商务的发展战略，明确未来电子商务系统的商务模式和模型，设计电子商务系统的总体结构。

   A. 系统分析阶段　　　　　　　　　　　B. 设计阶段

   C. 电子商务系统规划　　　　　　　　　D. 收尾评价阶段

（4）以下各项中，（　　　）是电子商务系统规划所具有的特点。

   A. 电子商务系统规划强调由战略层或决策层做出，规划工作面向长远的、根本性的、全局性的和关键性的目标

   B. 电子商务系统规划强调企业间的协作，它不但强调内部环境的规划，还强调与外部环境的信息交换和接口的规划

   C. 电子商务系统规划不在于解决项目开发中的具体业务问题，而是为整个系统建设确定目标、战略、系统总体结构方案和资源计划，整个过程是一个管理决策的过程

  D. 电子商务系统规划的工作环境是企业管理环境，负责规划工作的人员主体是高层管理人员，他们对管理与技术环境的理解程度、对管理与技术发展的见识及工作态度对规划工作具有重要作用

（5）电子商务系统规划的常用方法包括（ ）。

  A. 关键成功因素法   B. 战略目标集转化法

  C. 企业系统规划法   D. 原型法

（6）（ ）是在规划阶段进行的，即先投入少量人力对系统进行大致的了解，分析其开发的可行性。

  A. 详细调查 B. 初步调查 C. 项目调查 D. 调查规划

（7）电子商务系统可行性分析要从（ ）进行考虑。

  A. 技术可行性 B. 股东可行性 C. 经济可行性 D. 管理及经营可行性

3. 简答题

（1）什么是电子商务系统规划？

（2）电子商务系统规划有何特点？

（3）电子商务系统规划的主要内容包括哪些？

（4）请试述电子商务系统规划的步骤。

（5）初步调查的任务都有哪些？

（6）请试述初步调查的步骤。

（7）电子商务系统可行性分析包括哪些内容？

思维导图

任务实训

实训题目： 系统规划实践

实训目标： 对项目小组前期所拟定的系统进行系统规划。

实训思路： 结合所学系统规划的步骤和方法对前期所拟定的系统进行系统规划、系统调查、系统可行性分析，最终形成一份有效的可行性分析报告。

第 7 章
电子商务系统分析

【学习目标】

- 了解电子商务系统分析的概念、特点、过程和意义。
- 熟悉需求工程的基本活动及需求的分类和层次。
- 掌握各种主要建模工具的使用方法。

【能力目标】

- 能够根据项目实际情况选择合适的建模工具进行建模。
- 能够结合项目实际情况进行需求分析。
- 能够撰写电子商务系统分析报告。

引导案例

　　某书店预订系统的基本流程如下：客户向书店发送订单，系统首先对订单进行检查并只对合格的订单进行处理，处理过程中系统会根据订单数目和客户情况将订单分为优先订单和正常订单，随时处理优先订单，定期处理正常订单，系统汇总已处理的订单，最后发给出版社。

　　[问题 1] 该书店预订系统的基本流程是如何得来的？

　　[问题 2] 结合本案例，试着绘制出数据流程图。

　　系统分析是系统设计的基础，是电子商务系统建设中的一个重要阶段。电子商务系统分析就是要结合不同电子商务活动的基本需求，确定企业的详细需求，从而设计和建设与企业动机相吻合的电子商务系统。

7.1　电子商务系统分析的任务

素养课堂

　　企业的商务目标是为了最大限度地增加企业收入，扩大利润空间。为了达到这一目标，需要不断改善和提高其核心竞争能力，扩大市场份额。利用电子商务系统增强其核心竞争能力是企业建设电子商务系统的最直接，也是最为原始的动机。基于这一点，在设计电子商务系统之初，必须准确、完整地了解企业的需求，这样才能在设计阶段有针对性地设计电子商务系统所应具备的功能，构造的电子商务系统才能最终与企业建设电子商务系统的动机相吻合。而这些工作就是系统分析，因此系统分析是系统设计的基础，是电子商务系统建设中的一个重要阶段。

7.1.1 电子商务系统分析概述

1. 电子商务系统分析的概念

电子商务系统分析就是在经系统规划确定的原则和目标下，结合电子商务系统的特点，对企业进行调查，全面了解企业的目标、企业内部的组织结构、数据流程和业务处理过程，结合企业对不同电子商务活动的基本需求，进而确定企业的详细需求，为电子商务系统设计奠定基础。

2. 电子商务系统分析的特点

电子商务系统分析与传统企业信息系统分析相比，二者既有相似的地方，又有不同之处，具体表现如下。

（1）目标相同

无论是电子商务系统还是传统的企业信息系统，其系统分析的目的都是给未来要建设的新系统提出明确的、细致的需求，从而使系统设计有的放矢，具有针对性。

电子商务系统
分析的特点

（2）方法类似

系统分析的所有方法都是为实现系统分析的目标服务的。无论是面向数据流的结构化分析方法，还是面向对象的分析方法，尽管表现形式不同，但目标都是从不同层次、不同角度清晰地描述企业的业务过程及业务模型。电子商务系统作为一种特殊的信息系统，仍然可以利用这些方法对企业的现行业务进行描述，也可以利用这些方法刻画新系统的特征。

（3）系统分析的对象不尽相同

传统的企业信息系统的系统分析着重于从业务的手工处理系统或者企业既有信息系统入手，描述既有系统在业务处理中的数据、处理过程，在此基础上分析其中的不足或缺陷，进而提出对未来要构造的新系统的需求。电子商务系统的系统分析尽管也是为了给未来的新电子商务系统提出需求，但是由于企业的电子商务活动还没有实施，企业不可能在没有技术支持的条件下开展电子商务活动，所以新系统的参照物并不存在。电子商务系统所要分析的对象并不完全是企业的手工处理过程，至少可以说企业既有系统只是电子商务系统分析对象的一个组成部分。

（4）系统分析的任务不同

传统的系统分析主要包括系统调查、系统业务分析、提出对新系统的需求这几个方面。但是，对于电子商务系统，很难直接地通过分析企业既有系统或手工作业的不足，进而给出对电子商务系统的需求。所以，电子商务系统分析除了要对企业业务流程进行调查，分析既有系统的不足之外，还有一部分重要的工作是创新工作，即在系统分析的基础上，结合电子商务的特点、不同电子商务模式需求的共性，创新性地提出企业尚未开展而新系统应当满足的一部分需求。

总之，电子商务系统分析与传统的企业信息系统分析的目标是一致的，主要是提出对未来新系统的业务需求。但是电子商务系统分析不仅需要调查分析企业业务处理过程，描述既有系统的业务要求，而且要在其基础上结合电子商务的特点，创新性地描述未来系统应当满足的需要和实现的功能。

7.1.2 电子商务系统分析的过程

1. 电子商务系统分析的基本思路

在系统分析阶段，需要全面、准确地了解企业的现状和对未来的新电子商务系统的要求。该阶段最为关心的是解决电子商务系统到底"做什么"的问题；至于"怎么做"的问题，等到系统设计阶段去解决。因此，在系统分析阶段需要对企业生产、经营全过程中的数据收集、存储、加工、处理、传递等信息处理工作进行调查分析。此外，系统分析阶段还要调查和分析企业的主要商务活动的功能，如数据处理、预测、计划、辅助决策、公共信息服务等。完成系统分析后，技术人员能够明确企业商务活动的内容、数据和处理过程，厘清企业各项商务活动的相互关系。从某种意义上讲，系统分析的结果就是建立起表述企业运作过程的清晰的、准确的、动态的模型。

那么，怎样才能建立起这种能够清晰而完整地描述企业商务活动的动态模型呢？在一个企业中有不同的商务活动，即使是一项相对独立的商务活动，其处理过程所涉及的对象不仅种类繁多，而且存在内在的联系。例如，企业中有不同的商务活动，如销售活动、市场活动、财务活动等，以销售活动为例，可能处理的对象包括产品、客户、订单等。面对这样一个复杂的问题，人们从不同的角度提出了很多不同的方法，有代表性的方法主要包括结构化分析方法、面向对象的分析方法。

尽管每一种分析方法都有其各自的特点，但是这些系统分析方法的共同思路可以归结为："自顶向下、从静到动、去伪存真、不断迭代"。

所谓"自顶向下"，主要是指系统分析过程的层次和顺序。"自顶向下"意味着首先从比较宏观的抽象层次上进行系统分析。在结构化分析方法中，这一思路体现为数据和处理过程不断细化；在面向对象的分析方法中，这一思路体现为对象的层次不断丰富，识别抽象出父类后，再考虑子类、派生等细节。

"从静到动"则意味着系统分析过程可以先从孤立的个体出发，再考虑不同个体的联系；首先考虑业务的静态特征，然后再考虑其动态行为。在结构化分析方法中，这一思路体现为先独立地分析企业商务活动中的实体、处理过程、数据，然后将实体与数据、数据和处理过程联系起来。而在面向对象的分析方法中，则体现为先识别独立的对象，然后考虑对象之间的关系；先进行静态分析，接着进行动态分析等。

"去伪存真、不断迭代"主要指系统分析的过程。"不断迭代"意味着系统分析过程是一个不断深入的过程。由于系统分析是自顶向下在不同抽象层次上进行细化的过程，所以在每一层次当中，分析方法是类似的，在每一层次的分析上可以不断地、重复地使用相应的分析方法。另外，在实际的系统分析过程中，不见得一次就能了解清楚企业的所有需求，可能需要重复若干次系统分析后，才能明确地把握企业对目标电子商务系统的要求。在这种情况下，每次分析过程都可以用同样的方法去除不确切的地方，了解企业商务活动的真实状况。

2. 电子商务系统分析的基本过程

（1）电子商务系统分析的思路

电子商务系统的分析过程中包括一个创新性的综合加工过程，这一过程的目的是在了解企业商务活动过程的基础上，通过分析、综合、创新，提出新系统应该满足而既有业务中不具备的需求。一般来讲，这种需求实际上是现行系统没有而新系统有的需求，一般用户很难清楚地表述，需要由电子商务系统的分析人员来提出。

那么，系统分析人员如何才能提出这样的需求呢？事实上，提出这种需求的活动是一种具有创新性的活动，主要包括以下几个方面。

① 了解企业商务活动以及电子商务可能对企业商务活动的改进方式。

② 掌握企业既有商务活动的详细特征。

③ 了解典型的电子商务活动的基本需求。

了解电子商务对企业商务活动的改进方式，可以使系统分析人员有针对性地着重分析企业诸多的商务活动中，哪些方面可以作为利用电子商务加以改进的重点；掌握企业既有商务活动的特征，可以使系统分析人员掌握企业的现状、企业商务活动的个性。而典型电子商务活动的基本需求则是掌握电子商务需求的共性，在对共性和个性都有充分把握的基础上，通过分析、评估和综合，就能完成电子商务系统的需求分析。

（2）电子商务系统分析的任务

① 掌握企业商务活动的特点。这一任务的内容主要是了解企业商务运作过程中都有哪些基本的商务环节，其基本特点是什么，开展电子商务活动的重点和要点是什么。这一任务的目的是在系统调查之前，使系统分析人员做到心中有数，进而在调查过程中有针对性地和企业人员进行交流，并把握调查的重点。

② 系统调查。这一任务的内容主要是对企业的组织机构、主要业务、各项业务活动的数据流程和相关的处理过程等进行详细的调查。这一任务的目的是获取原始资料，了解企业的运作情况，为后续的企业商务活动分析做好准备。

③ 企业既有商务活动分析。这一任务的目标是通过对系统调查获取的资料进行分析，建立系统的模型，分析模型中的各项商务活动要求，提出系统的用户需求。

④ 提出电子商务系统的需求。这一任务的主要内容是针对上一任务的结果，进行进一步综合分析，结合系统规划给出的企业商务模式，并参考典型的电子商务模式的一般性需求，再次进行审查，在一般性需求的基础上，补充如何利用电子商务手段改善企业核心竞争能力方面的相关需求，最终给出未来电子商务系统（即新系统）的需求，描述未来电子商务系统需要实现的功能。

7.2 需求工程

对系统应提供的服务和所受到约束的描述就是系统需求的内容。这些需求反映了用户对系统帮助其解决某些问题的需要，这些问题可以是对设备的控制、安排一次订货，或者是信息查询等。对服务和所受到约束的发现、分析、建立文档、检验的过程即为需求工程。

7.2.1 需求工程的定义

需求工程是随着计算机的发展而发展的。在计算机发展的初期，软件规模不大，软件开发所关注的是代码编写，需求分析很少受到重视。后来软件开发引入了生命周期的概念，需求分析成为其第一阶段。随着软件规模的扩大，需求分析与定义在整个软件开发与维护过程中越来越重要，直接关系到软件的成功与否。人们逐渐认识到需求分析活动不再局限于软件开发的最初阶段，而是贯穿软件开发的整个生命周期。20世纪80年代中期，形成了软件工程的子领域——需求工程（Requirement Engineering，RE）。进入20世纪90年代以后，需求工程成为研究的热点之一。

需求工程是指应用已证实有效的技术、方法进行需求分析，确定用户需求，帮助系统分析人员理解问题并定义待开发系统的所有外部特征的一门学科。它通过合适的工具和记号，系统地描述待开发系统及其特征和相关约束，形成需求文档，并对用户不断变化的需求给予支持。

7.2.2 需求工程基本活动

需求工程为了完成其任务，需要执行一系列的活动，具体如图7-1所示。

需求工程的基本活动包括需求开发和需求管理两个方面。需求开发是因为需求工程的"需求"特性而存在的，包括需求获取、需求分析、需求规格说明和需求验证4个具体的活动。需求管理是因为需求工程的"工程"特性而存在的，它的目的是在需求开发活动之后，保证所确定的需求能够在后继的项目活动中有效地发挥作用，保证各种活动的开展都符合需求。

需求工程基本活动

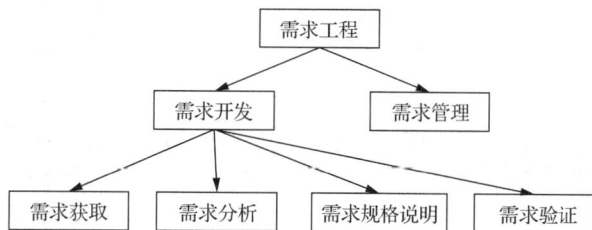

图 7-1　需求工程的基本活动

① 需求获取。需求获取的目的是从项目的战略规划开始建立最初的愿望需求。为此，它需要研究系统将来的应用环境，确定系统的受众，了解现有的问题，建立新系统的目标，获取为支持新系统目标而需要的业务过程细节和具体的用户需求。

② 需求分析。需求分析的目的是保证需求的完整性和一致性。它从需求获取阶段输出的原始需求和业务过程细节出发，将目标、功能和约束映射为软件行为，建立系统模型，然后在抽象后的系统模型中进行分析，标识并修复其中的不一致缺陷，发现并弥补遗漏的需求。

③ 需求规格说明。需求规格说明的目的是将完整、一致的需求与能够满足需求的软件行为以文档的方式明确地固定下来。在文档中，可以使用非形式化的文本，例如以自然语言进行描述；也可以使用半形式化的图形语言，例如使用统一建模语言进行描述；还可以使用形式化的语言，例如使用 Z 语言进行描述。描述的结果文档接下来将被提交并进行需求验证。

④ 需求验证。作为需求开发中的最后一个活动，需求验证的首要目的是保证需求及其文档的正确性，即需求正确地反映了用户的真实意图；它的另一个目的是通过检查和修正，保证需求及其文档的完整性和一致性。需求验证之后的需求及其文档应该是得到所有相关人员一致同意的软件需求规格说明，它将作为项目规划、设计、测试、用户手册编写等多个其他系统开发阶段的工作基础，对帮助系统开发人员建立共同的愿景具有重要作用。

需求管理是对需求开发所建立的需求基线的管理，它在需求基线完成之后正式开始，并在需求工程阶段结束之后继续存在，在设计、测试、实现等后继的软件系统开发阶段中保证需求作用的持续、稳定发挥。它的主要工作是跟踪后继阶段中的需求实现与需求变更情况，确保需求被正确理解并被正确地实现到了待开发系统中。

7.2.3　需求的类别和层次

提起需求，不同背景的人（用户、开发人员）会有不同的看法，因此需求是需求工程中一个非常难以准确定义和解释的概念。

1. 需求的分类

需求可以分为不同的类别，不同类别的需求有不同的特性和不同的处理要求。根据不同的分类标准，需求可分成不同的种类。在各种需求的分类中，最常见的是 IEEE1998 的分类，IEEE1998 将需求分成以下 5 种类别。

① 功能需求（Functional Requirement）：与系统主要工作相关的需求，即在不考虑物理约束的情况下用户希望系统所能执行的活动，这些活动可以帮助用户完成任务。功能需求主要表现为系统和环境之间的行为交互。

② 性能需求（Performance Requirement）：系统整体或系统组成部分应该拥有的性能特征，例如 CPU（Central Processing Unit，中央处理器）使用率、内存使用率等。

③ 质量属性（Quality Attribute）：系统完成工作的质量，即系统需要在一个"好的程度"

上实现功能需求，例如可靠性程度、可维护性程度等。

④ 对外接口（External Interface）：系统和环境中的其他系统之间需要建立的接口，包括硬件接口、软件接口、数据库接口等。

⑤ 约束（Constraint）：进行系统构造时需要遵守的约束，例如编程语言、硬件设施等。

其中，除功能需求之外的其他 4 种类别的需求又被统称为非功能需求（Non-Functional Requirement），如图 7-2 所示。在非功能需求中，质量属性对系统成败的影响极大，因此在某些情况下，非功能需求又被用来特指质量属性。

在另一种常见的分类标准中，将需求分为硬件需求（Hardware Requirement）、软件需求（Software Requirement）和其他需求 3 种类别。在这种分类标准下，系统的所有需求统称为系统需求（System Requirement），其中，和硬件相关的部分称为硬件需求，和软件相关的部分称为软件需求。硬件需求主要是对硬件的配置要求，软件需求主要是对软件的功能及其行为的要求。除了硬件需求和软件需求之外，系统需求中还有一部分关于软件、硬件、人力、基础设施等相关因素之间协同与互动的需求，称为"其他需求"。

2. 功能需求

功能需求是软件系统需求中最常见、最主要和最重要的需求，同时它也是最为复杂的需求。不同层次的人群可以观察到功能需求不同程度的抽象，即功能需求具有层次性。功能需求通常体现为 3 个层次，如图 7-3 所示。

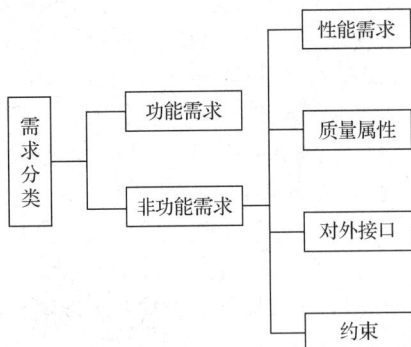

图 7-2　需求分类

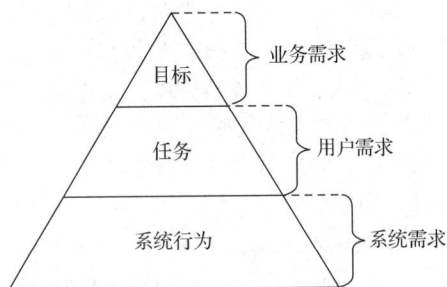

图 7-3　功能需求的层次性

（1）业务需求

抽象层次最高的功能需求称为业务需求（Business Requirement），是系统建立的战略出发点，表现为高层次的目标，它描述了企业为什么要开发系统，例如，车辆调度管理系统有业务需求（BR1）。业务需求通常来自项目的投资人、购买产品的用户、实际用户的管理者、市场营销部门或产品策划部门等。

BR1：实现车辆的统一管理和有效使用。

为了满足用户的业务需求，需求工程师需要描述系统高层次的解决方案，定义系统应该具备的特性（Feature）。高层次的解决方案及系统特性指出了系统建立的方向，参与各方必须就它们达成一致，以建立一个共同的愿景（Vision），以保证参与各方朝着同一个方向努力。以支持业务需求的满足为衡量标准，系统特性说明了系统为用户提供的各项功能，限定了系统的范围（Scope）。定义良好的系统特性可以帮助用户和系统开发人员确定系统的边界。

对于业务需求（BR1），高层次的解决方案如 SS1，系统特性如 SF1。

SS1：实现一个申请子系统，实现一个调度子系统，让二者互相配合实现统一管理。

SF1：① 工作人员用车时需要提出申请。
　　　② 安排专人对所有的车辆申请进行统一的调度与安排。
　　　③ 调度时要实现车辆的高效使用，防止公车私用。
（2）用户需求

高层次的目标是由企业的专门部门提出的，但普通用户才是企业中任务的实际执行者，只有通过一套具体且合理的业务流程才能真正地实现目标。用户需求（User Requirement）就是执行实际工作的用户对系统所能完成的具体任务的期望，描述了系统能够帮助用户做些什么。用户需求主要来自系统的使用者——用户。在有些情况下，系统的直接用户是不可知的（如通用的软件系统或者社会服务领域的软件系统），所以用户需求也可能来自间接的渠道，例如销售人员、售后支持人员等。

在上述的车辆调度管理系统中，关于车辆使用的用户需求如 UR1 所示。

UR1：在需要使用车辆时，用户需要填写车辆使用申请单，然后等待反馈信息，并根据反馈信息使用车辆。

用户需求表达了用户对系统的期望，但是要透彻和全面地了解用户的真正意图，仅仅知道期望是不够的，还需要知道期望的背景知识。因此，对所有的用户需求都应该有充分的问题域知识作为背景支持。而在实际工作中，用户表达自己的期望时，通常不会提及需求所涉及的问题域知识，所以需求工程师需要根据用户的需求整理出完整的问题域知识。例如对 UR1，需要补充问题域知识（PD1）。

PD1：① 申请单的内容包括申请人、对车辆的要求、预计的用途……
　　　② 申请单的反馈内容包括安排的车辆、出发时间、驾驶员……
（3）系统需求

用户需求是从用户的角度出发进行描述的，主要使用的是自然语言，因此，它具有以下几个计算机系统所无法接受的特性。

① 模糊、不清晰。自然语言中大量使用的形容词和副词使自然语言的描述常常带有模糊和不清晰的特性，使用了高、低、好、坏等程度性词汇的语句是其典型情况。计算机系统是形式化的系统，它无法表达模糊的概念，所以带有模糊和不清晰特性的用户需求无法很好地被映射为系统行为。

② 多特性混杂。用户在进行需求描述时，常常将功能需求和非功能需求混杂在一起，而它们在计算机系统中往往表现为不同的侧面，需要进行不同的处理。因此，对计算机系统而言，将功能需求和非功能需求掺杂在一起会使系统行为的映射过程变得困难。

③ 多逻辑混杂。用户需求是对用户任务的描述，而任务本身往往含有前后相继的多个逻辑处理过程，即一个任务需要多次系统交互才能够完成。可是计算机系统理想的需求是单一逻辑的，也就是说，每个需求都能唯一映射到一个系统行为，而不是多个系统行为，否则将为系统行为的限定带来困难。

基于以上特性，在定义系统需求的规格说明之前，需求工程师需要将用户需求进一步明确和细化，将之转化为系统需求（System Requirement）。系统需求是用户对系统行为的期望，一系列的系统需求联系在一起可以帮助用户完成任务，满足用户需求，进而满足业务需求。系统需求可以直接映射为系统行为，定义了系统中需要实现的功能，描述了系统开发人员需要实现什么。

例如，对用户需求（UR2），可以将之转化为系统需求（SR1）。

UR2：对于处理其他工具所创建的外部文件，软件应该提供一种表现和访问的方法。

SR1：① 用户应该能够定义外部文件的类型。

②每一种外部文件类型都有一个与之相关联的可对其进行处理的工具。

③每一种外部文件类型都可以表现为一个特殊的图标。

④系统应该提供让用户为外部文件类型定义表现图标的手段。

⑤当用户选择了一个外部文件的图标时，与该图标相关的外部文件类型所对应的关联工具会自动地被用来处理该外部文件。

将用户需求转化为系统需求的过程是一个复杂的过程。在该过程中，首先需要分析问题领域的特性，从中发现问题域和计算机系统的共享知识，建立系统的知识模型；然后将用户需求部署到系统的知识模型中，即定义系列的系统行为，每一个系统行为即为一个系统需求，联合它们实现用户需求。该过程就是需求工程中最为重要的需求分析活动，又称"建模与分析活动"。

3．非功能需求

如前所述，软件系统的需求可以分为功能需求和非功能需求，其中，非功能需求是常常被轻视甚至被忽视的一个重要方面。其实，软件系统的非功能需求定义不仅决定系统的质量，还在很大程度上影响系统的功能需求定义。如果事先缺乏很好的非功能需求定义，结果往往是使系统在非功能需求面前捉襟见肘，甚至淹没了功能需求给用户带来的价值。

下面对软件系统的非功能需求的某些指标加以说明。

（1）系统的完整性

系统的完整性是指为满足业务需求和系统正常运行本身的要求而必须具有的功能，这些功能往往是用户不能提出的，典型的功能包括联机帮助、数据管理、用户管理、软件发布管理和在线升级等。

（2）系统的可扩充性和可维护性

系统的可扩充性和可维护性是指系统对技术和业务需求变化的支持能力。当技术变化或业务变化时，将不可避免地带来系统的改变，不仅要进行设计的修改，甚至要进行系统定义的修改。好的系统设计应在系统架构上考虑以尽量小的代价适应这种变化，常用的技术有面向对象的分析与设计及设计模式。

（3）系统的适应性

系统的适应性与系统的可扩充性和可维护性的概念相似，也表现为系统的一种应变能力，但适应性强调的是在不进行系统设计修改的前提下对技术与应用需求的适应能力，通常表现为系统的可配置能力。好的系统设计可能要考虑到运行条件的变化，包括技术条件（网络条件、硬件条件和软件系统平台条件等）的变化和应用方式的变化，如在具体应用中界面的变化、功能的剪裁、不同用户的职责分配和组合等。

对以上重要的非功能需求进行逐一分析后，即可开始进行系统的功能设计。实际上，非功能需求定义将反映到系统的功能设计中，表现为系统的架构。

7.3　电子商务系统逻辑模型

在充分获取系统用户需求后，需要采用系统分析方法整理用户需求，以确定系统逻辑功能，并用一系列图表和文字将系统逻辑功能表示出来，形成系统的逻辑模型。在软件工程领域，常用的系统开发方法有结构化方法和面向对象方法，现介绍这两种方法在系统分析阶段的具体应用。

7.3.1　结构化系统逻辑模型

结构化方法按照功能来划分系统的结构，它把系统看作是由功能组成的，通过描述功能结构及其之间的数据流动关系来解释系统的运作过程。结构化系统分析方法主要使用功能层次图、数据流程图、数据字典和处理逻辑描述工具来建立系统逻辑模型，其核心思想是分解简化问题，将物理与逻辑表示分开，对系统进行数据与逻辑的抽象。

1. 功能层次图

功能是完成某项工作的能力，为了实现系统的目标，系统必须具有一些必要的功能。例如，图 7-4 所示的图书销售网前台系统的功能层次图，描述了图书销售网前台系统从系统目标到各项功能的层次关系。

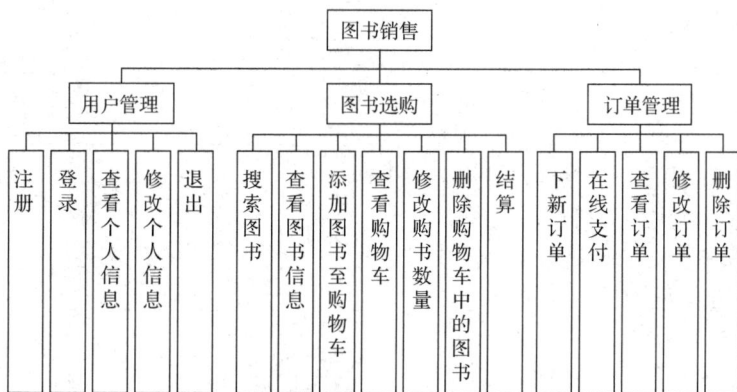

图 7-4　图书销售网前台系统的功能层次图

2. 数据流程图

数据流程是指数据在系统中产生、传输、处理、使用和存储的过程。数据流程图（Data Flow Diagram，DFD）描述了系统中数据流动、处理和存储的逻辑关系，它是一种能全面描述并分析系统逻辑模型的主要工具。

（1）数据流程图的基本元素

数据流程图有 4 种基本元素，其图形符号如图 7-5 所示。

① 外部实体。外部实体指在系统以外与系统有联系的人、事物或其他软件系统。外部实体不参与系统内部的操作，只与系统有数据的交互，它们通常是系统数据的来源或终点。外部实体通常用一个圆或者正方形表示，圆或者正方形内写上外部实体的名称，且可以用字母 S1、S2、S3 等来对外部实体编号。

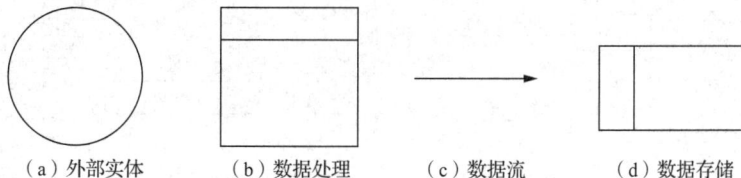

（a）外部实体　　（b）数据处理　　（c）数据流　　（d）数据存储

图 7-5　数据流程图的基本图形符号

② 数据处理。数据处理是对数据的逻辑处理，它接收一定的输入数据，对其进行变换，并产生输出数据。数据处理通常用两栏矩形或者圆角矩形表示，矩形第一栏写上数据处理的编号，可以用字母 P1、P2、P3 等来表示，矩形第二栏写上数据处理的名称。

③ 数据流。数据流是指数据处理的输入或输出，它可以是一项数据，也可以是一组数据，

还可以用来表示对数据文件的存储操作。数据流用一条带箭头的直线表示，箭头指出数据的流动方向，线条上方注明数据流的名称。

④ 数据存储。数据存储用于表示数据的静态存储，可以是实际的账簿、文件夹、登记表等手工文件，也可以是某个计算机文件或数据库等。数据存储通过数据流与数据处理发生联系，如果数据流的箭头指向数据存储，则表示将数据流的数据写入存储文件；如果数据流的箭头指向数据处理，则表示从数据存储读取数据流的数据。数据存储用右边开口的两列矩形或者两条平行线表示，第一列写上数据存储的编号，可以用字母 D1、D2、D3 等来表示，第二列写上数据存储的名称。

（2）数据流程图的绘制

数据流程图是对系统功能的详细说明，它以功能层次图为基础，是对功能层次图的展开，因此，数据流程图也呈现层次结构。数据流程图的绘制以结构化分析原则为指导思想，利用相关符号自顶向下、逐层分解地展现系统的数据流动过程。数据流程图的基本画法如图 7-6 所示。

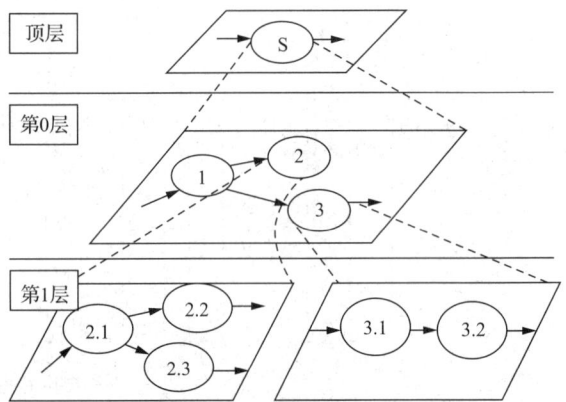

① 画出顶层数据流程图。首先，顶层数据流程图只包含一个数据处理，用以表示待开发的系统；其次，考虑系统有哪些主要的外部实体、输入输出数据流和数据存储，明确它们之间的关系并形成流程图。顶层数据流程图的作用在于表明待开发系统的范围以及它和周围环境的数据交换关系。

图 7-6 数据流程图的基本画法

② 逐层分解数据流程图。首先，按照系统功能逐层分解顶层的数据处理，分解时应尽量将一个大的数据处理分解为几个相对独立的数据处理，以减少它们之间的联系；其次，确定分解后的每个数据处理的输入、输出及相关的数据存储，将外部实体、各处理过程、数据存储用数据流连接起来，形成相应的数据流程图。当所有数据处理都不能再分解时，数据流程图分解完毕，不能再分解的数据处理称为基本处理。

根据图 7-4 所示的功能层次图，可绘制出图书销售网前台系统的数据流程图，如图 7-7 和图 7-8 所示。

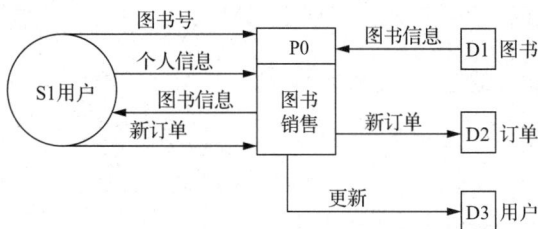

图 7-7 图书销售网前台系统的顶层数据流程图　　图 7-8 图书销售网前台系统的第 1 层数据流程图

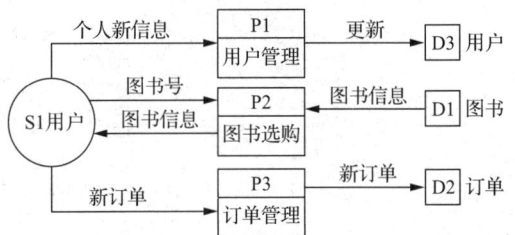

数据流程图是系统分析人员与用户交流思想的工具，在绘制过程中要注意以下事项。

- **命名**：数据流和数据存储的名称一般都是名词短语，如订单、库存记录、职工表；数据处理的名称一般都是动宾短语，如检验订单、统计销售。

- **数据流不包括物流**：数据流反映的是能用计算机处理的数据而不是实物，因此，数据流程图中一般不画出物流，如销售部门可以向用户传递"取货通知"，而不能传递"货物"。
- **数据处理**：每个数据处理至少有一个输入数据流和一个输出数据流，以体现出数据处理的数据来源与处理结果。
- **数据处理编号**：当数据流程图的某个数据处理 P*m* 分解成另一数据流程图时，则上层图为父图，下层图为子图，子图中的数据处理要相应编号为 P*m.n*。
- **父图与子图的平衡**：子图的输入输出数据流同父图相应数据处理的输入输出数据流必须一致。

3. 数据字典

数据流程图描述了系统的组成部分及各部分之间的联系，但没有说明各个成分的具体含义，如图书销售系统中的"订单"包含哪些内容，在数据流程图中并没有具体描述，因此还需要采用其他工具对数据流程图的各类元素进行补充说明。

数据字典就是对数据流程图进行说明的主要工具，通常包括数据项、数据流、数据存储、数据处理、外部实体 5 个部分。

（1）数据项

数据项是数据的基本单元，用来构成数据流和数据存储，如数据存储"订单"的订单号、用户 ID、用户名、联系方式等。数据项的定义包括数据项编号、名称、别名、简述、数据类型、长度、取值范围等。数据项编号可由其所属数据流或数据存储编号和顺序号组成，如表 7-1 中"图书号"的编号为 D1-01，表示它是数据存储"图书"的第 1 个数据项。

表 7-1　数据项描述实例

项目	实例
编号	D1-01
名称	图书号
别名	Book-ID
简述	系统所售图书的编号
数据类型	字符型
长度	4 位
取值范围	0000 ～ 9999

（2）数据流

数据流是某一数据处理的输入或输出，其定义包括数据流编号、名称、简述、来源、去向、组成、流量等。数据流编号可由其所对应的子系统编号和顺序号组成，如表 7-2 中"收货信息"的编号为 F3-02，表示它是第 3 个子系统"订单管理"中的第 2 个数据流。

表 7-2　数据流描述实例

项目	实例
编号	F3-02
名称	收货信息
简述	用户下订单时填写的收货信息
来源	用户
去向	P3.1 中下新订单
组成	收货人＋收货地址＋联系电话＋邮编
流量	10 份/时

（3）数据存储

数据存储是数据处理过程需要保存的数据集合，也是数据流的来源和去向之一。数据存储的定义包括数据存储编号、名称、简述、组成、主关键字、相关处理等，如表7-3所示。

表7-3　数据存储描述实例

项目	实例
编号	D1
名称	图书
简述	存储图书的基本信息
组成	图书号＋图书名＋作者＋书号＋出版社＋出版日期＋简介
主关键字	图书号
相关处理	P2.1 搜索图书；P2.2 查看图书信息

（4）数据处理

数据处理描述了数据流程图中的基本处理过程，其定义包括数据处理编号、名称、简述、输入数据流、处理过程和输出数据流，如表7-4所示。

表7-4　数据处理描述实例

项目	实例
编号	P3.2
名称	在线支付
简述	用户下订单后在线支付图书购买费用
输入数据流	支付信息、账户信息
处理过程	用户填写支付账号、密码等信息，系统根据支付信息从账户表里读取数据进行核对，核对无误后就更新账户余额并将支付信息存储于订单内
输出数据流	支付信息、余额更新信息

（5）外部实体

外部实体主要说明传送给系统的数据流和从系统接收到的数据流，其定义包括外部实体编号、名称、简述、输入数据流和输出数据流，如表7-5所示。

表7-5　外部实体描述实例

项目	实例
编号	S01
名称	用户
简述	购买图书的用户
输入数据流	用户使用系统时输入的数据，如 F3-02：用户信息
输出数据流	系统按要求返回给用户的数据，如 F3-12：订单信息

需要注意的是，由于数据流程图是逐层分解、逐步细化的，底层图是最详细全面的，因此数据字典的描述必须以底层数据流程图为依据。另外，我们通常只需要为一些较复杂或不易理解的元素编写数据字典，并不需要对每个元素都加以说明。

4. 处理逻辑描述工具

数据处理是数据流程图中的重要元素。简单的数据处理可以用数据字典描述；而对于复杂的数据处理，其处理过程往往较长，编写数据字典形成的文字描述就不易于阅读理解，此时可采用决策树等更为清晰易懂的处理逻辑描述工具来说明。

决策树是采用树形结构来表示数据处理的一种方法，适合描述具有多个决策且每个决策与若干条件相关的数据处理。用决策树进行描述时，应该从问题的文字描述中识别出决策条件和方案，然后根据描述材料中的连接词找出决策条件的从属关系、并列关系和选择关系，据此构造决策树。

例7-1　某订货处理的过程为：订货处理人员根据用户手册和库存台账将订货单分类处理，

首先查看用户手册。"订货处理"决策树如图 7-9 所示。

如果欠款时间在 30 天以内（包括 30 天），则查看库存台账，若需求量小于或等于库存量，则立即发货；若需求量大于库存量，则先按库存量发货，等进货后再补发。

如果欠款时间在 30 天以上，100 天以下（包括 100 天），则查看库存台账，若需求量小于或等于库存量，则先付款再发货；若需求量大于库存量，则不发货。

如果欠款时间在 100 天以上，则通知对方先付欠款。

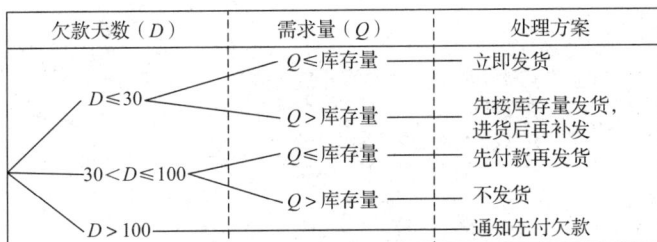

图 7-9　"订货处理"决策树

7.3.2　面向对象系统逻辑模型

面向对象方法的基本原则是尽可能模拟人类习惯的思维方式，它把系统看成对象的集合，系统的每个功能都是通过一些相关对象及其之间的交互来实现的，通过描述这些对象间的交互关系来解释系统实现过程。面向对象方法常利用 UML 来建立系统模型，在系统分析阶段，主要使用用例图、分析类图和活动图来建立系统逻辑模型。其中，用例图用于描述系统功能需求，分析类图和活动图分别以不同方式解释用例实现过程。

1．用例图

用例是系统的功能需求，用例图从用户角度描述了系统功能，同时指出了各功能的操作者。图 7-10 所示为图书销售网前台系统的用例图，图中不仅列出了系统的功能，还指出了各功能和两个操作者——"未登录用户"及"已登录用户"之间的关系。用例图通过一种可视化的方式直观地帮助开发团队理解系统的功能需求，并配上用例文档，以结构化叙述的文本来描述用例的细节和处理流程，为系统分析的后续工作打好基础。表 7-6 所示为图书销售网前台系统"下新订单"的用例文档。

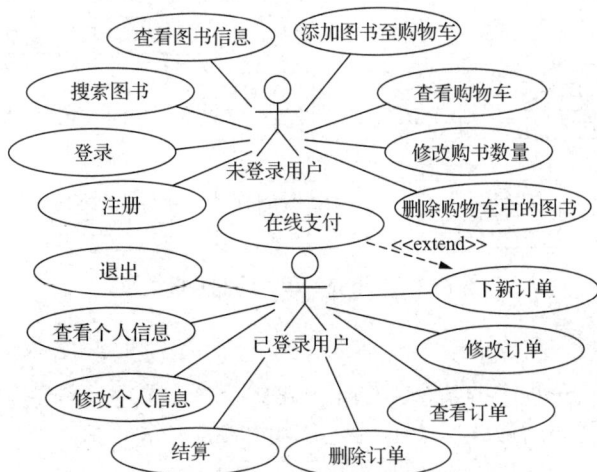

图 7-10　图书销售网前台系统的用例图

表7-6 图书销售网前台系统"下新订单"的用例文档

用例名称：下新订单
执行者：已登录用户
简要说明：用户查看并选中图书后，下订单购买图书
基本事件流： 1. 用户选中图书后，在图书信息界面填写购买数量，然后单击"购买" 2. 系统转到下新订单界面并提示用户输入收货信息 3. 用户核对购书信息 若用户改变主意不想购买或购书信息有误，则执行"其他事件流O1" 否则用户输入收货相关信息并单击"提交订单" 4. 系统显示订单提交成功，然后转到在线支付界面，提示用户选择支付银行 若用户选择其他支付方式或暂不想支付，则执行"其他事件流O2" 否则用户选择在线支付银行 5. 系统连接在线支付银行的网站 若连接失败，则执行"异常事件流E1" 否则跳转到支付银行网站 6. 用户在银行网站界面输入支付相关信息并单击"支付" 7. 系统显示支付成功并在规定时间后跳转到订单详情界面 其他事件流： O1：用户不想购书或购书信息有误 用户单击"返回"，系统转回图书信息界面 O2：用户当前不进行在线支付 用户关闭在线支付界面
异常事件流： E1：在线支付银行网站连接失败 系统提示"银行网站连接失败"，用户单击"确认"，系统返回在线支付界面

2. 分析类图

在面向对象方法中，对象是系统的基本组成单元，类是创建对象的模板，发现类及类之间的关系是面向对象系统分析的基本任务。分析类图就清楚地指出了参与用例的各个类及类之间的关系，它从对象的角度描述了系统的用例的执行过程。"下新订单"用例分析类图如图7-11所示。

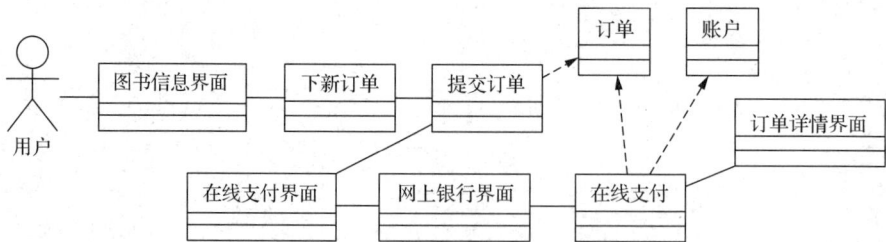

图7-11 "下新订单"用例分析类图

3. 活动图

活动表示用例执行过程中的某个动作或步骤，活动图描述了实现用例要进行的各项活动的顺序安排，它以流程图的形式展示了系统用例内部的工作过程。"下新订单"用例活动图如图7-12所示。

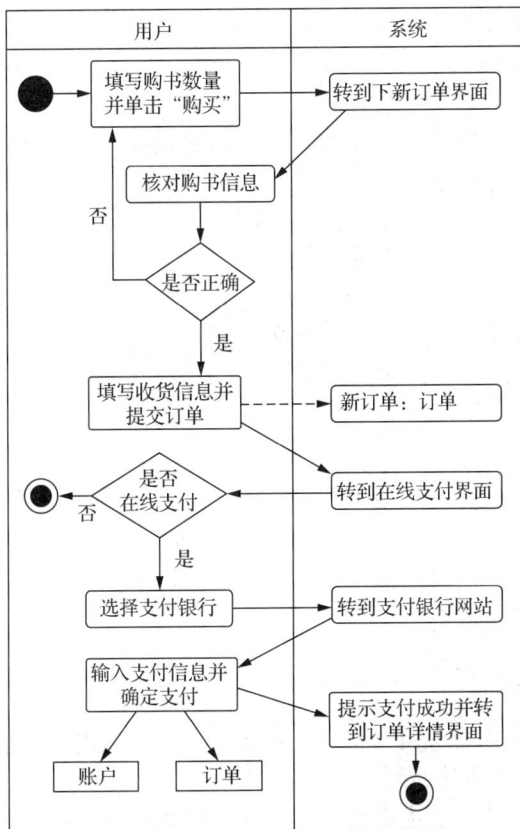

图 7-12　"下新订单"用例活动图

7.4　电子商务系统分析报告

系统分析阶段的文档成果是系统分析报告。系统分析报告是对系统分析阶段工作的总结，它包括了新系统的逻辑模型。系统分析报告是下一步进行系统设计的依据。

系统分析报告形成后，还需要企业各方面的人员（包括企业的领导、管理人员、业务人员、系统分析人员等）对已经形成的新系统逻辑模型进行审查，目的是通过业务人员、系统分析人员、企业领导间的讨论，尽可能地发现新系统逻辑模型中存在的问题、误解和疏漏。对于误解、疏漏要及时纠正、补充；对于有争论的问题，要重新核实当初的原始调查资料或重新进行调查，根据确定的结论修改新系统逻辑模型；对于重大的关键性问题，则可能需要调整或修改系统目标，重新进行系统分析。

7.4.1　系统分析报告的作用

系统分析报告应达到的基本要求是：全面、系统、准确、翔实、清晰地表达系统开发的目标、任务和系统功能。在系统分析报告中，数据流程图、数据字典和处理逻辑描述这 3 部分是主体，是系统分析报告中必不可少的部分。而其他各部分内容则应根据新系统的规模、性质等具体情况酌情选用，不必生搬硬套。总之，系统分析报告必须简明扼要，抓住本质，反映出新系统的全貌和系统开发人员的设想。

系统分析报告主要有以下 3 个作用。

① 描述新系统的逻辑模型，作为系统开发人员进行系统设计和实施的基础。

② 作为用户和系统开发人员之间的协议或合同，为双方的交流和监督提供基础。

③ 作为新系统验收和评价的依据。

因此，系统分析报告是系统开发过程中的一份重要文档，必须完整、一致、精确且简明易懂。

7.4.2 系统分析报告的内容

一份完整的系统分析报告应该包括下述内容。

1. 概述

概述主要是对企业和将要开发的新系统的基本情况做概况性的描述，具体包括新系统的背景资料、企业概况、新系统的名称与功能、报告所使用的术语等。

2. 现行系统情况

新系统有可能是在现行系统的基础上建立起来的。因此，对现行系统进行充分调查，了解用户需求，是保证新系统开发成功的前提。设计新系统之前，必须将现行系统调查清楚，掌握现行系统的真实情况，了解用户的要求和问题所在。

调查内容包括现行系统的目标、主要功能、企业的组织机构、用户需求、对外联系、企业与外部实体之间有哪些物质及信息的交换关系、系统工作的背景等。调查内容可以从企业情况概述和现行系统概述两方面展现。

（1）企业情况概述

① 对分析对象的基本情况进行概括性的描述，包括企业内部的组织结构、企业的目标、企业的工作过程和性质、业务功能等。

② 系统与外部实体（其他系统或结构）间有哪些物质及信息的交换关系。

③ 参考资料和术语说明。

（2）现行系统概述

① 现行系统现状调查说明。通过现行系统的组织结构图、数据流程图、数据字典等，说明现行系统的目标、规模、主要功能、企业的组织机构、业务流程、数据存储和数据流，以及存在的薄弱环节。

② 系统需求说明。用户要求及现行系统存在的主要问题。

3. 新系统的逻辑模型

新系统的逻辑模型反映了对现行系统进行系统分析的结果和对新系统的设想。

通过对现行系统的分析，找出现行系统的主要问题，进行必要的改动，即得到新系统的逻辑模型。同时，系统开发人员应对这些变动所带来的结果和影响做出客观、全面的介绍，既要指明这些变动将带来的收益，又要指明变动将对企业的哪些部分产生影响，对企业的工作方式及人员配置产生什么影响，为将来建立一套与新系统相配套的管理制度与运行体制做好准备工作。

新系统的逻辑模型包括以下内容。

① 新系统拟定的业务流程及业务处理工作方式。提出明确的功能目标，并与现行系统进行比较分析，要重点突出计算机处理的优越性。

② 新系统拟定的数据指标体系和分析优化后的数据流程，各个层次的数据流程图、数据字典和处理逻辑描述，以及计算机系统将完成的工作；同时可以利用用例图、分析类图、活动图等对系统进行面向对象的系统建模。

③ 出错处理要求。

④ 其他特性要求，例如系统的输入输出格式、启动和退出等。

⑤ 遗留问题，指根据目前条件，暂时不能满足的一些用户要求或设想，并提出今后解决的措施和途径。

4．实施计划

（1）工作任务的分解

根据资源及其他条件确定各子系统开发的先后次序，在此基础上分解工作任务，指定专人负责。

（2）进度

根据系统开发资源与时间进度估计，制订进度安排计划，给出各项工作的预定开始日期和结束日期，规定任务完成的先后顺序及完成的界面，可用计划评审技术或甘特图表示进度。

（3）预算

逐项列出本项目所需要的劳务及经费的预算，包括各项工作所需人力及办公费、差旅费、资料费等。

思考与练习

1．名词解释

（1）电子商务系统分析　（2）需求工程　（3）功能需求　（4）性能需求　（5）数据流程图

2．选择题

（1）（　　）就是在经系统规划确定的原则和目标下，结合电子商务系统的特点，对企业进行调查，全面了解企业的目标、企业内部的组织结构、数据流程和业务处理过程，结合企业对不同电子商务活动的基本需求，进而确定企业的详细需求，为电子商务系统设计奠定基础。

  A．电子商务系统规划　　　　　　　B．电子商务系统分析
  C．电子商务系统设计　　　　　　　D．电子商务系统实施

（2）需求工程的基本活动包括（　　）两个方面。

  A．需求开发　　　B．需求实施　　　C．需求管理　　　D．需求总结

（3）结构化系统分析方法主要使用（　　）来建立系统逻辑模型。

  A．功能层次图　　　　　　　　　　B．数据流程图
  C．数据字典　　　　　　　　　　　D．处理逻辑描述工具

3．简答题

（1）试比较电子商务系统与一般企业信息系统的区别。

（2）请试述电子商务系统分析的任务。

（3）请试述电子商务系统分析的基本思路。

（4）请试述数据流程图的组成。

（5）请试述数据流程图的绘制步骤。

（6）请试述绘制数据流程图的指导原则和规则。

（7）简述常用的描述处理逻辑的工具。

（8）请试述新系统逻辑模型的内容。

思维导图

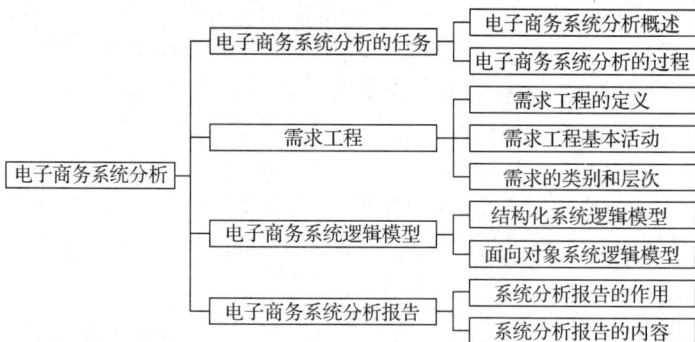

任务实训

实训题目： 系统分析实践

实训目标： 对项目小组前期所拟定的系统进行系统分析。

实训思路： 结合所学系统分析的步骤和方法对前期所拟定的系统进行系统分析，最终形成一份有效的系统分析报告。

第8章
电子商务系统设计

【学习目标】

- 熟悉电子商务系统设计的内容和原则。
- 明确电子商务系统总体结构设计的主要内容。
- 掌握电子商务系统运行平台的设计原则。
- 了解电子商务系统中间件的作用及其选择标准。

【能力目标】

- 能够根据项目实际情况设计合适的系统体系结构。
- 能够结合项目实际情况进行应用程序模块设计。
- 能够使用结构化和面向对象方法进行数据库设计。

引导案例

某企业涉及生产及销售环节，需要合理安排生产，及时销售，减少库存，以获得更多的利润，因此，进销存决策的正确与否直接影响企业的经济效益。在手工管理阶段，销售管理人员很难正确地兑现客户的供货承诺，同时企业的生产部门也没有准确的生产计划，市场需求很难正确地反映给生产部门，部门之间信息不够通畅，这些状况均对企业发展不利。进销存管理系统就是在这种背景下诞生的。它利用计算机技术，使企业生产、库存和销售能够有机结合起来，从而增强企业竞争力，最终提高企业的效率和效益。

[问题1] 结合本案例，试着绘制出完整的 E-R 图。

[问题2] 根据上述说明，为该系统设计出数据库。

[问题3] 请结合本案例，说明该系统采用什么样的体系结构比较合理。

电子商务系统设计是指在系统规划和分析的基础上，界定系统的外部边界，说明系统的组成、功能及相互关系，描述系统的处理流程，目标是给出系统的结构。完成电子商务系统设计后，开发分析人员能对系统的整体构成能够有一个清晰的理解，从而为后续的系统开发工作奠定基础。

8.1 电子商务系统设计的任务

8.1.1 电子商务系统设计的内容

电子商务系统设计的主要任务是从电子商务系统的总体目标出发，根据系

电子商务系统
设计的内容

统规划阶段产生的文档及内外部环境和主客观等方面的要求，确定电子商务系统的总体结构和系统各组成部分的技术方案，合理选择计算机和通信的软硬件设备，确保总体目标的实现。系统设计阶段要细化系统规划阶段给出的系统体系结构中各层次的内容，所要完成的主要工作如下。

（1）系统总体结构设计

根据系统分析的要求和企业的实际情况，确定整个系统由哪些部分组成，以及各组成部分在物理和逻辑上的相互关系。

（2）系统运行平台设计

根据系统的目标，在各种技术手段和实施方法中权衡利弊，合理利用各种资源，选择适当的计算机软硬件、网络通信设备及其他辅助设备。

（3）应用系统设计

应用系统是电子商务系统的核心，它是在系统逻辑模型的基础上，针对不同的电子商务系统分别设计的，主要包括应用程序模块设计、系统数据库设计、系统网站界面设计、支付系统设计和安全系统设计等。

（4）系统接口设计

提出系统集成所需的内部、外部接口要求，从技术集成的角度，明确各子系统间的内部数据接口及外部软硬件接口。

8.1.2　电子商务系统设计的原则

电子商务系统设计的结果是后续开发实施的基础，因此，系统设计是非常重要的。电子商务系统设计受到很多因素的影响，如技术条件、业务规模、系统设计人员对系统的理解程度等。在明确了系统的目标、功能和规模的前提下，出于不同的考虑，系统设计人员给出的系统结构可能有所差异，但是一般而言，电子商务系统设计应当遵循以下原则。

1. 技术的先进性

电子商务是利用现代信息技术开展的商务活动，技术因素在电子商务中有着举足轻重的地位。技术先进性是指系统设计应立足先进的技术，采用最新的技术成果，使系统具有一个较高的技术起点。

2. 符合企业信息化的整体技术战略

电子商务系统是企业信息化建设的一部分，在开发电子商务系统之前，企业为了满足内部生产和管理的需要，已经制定或建立了信息技术政策，规划了信息化建设的蓝图，开发并应用了相关的信息系统。在这样的情况下，系统设计人员在进行系统设计时必须把电子商务系统作为企业信息化的有机组成部分来考虑，使其符合企业信息化的整体技术战略。

3. 与现行系统具有良好的兼容性

目前，很多企业已经完成了信息化建设。电子商务系统要充分利用企业已有的信息化建设成果，尽量充分发挥它们现有的功能，并把它们集成到电子商务系统中。兼容现有的资源意味着电子商务系统可以有效地利用企业的信息资源，节约投资，并实现信息的增值。

4. 开放性

如果设计的电子商务系统满足开放性的要求，不仅意味着其可以独立于硬件、操作系统，系统开发建设中能够获得更多的技术支持，系统容易升级，而且开放的系统结构和企业已有的信息资源更容易集成。

5. 可扩展性

互联网具有巨大的商务潜能，企业往往很难准确预测系统的最终访问量和最佳的商务运行模式。随着企业网上平台业务量的扩展和平台访问量的增长，系统应具有很强的扩展能力，以适应新业务的发展。

6. 安全性

安全性是指系统运行稳定、可靠，具有较高的平均无故障率，发生故障时能快速恢复，同时要有技术手段确保数据和交易过程的安全。由于电子商务活动涉及企业的交易、支付和客户信息等敏感数据，因此保证系统的安全是非常重要的，关系到企业能否被客户、合作伙伴所信任。

在进行电子商务系统设计时，通常要从两个方面考虑系统的安全：一是从物理实体安全方面考虑主机系统、操作系统、网络、数据存储与备份等安全问题，即保证系统本身的安全；二是从电子交易方面考虑身份认证、数据加密等安全措施，目的是保证交易过程的安全。

7. 实用性

实用性是指在特定的产品环境下，用户所获得的效果和用户的满意度，是对用户最基本的承诺。电子商务系统设计应充分考虑企业各业务层次、各环节管理中数据处理的便利性和可行性，在人机交互方面要考虑不同用户的实际需求，在用户接口及界面设计方面应充分考虑人体结构特征及视觉特征。

8. 完整性

系统是一个有机的整体，应该具有一定的整体性。在进行系统设计时，必须保持其功能完整，联系密切，使整个系统有统一的信息代码、统一的数据组织方法、统一的设计规范和标准，以此来提高系统的设计质量。

8.2 电子商务系统体系结构

体系结构是具有一定形式的结构化元素的集合，包括处理构件、数据构件和连接构件。其中，处理构件负责对数据进行加工，数据构件是被加工的信息，而连接构件负责把体系结构的不同部分连接起来。电子商务系统大多数是分布式应用系统，这类系统的体系结构就显得非常重要。常见的电子商务系统体系结构一般有客户机/服务器体系结构、浏览器/服务器体系结构、多层体系结构和 MVC 体系结构。

电子商务系统
体系结构

8.2.1 客户机/服务器体系结构

客户机/服务器（Client/Server，C/S）体系结构是大家熟知的客户机/服务器结构。客户机和服务器通常分别处在相距很远的两台计算机上，处理被分散在两台机器上进行。客户机程序完成数据处理、数据表示及实现用户接口功能，它将用户的要求提交给服务器程序，再将服务器程序返回的结果以特定的形式向用户展示；服务器程序完成对数据的存储和管理，它接收客户机程序提出的服务请求，进行相应的处理，再将结果返回给客户机程序。客户机/服务器体系结构如图 8-1 所示。

C/S 体系结构充分利用两端硬件环境的优势，将任务合理分配到客户端和服务器端来分别实现。其优点是能充分发挥客户机的处理能力，客户端响应速度快，很多工作在客户端处理后再提交给服务器，应用服务器运行数据负荷较小，同时减少了网络上交换的数据量，降低了系统的通信开销。

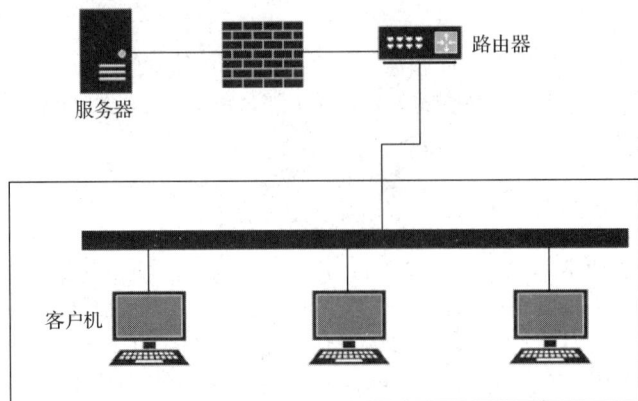

图 8-1　客户机 / 服务器体系结构

随着互联网的飞速发展，移动办公和分布式办公越来越普及，大量的远程访问需要专门的技术，同时要对系统进行专门的设计来处理分布式的数据，C/S 体系结构开始暴露出一系列缺点。

（1）客户机维护和升级成本高

C/S 体系结构中的客户机需要安装专用的客户端软件，不仅安装工作量很大，而且当任何一台计算机出现中病毒、硬件损坏等问题时，都需要进行安装或维护。当系统软件升级时，每一台客户机都需要重新安装，这将带来高昂的升级费用。

（2）客户机管理难度大

随着系统的发展，程序设计越来越复杂，客户机将业务逻辑和表示逻辑混合在一起，为日常管理、升级维护增加了难以想象的难度。

（3）系统扩展难

C/S 体系结构是单一服务器且以局域网络为中心，因此难以扩展到大型企业广域网或互联网。

（4）系统维护成本高、任务量大

采用 C/S 体系结构，要选择适当的数据库平台来实现数据库数据的真正“统一”，使分布于两地的数据完全交由数据库系统去实现同步，但逻辑上两地的操作者要直接访问同一个数据库才能有效实现。如果要保证“实时”的数据同步，就必须在两地间建立实时的通信连接，保持两地的数据库服务器在线运行，网络管理工作人员既要对服务器进行维护管理，又要对客户机进行维护管理，这就需要高昂的资金投入和复杂的技术支持，系统维护成本很高，维护任务量大。

8.2.2　浏览器 / 服务器体系结构

浏览器 / 服务器（Browser/Server，B/S）体系结构是 Web 兴起之后的一种网络结构模式，它是三层或多层 C/S 体系结构的一种实现方式，Web 浏览器是客户端最主要的应用软件。客户机不再负责处理复杂计算和数据访问等，而主要负责与用户的交互，系统的绝大多数处理功能都放在 Web 服务器上，所有的应用系统、业务逻辑和控制都在这一层上，对数据库的访问也放在这一层上。数据库服务器负责存储大量的数据信息和数据逻辑，所有与数据有关的安全、完整性控制、数据的一致性、并发操作等都在第三层完成，客户机上只要安装一个浏览器，便可通过 Web 服务器与数据库服务器进行数据交互，如图 8-2 所示。

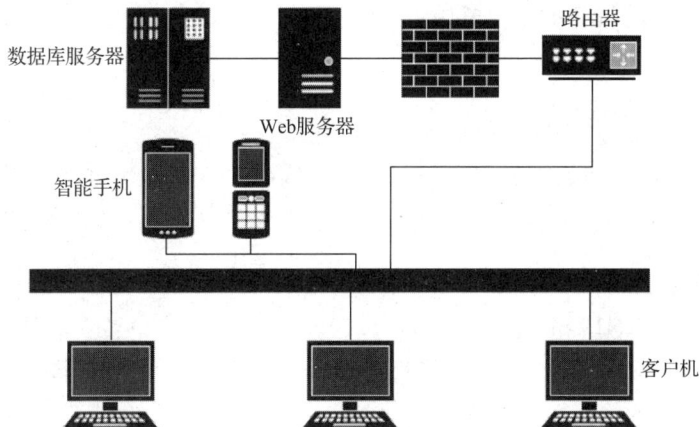

图 8-2 浏览器 / 服务器体系结构

B/S 体系结构统一了客户端,将系统功能实现的核心部分集中到服务器上,简化了系统的开发、维护和使用。B/S 体系结构最大的优点就是可以在任何地方进行操作,客户端不用安装任何专门的软件,只要有一台能上网的计算机或者智能终端就能使用。客户端零安装、零维护,使得系统的扩展非常容易。B/S 体系结构的应用越来越广泛,特别是 AJAX 技术的发展,使部分处理也能在客户端计算机上进行,从而大大减轻了服务器的负担,并增强了交互性,客户端能进行局部实时刷新。

8.2.3 多层体系结构

随着 B/S 体系结构应用的规模越来越大,功能越来越复杂,很有必要对软件系统再进行分层处理,这样就构成了多层体系结构。在开发大型软件时,可以将应用通信层分离出来,构成包含客户机—Web 服务器—应用服务器—数据库服务器的 4 层结构,如图 8-3 所示。其中,Web 服务器负责系统的表示逻辑,应用服务器负责系统的业务逻辑。

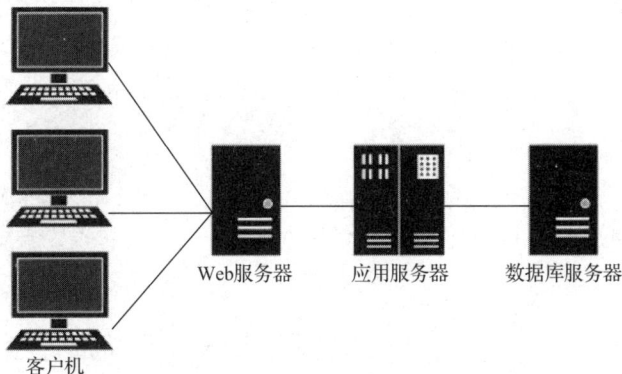

图 8-3 多层体系结构

多层体系结构具有以下优点。

① 客户端不包含业务逻辑,它们变得更加简洁,更新业务逻辑时只需要对应用服务器进行操作,从而使部署和维护工作更加容易。

② 多层应用程序能够水平伸缩,如果设计正确,业务逻辑就能被复制和分布到几个负载均衡的应用服务器上,当用户需求增加时,可以添加更多的服务器以满足需求。

③ 应用服务器能将稀有的企业资源（如数据库连接）放入缓冲池中，这样可以在多个客户机上共享它们。

8.2.4　MVC 体系结构

MVC（Model-View-Controller，模型—视图—控制器）是一种将业务逻辑和数据显示分离的方法。这个方法的假设前提是业务逻辑被聚集到一个部件里面，且界面和用户围绕数据的交互能被改进和个性化定制而不需要重新编写业务逻辑。

MVC 把一个应用的输入、处理、输出流程按照模型、视图、控制的方式进行分离，并分为 3 个层：模型层、视图层和控制层。

① 模型层：负责表达和访问商业数据，执行业务逻辑和操作。模型表示企业数据和业务规则，拥有最多的处理任务，它可能用像 ColdFusion 这样的构件对象来处理数据库，被模型返回的数据是中立的，也就是说，模型与数据格式无关，这样一个模型能为多个视图提供数据。由于应用于模型的代码只需写一次就可以被多个视图重用，因此减少了代码的重复性。

② 视图层：把模型数据、逻辑关系和状态信息展示给用户。视图是用户看到并与之交互的界面，MVC 体系结构能为应用程序处理很多不同的视图，在视图中其实没有真正的处理发生，作为视图来讲，它只是作为一种输出数据并允许用户操纵的方式。

③ 控制层：控制业务流程，负责接收用户的输入并调用模型和视图去满足用户的需求。当单击 Web 页面中的超链接和发送 HTML 表单时，控制器本身不输出任何信息和做任何处理，只是接收请求并决定调用哪个模型去处理请求，然后再决定用哪个视图来显示返回的数据。

图 8-4 所示为 Web 应用中的 MVC 体系结构，其中，视图不能直接调用控制器，而是基于 Web 请求映射成不同的 URL（Uniform Resource Locator，统一资源定位符）。视图不是一个可以被更新的对象，而是在客户端发出一个新请求的时候随之重新呈现的 Web 页面。同时，模型也不能将自身的改变通知视图，因为视图呈现于另外一台计算机的用户浏览器中，因此，视图每次都需要依照最新的数据重新生成。

MVC 是目前很常见的基于 J2EE 应用的体系结构，MVC 主要适用于交互式的 Web 应用，尤其是存在大量页面、多次客户访问及数据显示时。事实上，MVC 还只是一种设计思想，至于怎么实现 MVC，则有很多途径，系统开发人员可以采用已有的体系结构（如 Struts、WebWork 等）来实现，也可以自己构建一个 MVC 体系结构。

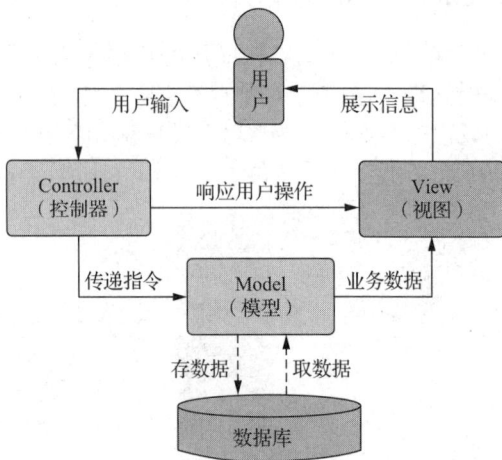

图 8-4　Web 应用中的 MVC 体系结构

8.3　电子商务系统总体结构设计

电子商务系统的总体结构设计是系统设计的一个重要组成部分，是在系统体系结构的基础上，针对企业电子商务的目标，界定系统的外部边界和接口，描绘系统的内部组成及其相互关系，确定电子商务系统的逻辑结构。

系统规划阶段确定了电子商务系统的体系结构，指出了系统的组成部分，包括网络、主机设备、支持平台软件和应用软件等，这些组成部分位于不同的层次，并对系统有不同的贡献。电子商务系统总体结构设计则是在系统规划的基础上，进一步明确系统体系结构中各组成部分的具体内容、作用及其相互关系。如果说系统规划中给出的体系结构是一个宏观的战略层次上的说明，那么系统总体结构设计则是一个战术层次上的描述。

电子商务系统总体结构设计主要包括以下几个方面的内容设计，如图 8-5 所示。

1. 基础层

基础层包括系统的网络支撑平台及系统支撑平台，是系统的基础。

网络支撑平台与用户系统互连，应用系统的通信、管理系统的远程管理，都必须通过网络实现。在基础层进行相应的网络系统的设计，包括 IP 地址和域名的管理、子网划分、网络安全控制等。

系统支撑平台是运行在网络支撑平台之上的计算机系统，它通过网络相互通信，并最终

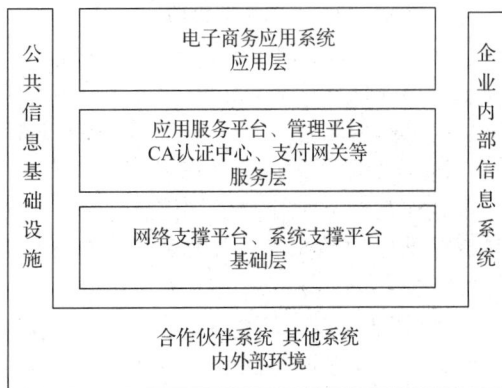

图 8-5　电子商务系统总体结构设计

为用户提供服务。不同的应用由于其相对安全性和可靠性的要求不同，对硬件平台的要求也不尽相同。一般的应用和数据，只要进行系统和数据的备份即可；重要的应用和数据，除了一般的系统和数据备份外，还需要进行双机或多机间的相互备份；核心的应用及数据，除了本地备份外，还要进行灾难备份，防止火灾、地震等小范围的自然灾害导致系统不能正常运行。

2. 服务层

服务层包括应用服务平台和管理平台，其中应用服务平台又包含了通用中间件产品。将业务逻辑和与之相关的数据库放在服务层进行处理，可充分利用系统资源，大大提高系统的效率和扩展性。服务层的设计主要涉及支付、认证和安全等方面。

由于电子商务系统是用电子方式通过网络进行商务活动的，通常参与各方是互不见面的，因此身份的确认与安全通信变得非常重要。解决方案就是建立中立、权威、公正的电子商务认证中心——CA（Certificate Authority，证书授权）认证中心，它所承担的角色类似于网络上的"公安局"和"市场监督管理局"，它会给个人、企事业单位和政府机构签发数字证书——"网上身份证"，以此确认电子商务活动中各自的身份，并通过加密方法实现网上信息的安全交换与安全交易。

支付网关是信息网与金融网的连接中介。它承担双方的支付信息转换工作，其解决的关键问题是让传统、封闭的金融网络能够通过网关面向互联网的广大用户，提供安全、方便的网上支付功能。

3. 应用层

应用层由各种电子商务应用系统组成，它涉及企业的各个领域，其系统建设将实现企业各种商务活动的电子化、信息化、数字化和无纸化的目标。电子商务应用系统主要以应用软件形式实现，分为两个部分：一部分是完成企业内部的业务处理和向企业外部用户提供服务，如用户可以通过互联网查看商品目录、商品资料、订购商品等；另一部分是安全的电子支付系统，它使得用户可以通过互联网在网上安全地购物和支付，真正实现电子商务。

4．内外部环境接口

企业的商务活动往往发生于企业、客户及合作伙伴之间，因此，企业的电子商务系统并不是一个封闭系统，而是一个开放系统，与其他系统之间存在着数据交换和接口。一般来说，电子商务系统与其内外部环境的接口包括以下几个方面。

① 与企业内部既有信息系统的接口。这类接口存在于电子商务系统与企业内部既有的信息系统之间，通常可由企业单方面界定。

② 与企业合作伙伴系统之间的接口。该类接口主要存在于企业和与其有商务合作、业务往来的合作伙伴之间，电子商务系统将与这些合作伙伴的系统发生数据交换。这类接口一部分可能是标准化的，也有相当一部分是不标准的，需要企业与其合作伙伴进行协商确定。

③ 与交易相关的公共信息基础设施之间的接口。这类接口主要指企业电子交易过程中，介于企业与商务中介和公共信息环境（如 CA 认证机构、银行）之间的接口。这类接口一般具有标准化的形式，常常由对方（如 CA 认证机构、银行）来提供标准，企业需要达到相关标准。

④ 其他接口。其他接口主要是指企业与政府或其他机构之间的接口，如企业与政府的电子政务之间实现网络保税、网络通关等，这一类接口一般遵循政府机构实施电子政务时确定的规范。

系统总体结构设计完成后，需要继续对系统各组成部分进行细化设计，包括系统运行平台设计、应用程序模块设计及系统接口设计等。

8.4 电子商务系统运行平台设计

系统运行平台是指系统运行所依赖的硬件和软件，系统运行平台的设计主要包括网络通信平台、计算机硬件和应用软件的设计及相关设备的选择，这一部分主要对应电子商务系统体系结构中的基础层，对企业而言，这一部分主要通过选择合适的产品来实现。

8.4.1 网络通信平台设计

计算机网络是电子商务的重要组成部分，系统内外信息传递和共享必须通过计算机网络来完成。电子商务系统网络通信平台设计原则为：均衡配置，避免出现网络瓶颈，未来可发展，实用高效，性能价格比高，技术成熟、先进，带宽高，实时性较好，可扩展性好，安全，有容错能力。

电子商务系统网络通信平台包括系统局域网、互联网、Intranet 和 Extranet 几个部分，电子商务系统基本网络结构如图 8-6 所示。

1．支持电子商务系统的局域网

服务器是承载电子商务系统的介质，一个电子商务系统往往包括多台服务器，如 Web 服务器、应用服务器、事务服务器、数据服务器等，这些服务器一般是在一个分布环境下运行的系统，它们本身的运行需要一个局域网环境来支持。电子商务系统局域网的设计一般要满足以下要求。

① 由于局域网中计算机主机设备的用户访问流量是难以估计的，且用户通过 Internet 访问服务器上的服务时，要求比较高的响应速度，除配置高性能的服务器外，网络具备较高的带宽是非常必要的，因此，该局域网一般通过局域网交换机构造，以实现较高的响应速度。

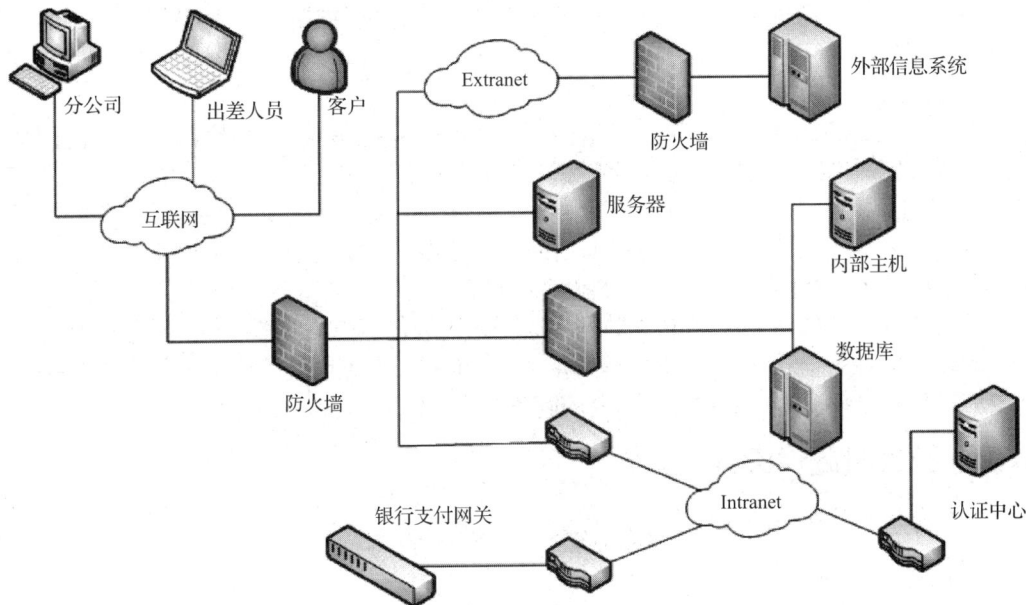

图 8-6　电子商务系统基本网络结构

② 电子商务系统的局域网不仅和互联网互联，且为了存取企业内部数据，该局域网还和企业的内部网络连接。在这种情况下，局域网上的主机设备、应用系统和企业内部信息系统理论上都存在被非法入侵的可能，一旦商务应用系统遭到恶意攻击，那么企业的商务活动就可能受到严重影响，因此强化网络的安全是非常必要的。

2. 互联网部分

互联网部分是企业电子商务系统的用户访问接口，是企业与客户之间相互交流的通道。建设电子商务互联网部分的主要目的是实现企业 Intranet 和 Internet 之间的互联，它的主要内容是完成接口方式、接口规格的设计，实现两个部分的连接，因此这一部分主要涉及网络互联技术和网络互联设备。

电子商务系统与互联网的互联方式很多，目前常见的方式是通过数字数据网（Digital Data Network，DDN）、甚高比特率数字用户线（Very High-bit-rate Digital Subscriber Line，VDSL）、光纤、无线等方式将企业电子商务系统接入 Internet。

3. Intranet 和 Extranet

Intranet 和 Extranet 都不是指具体的物理网络，Intranet 是企业内部需要和电子商务系统局域网互联的计算机网络的总称，而 Extranet 则是企业外部需要与电子商务系统进行互联的其他网络的集合。

Intranet 和 Extranet 设计的关键都是互联问题，这种互联体现在以下两个方面。

（1）低层互联

低层互联是指企业内部信息系统或外部系统与电子商务系统之间通过通信子网连通。Extranet 互联的通信子网是一个虚拟专用网络（Virtual Private Network，VPN），可以在多种数据通信网（如 DDN）的基础上构造。

（2）高层互联

高层互联是指 Intranet 或 Extranet 上的应用系统和电子商务系统的应用之间能够相互通信、交换数据，主要涉及的是应用的数据共享问题。

一般来说，电子商务系统网络通信平台的设计通常有两种方案：一种是依靠自身的力量建立自己的完整的网络环境；另一种是通过租用的方式或者以VPN的方式，即外包给网络运营服务商来建立网络环境。

现实中，电子商务系统的网络环境很多情况下都是采用外包方式实现的，可以使用基础网络运营服务商提供的主机托管或数据中心模式来实现。

① 主机托管。主机托管是企业网络环境外包建设最原始的形式，它的主要特征是电子商务系统的拥有者将主机系统安装在数据通信网络运营商提供的环境中，由网络运营商提供高速网络及维护接口，并由网络运营商进行硬件维护。

② 数据中心。数据中心或者智能数据中心是网络运营商向企业提供的一种新的基础网络环境，数据中心或智能数据中心将宽带网络、高性能设备及系统运行管理软件集成在一起，为需要将基础网络环境进行外包建设的电子商务系统经营者提供一揽子服务。

8.4.2　计算机硬件设计

计算机硬件设计包括网络设备和服务器设备的选择。

1. 网络设备的选择

网络设备主要用于电子商务系统局域网建设、电子商务系统与互联网的连接，电子商务服务访问速度的快慢，很大程度上与网络设备有关。基本的网络设备有计算机（无论其为个人计算机还是服务器）、交换机、路由器、无线接入点（Wireless Access Points，WAP）、打印机和调制解调器。选择网络设备产品首先要满足用户的需求，其次要考虑以下原则。

（1）安全性、可靠性和稳定性

作为电子商务系统的硬件基础，网络设备必须具备安全性、可靠性和稳定性，这是系统稳定运行的最基本条件，最好选择经过相当长时间，在世界范围内被广泛应用的网络产品。

（2）技术先进性

作为高科技产品，网络设备只有具有技术先进性，才能够在相当长的一段时间内不会因为技术落后而被淘汰。

（3）易扩展性

为避免不必要的重复投资，所选的网络设备应具有一定的扩展能力，尽可能做到在网络技术进一步发展、现有模块不支持新技术的情况下，只需要更换相应模块，而无须更换整个设备。

（4）服务支持原则

系统运行的稳定性离不开供应商的服务与支持，供应商应当有完善的维护和服务途径，提供长期可行的技术支持，以降低系统硬件的风险。

（5）经济合理原则

经济合理原则要求考虑初期投资和今后运行费用，即不仅要考虑前期投入，还要考虑系统运行、维护费用，在符合需求原则、技术原则和服务有保证的前提下，所选设备应具有较高的性价比。

2. 服务器设备的选择

服务器是网络环境中的高性能计算机，它侦听网络上其他计算机提交的服务请求，并提供相应的服务，因此，服务器必须具有承担服务并且保障服务的能力。考虑服务器配置时，可以从以下几个方面来衡量服务器是否达到了其设计目的。

（1）可扩展性

可扩展性体现在硬盘是否可扩充、CPU是否可升级或可扩展、系统是否支持多种可选主流操作系统等方面。在信息时代，企业网络不可能长久不变，这就要求服务器必须具有一定的可扩展性，以保持前期投资为后期充分利用，否则，当用户数量增多时，高价的服务器可能在短时间内就要被淘汰，这是任何企业都无法承受的。为了保持可扩展性，通常需要服务器具备一定的可扩展空间和冗余件，如磁盘阵列架位、内存条插槽位等。

（2）易使用性

易使用性主要体现在服务器是不是容易操作、用户导航系统是不是完善、机箱设计是不是人性化、有没有关键恢复功能、是否有操作系统备份和足够的培训支持等方面。服务器需要全面的软件支持以实现众多的功能，而大量的软件又可能造成服务器的使用性能下降，因此选择服务器时要充分考虑其易使用性。

（3）高稳定性

一台服务器所面对的是整个网络的用户，为了能持续服务广大用户，大中型企业通常要求服务器是永不中断的，这就要求服务器能长期稳定工作。为了确保服务器具有较高的稳定性，除了要求各配件质量过关外，还可采取必要的技术和配置措施，如硬件冗余、在线诊断等。

（4）易管理性

在服务器的主要特性中，还有一个重要特性，那就是服务器的易管理性。在稳定性方面有足够保障的前提下，服务器应有必要的避免出错的措施，以及时发现问题，且出故障后也能及时得到维护。这不仅可减少服务器出错的机会，同时还可大大提高服务器维护的效率。另外，服务器的易管理性还体现在有没有智能管理系统、有没有自动报警功能、是否有独立于系统的管理系统等方面。

8.4.3 应用软件设计

1. 网络操作系统的选择

网络操作系统主要是指运行在各种服务器上的操作系统，目前比较流行的用于电子商务的网络操作系统主要有 UNIX、Linux、Windows、NetWare。这些网络操作系统所面向的服务领域不同，在很多方面有较大的差异，用户可以结合对系统的实际需求适当选择。

首先，选择网络操作系统时要考察以下几点。

① 该网络操作系统的主要功能、优势及配置，看能否与用户需求达成一致。

② 该网络操作系统的生命周期。网络操作系统正常发挥作用的周期越长越好，这就需要了解其技术主流、技术支持及服务等方面的情况。

③ 该网络操作系统能否顺应网络计算潮流。若当前的潮流是分布式计算环境，则选择网络操作系统时最好以此方向为准则。

④ 该网络操作系统平台的性能和品质，如速度、可靠性、安装与配置的难易程度等。可对当前市场流行的各网络操作系统进行综合比较，从中选择性价比最高者。

其次，所选择的网络操作系统要尽量满足以下标准。

① 良好的安全性。网络操作系统安全是计算机网络系统安全的基础，一个强大的网络必须具有一定的防病毒及防外界侵入的能力。从网络安全性来看，UNIX 的安全保护机制较为完善和科学，而 Windows 的安全性则稍逊一筹，但无论安全性能如何，各网络操作系统都自带安全服务。

② 较高的稳定性和可靠性。网络操作系统的稳定性及可靠性是网络得以持续高效运行的有力保证，其重要性是不言而喻的。Windows 一般适用于中低档服务器中，这是由于其在稳定性和可靠性上比 UNIX 要稍差一点。

③ 可集成性。可集成性就是对硬件及软件的容纳能力，硬件平台无关性对系统来说非

常重要，现在构建网络一般都对应多种不同应用的要求，因而具有不同的硬件及软件环境，而网络操作系统作为集成这些不同环境的管理者，应该具有管理各种软硬件资源的能力。NetWare 硬件适应性较差，其可集成性就比较差；UNIX 对 CPU 的支持比 Windows 要好。

④ 开放和可扩展性。网络是一个开放的环境，因此现在的系统应当是开放的，只有开放才能兼容并蓄，才能真正实现网络的功能。可扩展性就是对现有系统的扩充能力，当用户对应用的需求增加时，网络处理能力也要随之增强、扩展，这样才可以保证用户在早期的投资不至于浪费，也为以后的发展打好基础。

⑤ 对应用程序的开发支持。开展电子商务，需要在网络操作系统上开发软件，如果有应用程序编程接口，开发商和用户就能高效地开发出需要的网络应用程序。

⑥ 易于管理和维护。网络操作系统应易于管理，能让网络管理员方便地管理网络、查询问题和最佳地设置服务器，这就要求网络操作系统提供相应的管理工具，帮助管理和维护电子商务系统网站。

2. Web 服务器的选择

Web 服务器也称为 WWW 服务器，是指驻留于互联网上的计算机的某种类型应用程序。当 Web 浏览器（客户端）连到服务器上并请求文件时，服务器将处理该请求并将文件反馈到该浏览器上，附带的信息会告诉浏览器如何查看该文件。由于服务器使用 HTTP 与浏览器进行信息交流，因此人们也常把它们称为 HTTP 服务器。

在选择 Web 服务器时，不仅要考虑目前的需求，还要考虑将来可能需要的功能，因为更换 Web 服务器通常要比安装标准软件困难得多，会带来一系列问题，如页面脚本是否需要更改、应用服务器是否需要更改等。大多数 Web 服务器主要是为一种网络操作系统进行优化的，有的只能运行在一种网络操作系统上，所以选择 Web 服务器时，还需要考虑网络操作系统。一般来说，需要考虑以下几个方面。

① 与网络操作系统的配合。首先，Web 服务器软件应该能在选定的网络操作系统下使用；其次，该 Web 服务器软件最好还能在其他网络操作系统下使用，以适应网络操作系统环境的变化。

② 响应能力。响应能力是指 Web 服务器对多个用户浏览信息的响应速度，响应速度越快，单位时间内可以支持的用户访问量就越多，对用户要求的响应就越快。Web 服务器响应能力主要由系统的硬件配置、网络出口带宽和应用复杂性等决定。

③ 对标准和应用的支持。选择 Web 服务器时要考虑其对系统中采用的开发技术、语言、网络通信协议等标准和应用是否支持。例如，当 Web 站点的网页主要是 ASP（Active Server Pages，活动服务器页面）动态类型或使用的数据库系统是 SQL 时，则不宜选择不支持 ASP 和 SQL 的 Apache 服务器软件。另外，有的网站需要 Web 服务器具有一些特殊的功能，如便捷的用户认证、多媒体的递送、SSL、支持某种脚本语言等，选择 Web 服务器时，要确定其能支持的功能，或可以加载第三方的软件进行支持。

④ 与后端服务器的集成。Web 服务器除直接向用户提供 Web 信息外，还担负服务器集成的任务，这样客户机就只需要一种界面来浏览所有后端服务器的信息。Web 服务器可以说是互联网中的信息中转站，它将不同来源、不同格式的信息转换成统一的格式，供具有同一界面的用户浏览器浏览。

⑤ 安全性。由于 Web 服务器通常放在防火墙之外，因此 Web 服务器的安全性特别重要。它主要考虑两个方面：一是保护 Web 服务器机密信息；二是要防止黑客的攻击。要具备这两项安全功能，Web 服务器除了要配备一些安全策略和工具软件外，还需要减少并简化在服务器本身上所安装的应用。

⑥ 稳定性与可靠性。Web 服务器的性能和运行都需要非常稳定，如果 Web 服务器经常发

生故障，将对整个系统产生非常大的影响。

⑦ 易于管理。Web 服务器的管理包含两种含义：一是管理 Web 服务器简单易行；二是利用 Web 界面进行网络管理。Web 服务器的管理界面一般有命令行、Telnet、HTML 和基于窗口的应用程序，易于管理的 Web 服务器应具有图形用户界面和完善的向导系统或帮助文档，复杂的管理界面可能会引起问题且浪费时间，并可能导致配置错误和安全漏洞。经验丰富的 Web 站点管理员能够配置一个安全有效的服务器，迅速解决出现的问题。

⑧ 技术支持。这就涉及 Web 服务器厂商的售后服务体系和技术实力。Web 服务器系统应用是非常复杂的，特别是企业平常很少接触的 UNIX 或 Linux 服务器系统，一旦出现了问题，如果不能得到厂商及时、可靠的技术支持，那么将很可能影响整个电子商务系统的正常运转。

3. 应用服务器的选择

应用服务器是三层 / 多层体系结构的组成部分，位于中间层。应用服务器运行于浏览器和数据资源之间，它通过各种协议，把商业逻辑暴露给客户端应用程序。Web 服务器专门处理 HTTP 请求，而应用服务器是通过很多协议来为应用程序提供商业逻辑的。例如，一个在线商店提供实时定价和有效性信息，这个网站通常会提供一个表单供客户选择产品，当客户提交查价请求后，Web 服务器会响应请求并委托给相应的处理程序，而应用服务器则会提供用于查询产品定价信息的商业逻辑，完成后由 Web 服务器把结果内嵌在 HTML 页面中返回。

在企业级应用中，应用服务器是位于企业数据和访问企业数据的客户之间的中间件，它提供了业务代码的存放和运行的环境，从物理上把客户端和数据资源的业务逻辑分离开来。应用服务器可使一个电子商务系统得以快速简便开发和部署，也可以快速适应电子商务系统用户的增加而无须重构系统，这一切都源于它处于一个相对独立的结构层。

应用服务器除了能管理客户端与数据库之间的通信请求外，还具有跨平台（数据库、操作系统）的能力。因此，基于应用服务器系统开发的各种客户应用，就可以完全不考虑底层数据库与操作系统，实现跨平台的开发，通过采用应用服务器将应用与系统进行有效隔离。此外，应用服务器还能够实现动态负载均衡，使得系统性能发挥到最高水平，保障客户端与服务器端数据的一致性。

在选择应用服务器时，企业应仔细评估对应用服务器功能的需要，以选择最适于解决问题的服务器，可以参考以下几个因素。

① 性能和技术指标。性能是最关键的因素之一。

② 可扩展性。可扩展性也是很重要的因素之一，可以采用第三方的测试数据。

③ 外部工具的支持。选择应用服务器，不仅需要考虑服务器本身，同时还应该考虑能够获得的额外工具或者框架支持。比如 BEA 的 Workshop、Oracle 的 JDeveloper 等，这些工具能帮助系统开发人员整合开发环境，写出良好的代码，加速开发过程。

④ 产品定位。不同的应用服务器产品有着不同的定位，如果企业的网站上有大量的购物消费，比预期出现高速的增长，对负载平衡和集群支持要求比较高，那么可首选 BEA 的 WebLogic 或 IBM 的 WebSphere；如果企业的业务依赖于 Oracle 数据库，则 Oracle 内置 Apache Web 服务器的 Internet 应用服务器是很好的选择；如果企业要选择易用的产品，则 Silver Stream 应用服务器的集成开发环境和工具可以成为选择之一。

⑤ 独立性和可移植性。合适的应用服务器应该具有独立性以及拥有相当的可移植性，不应被绑定在某个特定的数据库或开发工具上，否则会限制用户的选择权利，同时也为将来的移植带来困难。

⑥ 价格。需要参考电子商务系统需要最高并发处理多少事务数，计算需要多少个 CPU，然后根据每个 CPU 的价格再计算价格总数并进行比较，当然售后服务的收费标准也要考虑在内。

4. 数据库管理系统的选择

数据库是电子商务系统中不可缺少的核心组成部分,电子商务系统对数据存取设备的容量、性能、安全性以及灾难恢复能力有更高的要求。在电子商务系统中,常选择的数据库管理系统有 Microsoft SQL Server、Oracle、Sybase 等。选择数据库管理系统时应从以下几个方面予以考虑。

① 构造数据库管理系统的难易程度。需要分析数据库管理系统有没有范式的要求,即是否必须按照系统所规定的数据模型分析现实世界,建立相应的模型;数据库管理语句是否符合国际标准,从而便于系统的维护、开发和移植;是否有面向用户的易用的开发工具;所支持的数据库容量如何。

② 系统的成熟度和先进性。这两个因素是矛盾的,保守稳健的策略是选用成熟的产品,开拓性的策略是选用技术先进,但未必很成熟的产品。目前大部分文件系统和关系型数据库管理系统都属于比较成熟的产品,而面向对象数据库管理系统从总体上看还不够成熟,但比较先进。

③ 对分布式应用的支持。其包括数据透明与网络透明程度。数据透明是指用户在应用中不需要指出数据在网络中的什么节点上,数据库管理系统可以自动搜索,提取所需数据;网络透明是指用户在应用中无须指出网络所采用的协议,数据库管理系统自动将数据包转换成相应的协议数据。

④ 对多媒体的支持。电子商务系统处理的数据经常包括一些多媒体数据,如声音、图像等,尤其是电子商务系统向客户提供服务时,充分利用了计算机网络、电视网、无线广播等网络技术整合的特点,开展视频点播、远程教育、视频会议等形式的服务。这种情况下,就要考虑数据库是否具有支持多媒体的功能。

⑤ 对全文检索的支持。在电子商务系统中,除了结构化的数据外,还存在着大量非结构化的数据,如网页、声音、图像、图形,甚至一些脚本,这些数据一般采用文件方式进行存储和管理。在设计这类数据的管理方式时,应当注意其检索问题,一般电子商务系统中大量采用全文检索或者全文数据库的方式,来处理这类数据的查询和检索。在这种情况下,就需要数据库支持全文检索。

⑥ 可移植性和可扩展性。可移植性指垂直扩展和水平扩展能力,垂直扩展要求电子商务系统能够支持低版本的平台,数据库客户机/服务器机制支持集中式管理模式,这样可以保证用户以前的投资和系统不浪费;水平扩展要求满足硬件上的扩展,支持从单 CPU 模式转换成多 CPU 并行模式。

⑦ 并发控制能力。对于分布式数据库管理系统,并发控制功能是必不可少的,因为它面临的是多任务分布环境,可能会有多个用户在同一时刻对同一数据进行读或写操作,为了保证数据的一致性,需要由数据库管理系统提供并发控制功能。

⑧ 容错能力。容错能力指异常情况下对数据的容错处理,评价标准包括硬件的容错、是否有磁盘镜像处理功能的软件的容错、是否有软件方法异常情况的容错功能。

5. 开发语言及工具的选择

在电子商务系统的设计中,应根据所选择的体系结构、操作系统类型、数据库管理系统以及网络协议等选择开发语言及相应开发工具。

目前,开发电子商务系统常用的开发语言是 PHP、JSP 和 ASP.NET,每种开发语言都有自身的优点和缺点。选择开发语言,要结合开发语言的特点,同时根据开发团队、需求及经济能力来确定。

① PHP 具有免费、开源、安全、开发成本低、负载强的特点,并且支持丰富的使用平台,目前国内大部分的主机都支持 PHP。PHP 开发快、易于维护,如果构建中小型电子商务系统,

PHP 是不错的选择。但是 PHP 对 OOP 的支持不如 ASP.NET 和 Java，且缺少一些标准的架构和命名空间，代码重用率也不高，因此对于快速开发，其就稍有欠缺。目前使用 PHP 开发的一些电子商务网站有淘宝、ShopNC 等。

② JSP 具有跨平台性，有标准的架构，能够支持高度复杂的基于 Web 的大型应用，是较为理想的开发语言，但是其开发成本较高。目前，使用 JSP 开发的一些电子商务网站有亚马逊、易趣等。

③ ASP.NET 具有强大的 IDE（Integrated Development Environment，集成开发环境）开发工具与调试功能，可实现快速开发。另外，由于 ASP.NET 本身支持企业技术，例如，消息队列、事务、SNMP（Simple Network Management Protocol，简单网络管理协议）和 Web 服务，因而可以很容易地开发具有高度可缩放性的强大的应用程序。使用 ASP.NET 开发的一些电子商务网站有京东、当当、携程等。

对于开发工具，其本身要尽可能开放，符合开放系统标准，独立于硬件及系统软件的选择，甚至能够独立于数据库的选择，这样才有利于系统的扩展。此外，开发工具要有与高级语言的接口，便于系统特殊功能的开发。当然，开发工具的比较没有绝对的标准，选择一种开发工具，不仅要看它对设计模式、对象结构以及管理的支撑情况，更重要的是要针对具体的使用环境、开发方法、结构体系、开发群体以及使用群体来评价一种工具的适宜程度。

8.5 电子商务系统中间件设计

中间件是一种独立的系统软件或服务程序，是指在互联网环境下运行的通信软件、交易软件、数据库访问软件和与互联网有关的安全软件，以及为了在互联网环境下能够很好地开发而提供的许多面向应用的开发工具等。电子商务系统中间件位于系统体系结构中的服务层，在客户机 / 服务器操作系统、网络和数据库之上，应用系统之下，其作用是为处于自己上层的电子商务应用系统提供运行与开发的环境，帮助用户灵活、高效地开发和集成复杂的应用系统。

- 在通信方面，电子商务系统中间件要支持各种通信协议和通信服务模式，传输各种数据内容，还包括数据格式翻译、流量控制、数据加密、数据压缩等。
- 电子商务系统中间件的核心是要解决目录服务、安全控制、并发控制、可靠性和效率保证等问题。
- 在电子商务应用系统开发方面，要能提供基于不同平台的丰富的开发接口，支持流行的开发工具和异构互连接口标准等。
- 在管理方面，要解决电子商务系统中间件本身的配置、监控，为电子商务应用系统的易用易管理提供保证。

电子商务系统中间件是一种电子商务应用集成的关键件，不管电子商务应用系统分布在什么硬件平台上，使用了什么数据库系统，透过了什么复杂的网络，中间件都能够屏蔽操作系统和网络协议的差异，为应用系统提供多种通信机制，并提供相应的平台以满足不同领域的需要，从而为应用系统提供一个相对稳定的高层应用环境。然而，互联网是开放的、可成长的和多变的，分布性、自治性、异构性已经成为电子商务系统的固有特征。在选择电子商务系统中间件时，要根据电子商务应用系统的特点和具体需要，从以下几个方面进行考虑。

（1）高适应性

环境和应用需求不断变化，应用系统需要不断演进。作为企业计算的基础设施，中间件需要感知并适应变化，提供对各种环境的支持，包括：支持移动、无线环境下的分布应用，适应多样性的设备特性以及不断变化的网络环境；支持流媒体应用，适应不断变化的访问流量和带宽约束；在分布式实时嵌入环境下，适应高服务质量的分布应用的软硬件约束；能适应未来还未确定的应用要求。

（2）可管理性

领域问题越来越复杂，应用系统越来越庞大，对系统的管理与维护则变得越来越复杂，中间件必须具有自主管理能力，降低系统管理成本。面对新的应用目标和变化的环境，中间件要能支持复杂应用系统的自主再配置、自我诊断和恢复、自主优化和自我防护。

（3）高可信性

中间件要求提供安全、可信任的信息服务，支持大规模的并发客户访问，提供 99.99% 以上的系统可用性，提供安全、可信任的信息服务。

（4）负载均衡

负载均衡是当一个应用的负载过大，超出自己的负载，就会把相应的进程分发给与之共同承担任务的服务器，从而不影响应用进程的运行。中间件必须支持负载均衡，以大大减少系统的崩溃现象，从而减少给企业带来的损失。

8.6　应用程序模块设计

电子商务应用系统展现了满足客户需求的具体功能，是开发过程中需要编写的主要部分。一个功能的实现通常是由几个逻辑相关的应用程序模块合作完成的，因此，在编写程序之前，系统设计人员需要根据功能实现的逻辑关系将其细化成可直接编程的应用程序，为系统实施人员实现功能提供编写依据。应用程序模块设计的主要工作是找出系统中的应用程序，可以通过画序列图或协作图来实现。

序列图能清晰列出用例执行过程中的各个对象，对象是类的实例，而类是面向对象编程中被编写的应用程序，因此，通过画序列图就能找出系统中的各应用程序。

图 8-7 所示为"下新订单"用例的序列图，根据该序列图可得出为实现"下新订单"功能，可以编写前台界面类应用程序"BookInfoGUI""NewOrderGUI""PayOnlineGUI"，以及后台处理类应用程序"AddOrder""Order"。

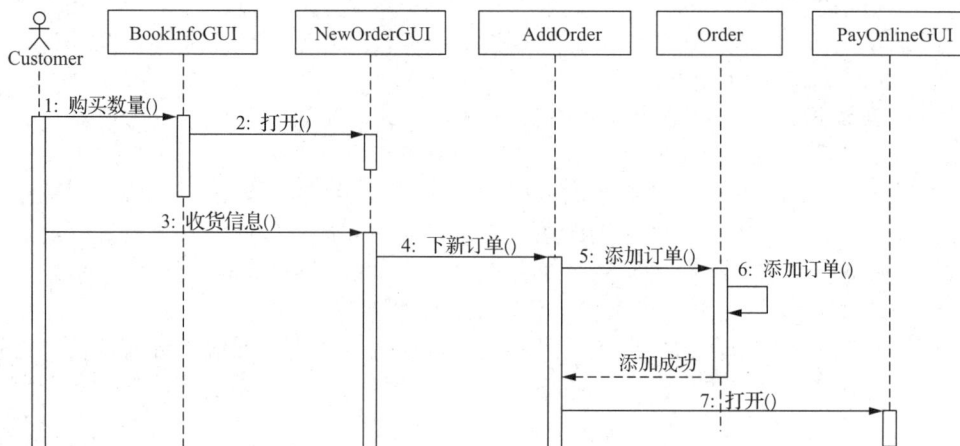

图 8-7 "下新订单"用例的序列图

协作图用于描述执行系统用例时所涉及的对象与对象之间的动态合作关系，通常也用于解释用例的实现过程。协作图与序列图在语义上是等价的，当强调对象间消息发送的时间和顺序时，使用序列图；当强调对象间的合作关系时，则使用协作图。图 8-8 所示为"下新订单"用例的协作图。

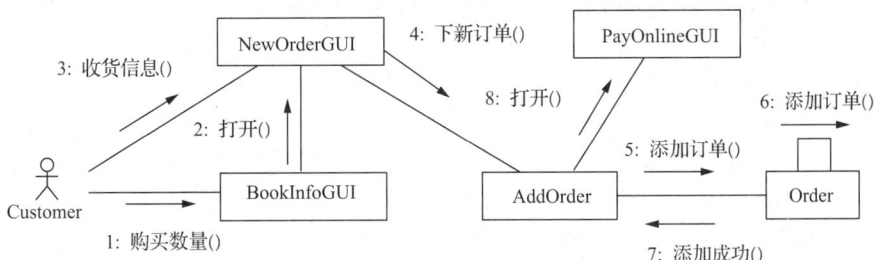

图 8-8　"下新订单"用例的协作图

8.7　数据库设计

数据库是以一定的组织方式存储在一起的相关数据的集合。数据库设计是指在一个给定的应用环境下，从用户对数据的需求出发，研究并构造数据库结构，使之能有效地存储数据，满足用户的各种应用需求的过程。在电子商务应用系统的数据库设计中，不同的系统开发方法所采用的数据库设计工具也不同。结构化方法常采用 E-R 图和关系表来构建系统数据库，面向对象方法则常使用实体类图和状态图来表达系统数据库。下面对这两种方法分别介绍。

8.7.1　结构化系统数据库设计

当采用结构化方法开发电子商务应用系统时，系统数据库设计的主要内容如下。
- 识别本系统数据库要建立的表。这是数据库设计的前提。由于结构化系统分析阶段所绘制的数据流程图中的数据存储元素与数据库表存在对应关系，因此，可根据数据存储确定系统数据库所使用的表。但是，系统使用的表并不一定是系统数据库要建立的表，这是因为有的表是本系统通过接口使用的，但表本身由其他系统如企业内部系统所建立，要根据系统实际情况进一步确定本系统数据库要建立的表。
- 建立概念模型。概念模型是按用户观点将现实世界的客观对象抽象为某一种不依赖于计算机系统和某一个数据库管理系统的信息结构，它以用户语言描述数据库各表之间的联系。
- 建立数据模型。数据模型是由概念模型按照一定规则转换而成的，用于描述数据库各表的具体结构和内容。

1.　概念模型

（1）概念模型的相关概念

概念模型是按照用户的观点对数据和信息建立的模型。人们常常先将现实世界的客观对象抽象为某一种不依赖于计算机系统和数据库管理系统的信息结构，即概念模型，然后再把概念模型转换为计算机上某一种数据库管理系统支持的数据模型。建立概念模型涉及的主要概念如下。

① 实体。实体即现实世界中存在的对象或事物。实体可以是人，也可以

实体间联系

是事物或抽象的概念，可以指事物本身，也可以指事物之间的联系，如一个人、一件物品、一个部门等。

②属性。属性是实体具有的某种特性，用于描述一个实体，如学生实体可以由学号、姓名、性别和年龄等属性来刻画。

③联系。现实世界的事物总是存在某种联系，这种联系必然要在信息世界中反映出来。在信息世界中，实体之间的联系主要分为 3 类。

- **一对一联系**（One-to-One）：如果两个实体集 A、B 中的任意一个实体至多与另一个实体集中的一个实体对应联系，则称 A、B 为一对一联系，记为"1-1"联系。
- **一对多联系**（One-to-Many）：设有两个实体集 A 和 B，如果 A 中每个实体与 B 中任意个实体（包括零个）有联系，而 B 中的每个实体至多与 A 中的一个实体有联系，则称该联系为"从 A 到 B 的 1 对多联系"，记为"1-n"联系。
- **多对多联系**（Many-to-Many）：如果两个实体集 A、B 中的每个实体都与另一个实体集中的任意个实体（包括零个）有联系，则称这两个实体集是多对多联系，记为"m-n"联系。例如，"选课"联系，"学生"实体集中每名学生可选"课程"实体集中的多门课程，"课程"实体集中的每门课程可被"学生"实体集中的多名学生选修，那么"学生"和"课程"两个实体集是多对多的联系。

（2）概念模型的表示方法

建立概念模型最常用的表示方法是实体关系方法，该方法用 E-R 图来描述某一组织的信息模型。在 E-R 图中，概念模型里的实体用矩形表示，属性用椭圆表示，联系用菱形表示，菱形上下要标明联系的类型。图 8-9 所示为用 E-R 图表示的 3 种联系。

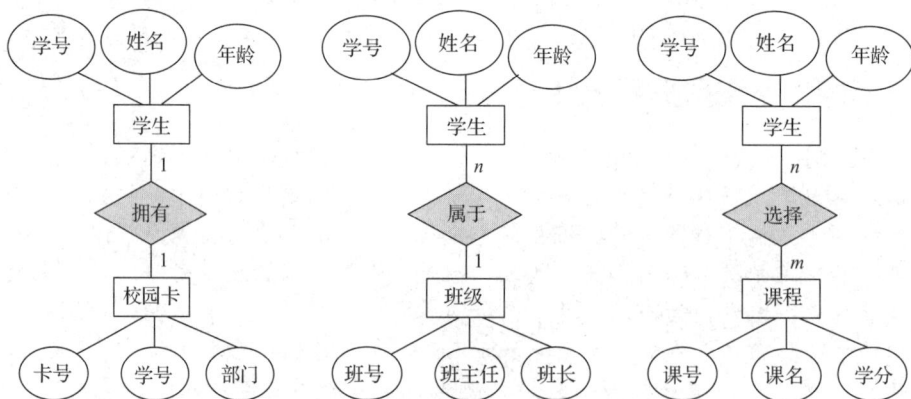

图 8-9　用 E-R 图表示的 3 种联系

（3）建立概念模型的步骤

在明确系统的应用环境和目标数据库的基本要求后，建立概念模型的一般步骤如下。

①识别目标数据库中的实体。概念模型用于描述目标数据库各表之间的联系，在确定了目标数据库要建立的表之后，要从中识别出哪些表是实体。目标数据库要建立的表有些是实体，而其他的则是联系。区分二者的一个原则是：通常可独立存在的表是实体，因与其他表存在关系而产生的表则是联系。例如，在选课系统数据库中要建立学生表、课程表和选课表，其中，学生表和课程表是独立存在的，它们是实体，而选课表存储的是学生选修课程的详细记录，是因学生表和课程表之间发生了选课的关系而产生的，因此，选课表就是联系。

② 识别各实体的属性。任何一个实体都可能拥有几十甚至上百个属性，识别实体的属性要根据实体所处的系统环境来进行。例如，学籍管理系统中识别学生实体时需要明确其联系方式、家庭住址等属性，而在教务管理系统中识别学生实体时则不需要关注这些属性。

③ 确定实体之间的联系。系统中的任何两个实体之间都可能存在联系，但是否需要建立这种联系则要根据数据库要求确定。例如，工资管理系统数据库中需要明确知道教师与课程之间的详细情况，作为课时酬金核算的依据；而在选课系统中则无须标明教师和所授课程之间的联系，只需在选修课的属性中标注任课教师即可。

④ 绘制 E-R 图。将实体、属性和联系以相应的图形表示，形成 E-R 图。

现以某仓库管理系统数据库设计为例，描述建立概念模型的过程。假设某企业准备为其仓库管理系统设计数据库模型，该仓库中存放了器件，具体工作由仓库的职工来负责。通过简单分析可知，该仓库管理系统数据库涉及仓库、器件和职工 3 个实体，每一个实体都具有相应的属性。

- **仓库**：属性有仓库号、城市和面积等。
- **器件**：属性有器件号、器件名、生产厂家和价格等。
- **职工**：属性有职工号、姓名和性别等。

这 3 个实体之间的关系如下。

- 工作（仓库和职工）。一个仓库可以由多名职工负责，而一名职工只能在一个仓库工作，因此，仓库和职工之间是一对多的联系。
- 保管（职工和器件）。一名职工可保管多种器件，一种器件可由多名职工保管，因此，职工和器件之间是多对多的联系。
- 库存（仓库和器件）。一个仓库可以存放多种器件，一种器件可以存放在多个仓库里，仓库和器件之间是多对多的联系。

根据以上分析，可最终形成某仓库管理系统数据库的 E-R 图，如图 8-10 所示。

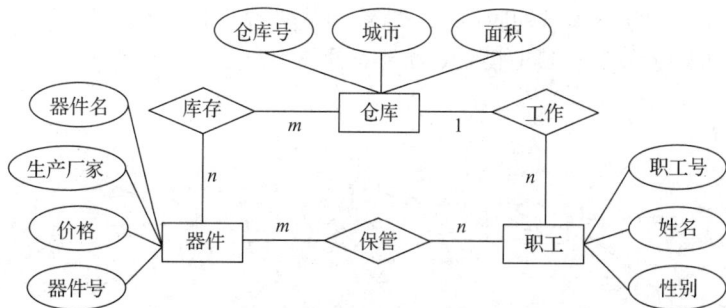

图 8-10　某仓库管理系统数据库的 E-R 图

2. 数据模型

数据模型是相对概念模型而言的，是对客观事物及其联系的数据化描述。在数据库设计中，现实世界中对数据的抽象、描述以及处理等都是通过数据模型来实现的，可以说，数据模型是数据库系统设计中用来提供信息表示和操作手段的架构，是数据库系统实现的基础。数据模型的种类有层次模型、网状模型、关系模型和面向对象模型等，其中，关系模型是最常用的数据模型。

（1）关系模型的相关术语

关系模型是最重要的数据模型，虽然它的数据关系是几种模型中最简单的，但其定义却比较复杂，关系模型涉及的主要术语如图 8-11 所示。

- **关系**：通俗地讲，关系就是二维表，二维表名就是关系名。
- **属性**：二维表中的列称为属性。
- **值域**：二维表中属性的取值范围称为值域。
- **元组**：二维表中的行称为元组。
- **主关键字（主键）**：用来唯一标识一个元组的一个或几个属性。
- **关系模型**：二维表的结构，用"关系名（属性1，属性2，…，属性n）"来表示。
- **分量**：元组中的一个属性值。

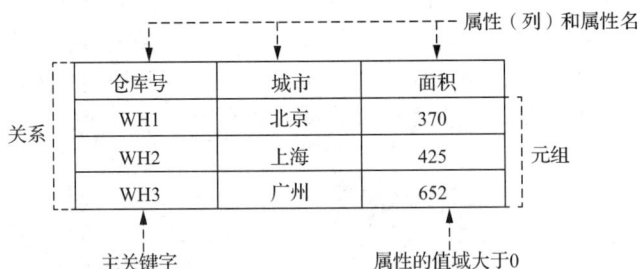

图 8-11　关系模型涉及的主要术语

（2）关系模型的转换方法

关系模型可由概念模型转换而来，概念模型中的实体、实体间的联系都可按照一定规则转换成关系表，转换方法以实体间联系的类型为依据。

① 一对一联系转换为关系的转换方法。

方法一：将一对一联系转换为一个独立的关系，与该联系相连的各实体的主键以及联系本身的属性均转换为关系的属性，且每个实体的主键均是该关系的候选键。

方法二：将一对一联系与某一端实体集所对应的关系合并，则需要在被合并关系中增加属性，其新增的属性为联系本身的属性和与联系相关的另一个实体集的主键。

例 8-1　将图 8-12 所示的 E-R 模型转换为关系模型。

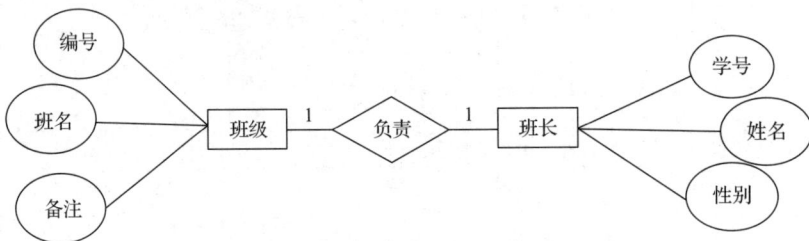

图 8-12　一对一联系的 E-R 模型示例

解：

方法一：联系形成关系独立存在。

班级表（编号，班名，备注），主键：编号。

班长表（学号，姓名，性别），主键：学号。

负责（编号，学号），主键：编号和学号。

方法二：将联系与实体集对应的关系合并，合并方案如下。

方案 1：将"负责"与"班级"两关系合并。

班级表（编号，班名，备注，学号），主键：编号。

班长表（学号，姓名，性别），主键：学号。

方案 2：将"负责"与"班长"两关系合并。

班级表（编号，班名，备注），主键：编号。

班长表（学号，姓名，性别，编号），主键：学号。

② 一对多联系转换为关系的转换方法。

方法一：将联系转换为一个独立的关系，其关系的属性由与该联系相连的各实体集的主键以及联系本身的属性组成，而该关系的主键为"多"端实体集的主键。

方法二：在"多"端实体集中增加新属性，新增属性由联系对应的"一"端实体集的主键和联系自身的属性构成，新增属性后原关系的主键不变。

例 8-2 将图 8-13 所示的 E-R 模型转换为关系模型。

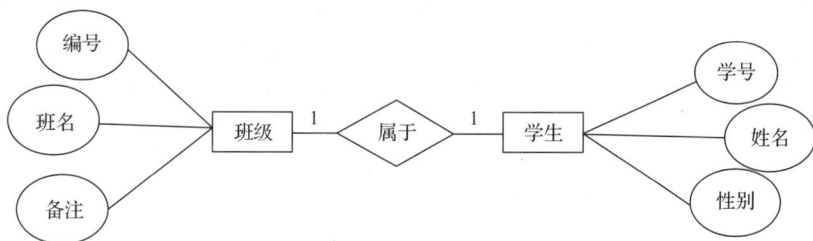

图 8-13 一对多联系的 E-R 模型示例

解：

方法一：联系形成的关系独立存在。

班级表（编号，班名，备注），主键：编号。

学生表（学号，姓名，性别），主键：学号。

属于（编号，学号），主键：学号。

方法二：将联系与实体集对应的关系合并。

班级表（编号，班名，备注），主键：编号。

学生表（学号，姓名，性别，编号），主键：学号。

③ 多对多联系转换为关系的转换方法。

现仍以前面提及的仓库管理系统为例，根据前面的分析可知，该系统数据库概念模型中有仓库、器件、职工 3 个实体，以及工作、保管、库存 3 个联系。按照概念模型转换成关系模型的方法，3 个实体分别转换成 3 个关系表，仓库表和器件表保留原有属性，职工表加上仓库表的主关键字作为其外部关键字，库存联系转换成库存表，保管联系转换成保管表，工作联系不转换成表。因此，该仓库管理系统数据库关系模型一共包括 5 个关系表，其中标有下画线的属性为主关键字。

- 仓库（<u>仓库号</u>，城市，面积）。
- 器件（<u>器件号</u>，器件名，生产厂家，价格）。
- 职工（<u>职工号</u>，姓名，性别，仓库号）。
- 保管（<u>职工号</u>，<u>器件号</u>，数量）。
- 库存（<u>仓库号</u>，<u>器件号</u>，数量）。

8.7.2 面向对象系统数据库设计

当采用面向对象方法开发电子商务应用系统时，系统数据库设计的主要内容如下。

- 识别本系统数据库要建立的表。在面向对象方法中，系统分析阶段所绘制的序列图中的实体类与数据库表存在对应关系。因此，可根据序列图中的实体类确定系统数据库所使用的表，同时还要根据实际情况进一步确定本系统数据库要建立的表。
- 建立实体类图。在 UML 中，实体类图描述了系统中的实体类及其之间的联系，由于实体类和表存在对应关系，因此实体类图可用于表达系统数据库的结构，指明数据库中有哪些表、表的结构以及各表间的联系。
- 建立状态图。在 UML 中，状态图描述了实体类图中某个特定对象所有可能的状态及引起状态转移的事件，以用于对数据库中相关表的属性及属性值做补充设计。

1. 实体类图

实体类图描述了实体类及其之间的静态关系，它不仅定义系统中的实体类，表示类之间的联系（关联关系、依赖关系、聚集关系等），还阐述了类的内部结构（类的属性和操作）。在 UML 中，系统中的类主要分为边界类、控制类和实体类 3 种，由于每个实体类对应系统数据库中的一张表，因此，在面向对象方法中通常采用实体类图来描述数据库的结构，它不仅指明了系统数据库中有哪些表和表的具体组成，还表明了各表之间的联系。图 8-14 所示为用实体类图描述的仓库管理系统数据库结构，数据库中一共有 5 张表，其中"保管"表是"职工"表和"器件"表的关联表，"库存"表是"仓库"表和"器件"表的关联表。

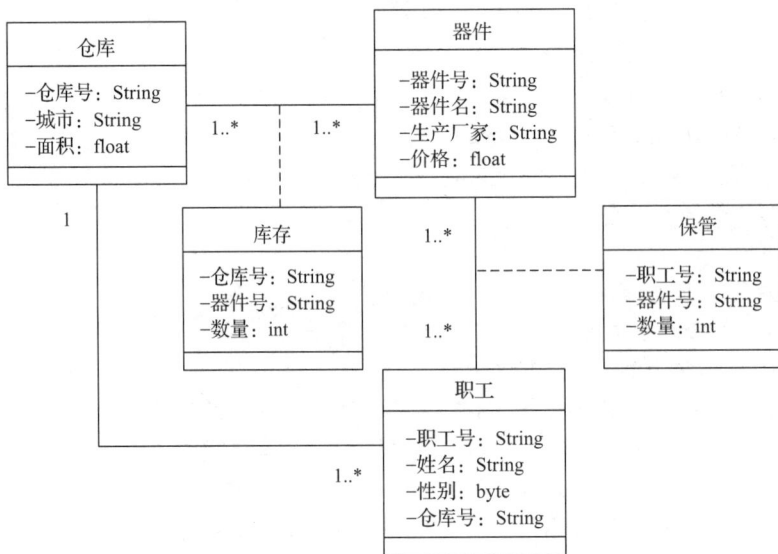

图 8-14　用实体类图描述的仓库管理系统数据库结构

2. 状态图

状态图描述了一个特定对象所有可能的状态及引起状态转移的事件。系统中的每个对象都有不同状态，需要注意的是，并不一定要为每个对象建立状态图，通常只有那些处于不同状态时，系统要进行不同处理的对象，才有必要用状态图来描述它的状态转移过程。在进行数据库设计时，如果为某个实体类对象画了状态图，那么就要在对应的表结构中加上"状态"属性，其取值范围为状态图的各状态值。状态图可看成实体类图的补充，在数据库设计中用于对表的属性及属性值做补充设计。图 8-15 所示为仓库管理系统数据库中仓库对象的状态图，仓库具有"空置""未满""满仓""维修中""废弃"5 个状态，在系统数据库的仓库表中要相应加上"状态"这一属性。

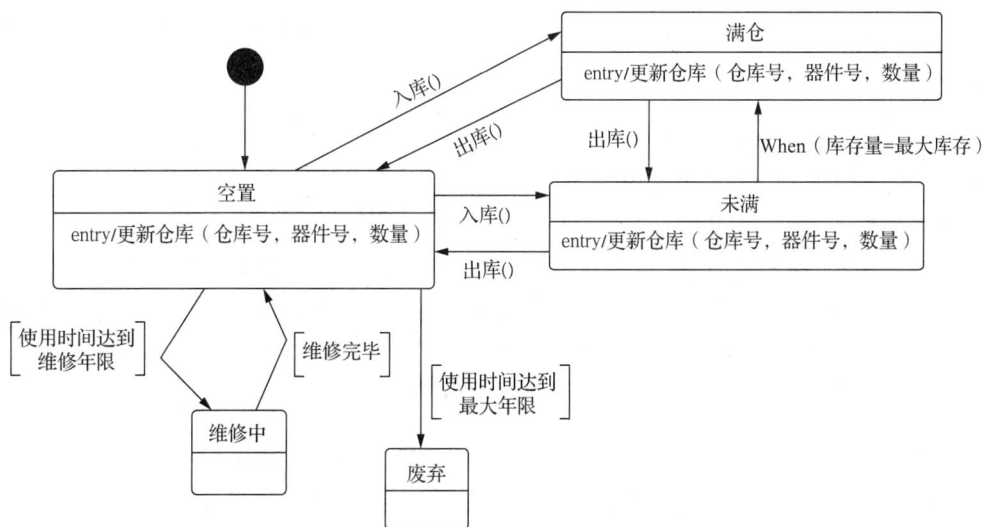

图 8-15　仓库管理系统数据库中仓库对象的状态图

8.8　电子商务网站设计

电子商务网站是指面向供应商、客户或者企业产品 / 服务的消费群体，提供属于企业业务范围的产品 / 服务，以交易为主的一类企业网站。网站是企业实施电子商务的基础设施和信息平台，不同的电子商务网站会有不同的服务对象和建站要求。而作为一个网站，应充分考虑网站界面友好、使用方便、访问速度快、可扩充、安全稳定等基本要求，同时使系统的成本投入尽可能低。电子商务网站设计主要从网站功能和内容设计、网站页面结构设计、网站页面可视化设计这几个方面进行。

8.8.1　网站功能和内容设计

1. 确定网站功能

电子商务活动涵盖了传统商务的所有活动过程，如营销、服务、交易和相应的管理等。因此，无论是哪一种电子商务网站，都应提供网上交易和管理等全过程的服务，包括信息发布、商品和服务订购、网上支付、商品和服务传递、咨询和洽谈、信息搜索与查询、交易信息管理等各项功能。

（1）信息发布

在电子商务系统中，商业信息发布的实时性和方便性是传统媒体所无法比拟的，信息查询技术的发展以及多媒体的广泛使用都使得这些信息比过去更加丰富，更加吸引人。在电子商务网站中发布的信息主要包括企业新闻、产品信息、促销信息、招标信息和合作信息等。

（2）商品和服务订购

这个功能实现客户在线贸易磋商、在线预订商品、网上购物或者获得网上服务，实现全天 24 小时的即时交易。这个功能不仅依赖于技术的设计和实现，更依赖于系统主体设计时对贸易流程的简化和对用户使用方便性的考虑。

（3）网上支付

支付过程在电子商务活动中占有重要地位，数字人民币、数字支票、信用卡系统等综合网上支付手段不仅方便迅速，还可节省大量人力、物力以及时间。电子商务网站的迅猛发展对网上支付服务提出了更高要求：在管理上，要加大对欺骗、窃听、冒用等非法行为的惩处力度，这必须由银行、信用卡公司、保险公司等金融单位提供网上服务；在技术上，则要加快对如数字证书、身份验证、加密等技术手段的应用。

（4）商品和服务传递

对于已经支付的客户，商家应将其订购的商品或服务尽快地送到他们手中。对于一部分在本地，一部分在异地的商品，需要通过网络进行物流的调配。最适合在网上直接传递的商品是信息产品，如软件、电子读物、信息服务等，其能直接从电子仓库中发到用户端，当然其中必须配有一定的控制手段，以保护商家和消费者的利益。

（5）咨询和洽谈

借助非实时的电子邮件和实时的网络社交讨论组，客户可以了解市场和商品信息，洽谈交易事务，如有进一步的需求，还可用网上的"白板会议"来进行即时的图形信息交流。网上的咨询和洽谈能突破人们面对面洽谈的限制，提供多种方便的异地交谈形式。

（6）信息搜索与查询

当网站可供客户选择的商品和服务以及发布的信息越来越多时，逐页浏览来获取信息的方式无法满足客户快速获取信息的要求，信息搜索与查询功能可以使客户在电子商务数据库中轻松快捷地找到所需要的信息。

（7）交易信息管理

交易是电子商务中重要的一个环节，涉及人、财、物多个方面，还涉及企业和企业、企业和客户及企业内部等各方面的协调和管理。交易信息包括客户信息和销售业务信息。管理客户信息是网站建设的一个必备的步骤，能否有效管理客户信息反映了网站主体能否以客户为中心，能否充分地利用客户信息挖掘市场潜在价值。而对销售业务信息的管理使企业能够及时地接收、处理、传递与利用相关的销售业务信息资料，并使这些信息有序和有效地流动起来。

2. 确定主页内容

主页是一个网站的起点站或入口网页，是用户打开一个网站后看到的第一个页面，一般被认为是网站的目录，用于引导用户浏览网站其他部分的内容。因此，网站主页往往会被设计得简洁明了，以便用户快速了解该网站提供的信息。

一般来说，电子商务网站的主页应包括以下一些内容。

- **网站标志**：网站标志又称为 Logo，是网站特色和内涵的集中体现，通常位于主页的左上部分。好的网站标志往往会让用户一看到就能联想起网站的服务内容。
- **导航条**：导航条可以使用户快速找到所需要的内容，通常位于主页上方。
- **最新动态**：最新动态用于展现网站的最新信息，如新闻、促销商品和最新商品等。
- **商品列表**：商品列表列出本网站所提供商品的清单，通常位于主页的中部。
- **搜索栏**：搜索栏帮助用户轻松找到所需内容。
- **广告**：广告的内容与风格应尽量与网站主页内容和风格一致，且最好将广告放在页面的边缘，避免放在重要内容旁边。
- **用户入口**：用户入口即用户注册、登录的区域。

- **购物帮助**：购物帮助即网站的购物指南。
- **版权所有**：版权所有位于主页底部。
- **友情链接**：友情链接为一些相关网站的链接。

8.8.2 网站页面结构设计

网站页面结构是指网站中页面之间的层次、链接、跳转关系，它决定了各页面在网站中的重要性。一个电子商务系统通常包括几十甚至上百个页面，合理清晰的页面结构设计是衡量网站用户体验好坏的重要指标之一，也直接影响搜索引擎的收录效果。

边界类是位于系统与外界交界处的窗体、对话框和报表等实体，边界类图用于指明系统中所有边界类及其之间的关系，可展现系统各边界类之间的链接及跳转过程。电子商务系统中的边界类多为网站页面，因此，边界类图可以展现系统网站页面结构。图 8-16 所示为某企业宣传类网页结构图。

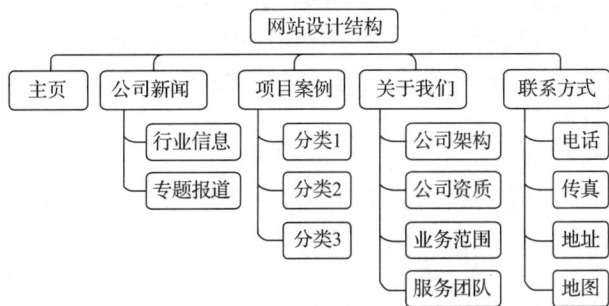

图 8-16　某企业宣传类网页结构图

8.8.3 网站页面可视化设计

1. 网页布局设计

网页布局是指在一个限定的面积范围内，设计网页板块的结构及数量，然后在每个板块中合理安排图片、文字的位置，并按照重要程度和审美要求逐步将信息展示出来的过程。下面介绍几种常见的网页布局形式，图 8-17 所示为其中一种。

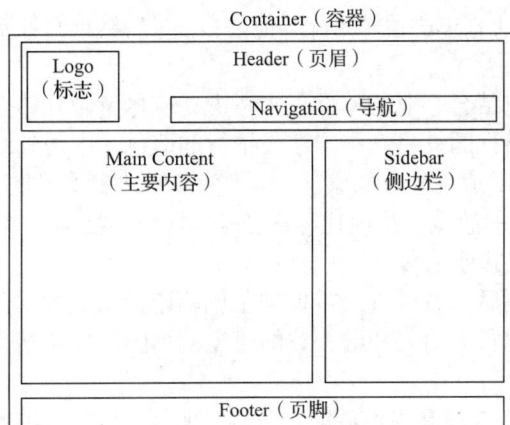

图 8-17　常见的网页布局形式之一

（1）"国"字布局

"国"字布局通常是在网页最上端放置标题或者横幅广告，然后在中间放置网页的主要内容。当然，除了放置主要内容外，还可以在网页的左右两侧列出一些其他相关内容。最后，在网页的最下端放置基本信息。"国"字布局是常见的网页布局类型之一。

（2）拐角型布局

拐角型布局与"国"字布局非常相似，只存在形式上的区别。拐角型布局是标题以及广告位通常放在最上端，只在左侧放置一些窄列的链接等，而在右侧放置很宽敞的正文，最下端依旧是网页的辅助信息等。

（3）标题正文布局

标题正文布局即在网页的最上端是标题以及与标题相关的内容，而在标题下端则是正文。这种布局常见于一些文章页面等。

（4）左右框架布局

总体来说，左右框架布局是以左右两个框架结构进行组合布局的。左侧的布局，一般为导航链接，当然有时候会在布局上方设置一个小型标题或者 Logo，而右侧则是正文。这种布局常见于论坛类型网站。当然，有些企业的网站喜欢采用这种布局，因为这种布局使网页整体结构非常清晰（见图 8-17）。

（5）上下框架布局

上下框架布局其实与左右框架布局十分相似。两者的区别只在于框架方向，一个是左右排列，一个是上下排列。

（6）封面型布局

封面型布局一般出现在网站的主页，设计一些大型广告时使用。这种布局会给人较大的视觉冲击力。

选择网页布局方式要结合具体情况。如果页面内容很多，则可考虑采用"国"字布局；如果内容不算太多而一些说明性的内容比较多，则可以考虑标题正文布局；如果一个企业网站想展示企业形象，那么封面型布局是首选。不论选择哪种网页布局方式，页面布局都应尽量简单，条理清晰，让人一目了然。

2. 网页配色设计

色彩是艺术表现的要素之一，会对人们的心理产生影响。在网页设计中，根据和谐、均衡和重点突出的原则，将不同的色彩合理应用，可以组合、搭配出美丽的页面。在给网页配色时可先确定页面的主色调，再根据主色调搭配其他色彩，最后给页面各元素配色。

（1）确定页面的主色调

网站页面的主色调应结合企业的标准色来考虑，应尽量做到和企业在其他媒体上的宣传色调一致。如中国工商银行的红色、中国建设银行的蓝色、中国邮政的绿色，这些色彩都已经和企业的形象融为一体，成为企业的象征。电子商务网站多采用暖色、亮色，如橙色、黄色、红色，以给人温暖、活泼的感觉，从而让客户轻松愉快地购物。

（2）根据主色调搭配其他色彩

在确定了页面主色调后，就可进一步根据主色调选择相应的辅色调、点睛色和背景色，挑选原则是使网页上的色彩能给人和谐一致的感觉，具体可按照某个色彩对比规律或采用某种色彩调和方法。

① 色彩对比规律：指选择和主色调能在色相、明度、纯度、冷暖、面积上形成鲜明对比的色彩作为辅色、点睛色和背景色。例如，以绿色为主色调，以蓝色、黄色、白色、黑色为

其他色调，形成色相对比；以白色为主色调，以黑色为辅色调，形成明度对比；大面积使用绿色，小面积使用红色，形成面积对比。页面中能形成对比的各种色彩可以表达页面的主次关系和中心思想，从而使页面丰富多彩。

② 色彩调和方法：指选择和主色调相同或类似的色彩作为辅色调、点睛色和背景色。例如，以黄色为主色调，以变化标准黄色的明度或纯度产生的色彩为其他色调，形成同种色的调和；以绿色为主色调，以黄色作为辅色调，形成类似色的调和。页面中搭配相同或类似的色彩能减少页面的过多变化、刺眼感和凌乱感，使页面稳定协调，达到视觉上的统一。

（3）给页面各元素配色

页面上有导航、文字、标题、链接等多种元素，不同元素有不同的配色要求，需要采用不同的配色方法。

- **网络标志和横幅广告**：配色要求是突出，可采用鲜亮且能与主色调形成鲜明对比的色彩。
- **导航菜单和小标题**：配色要求是能吸引浏览者的视线，需要采用能和背景及文字形成高对比度的色彩。
- **文字**：配色要求是使文字具有高可读性，必须采用与背景色形成高对比度的色彩。
- **链接**：配色要求是能区别于普通文字，尽量采用与文字不同的颜色。

思考与练习

1. 名词解释

（1）C/S 体系结构　（2）B/S 体系结构　（3）MVC 体系结构　（4）概念模型

2. 选择题

（1）系统设计阶段要细化系统规划阶段给出的系统体系结构中各层次的内容，所要完成的主要工作包括（　　）。

  A. 系统总体结构设计　　　　　　B. 应用系统设计

  C. 系统运行平台设计　　　　　　D. 系统接口设计

（2）常见的电子商务系统体系结构一般包括（　　）。

  A. 客户机 / 服务器体系结构　　　B. 多层体系结构

  C. 单层体系结构　　　　　　　　D. MVC 体系结构

（3）电子商务系统总体结构设计主要包括（　　）方面的内容设计。

  A. 内外部环境接口　　　　　　　B. 应用层

  C. 基础层　　　　　　　　　　　D. 服务层

3. 简答题

（1）试着描述电子商务系统设计的主要内容。

（2）电子商务系统网络通信平台包括哪些内容？

（3）什么是中间件？它有什么作用？

（4）请描述 C/S 体系结构和 B/S 体系结构的区别。

（5）请列出几种常见的网页布局形式及其适用范围。

（6）结合自己的理解谈谈网页设计的原则。

思维导图

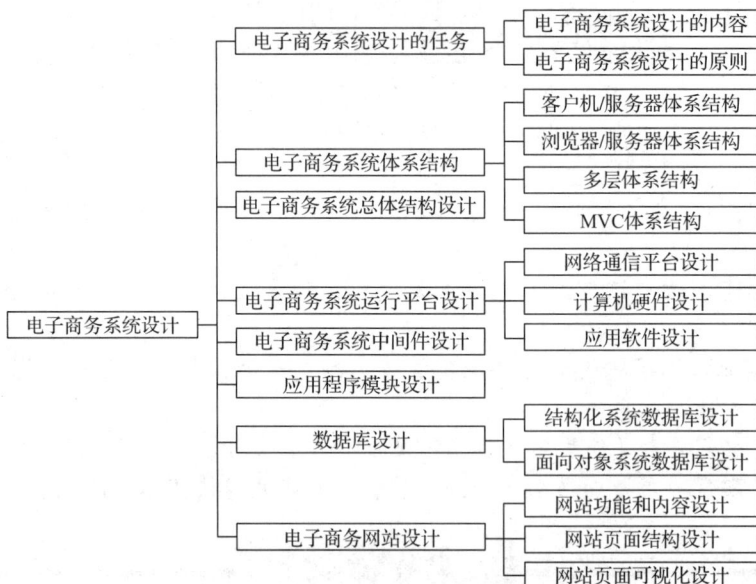

任务实训

实训题目： 系统设计实践

实训目标： 对项目小组前期所拟定的系统进行系统设计。

实训思路： 结合所学系统设计的知识，在系统规划与分析的基础上对前期所拟定的系统进行系统设计，形成系统设计文档，展现系统体系结构、总体结构、运行平台、中间件、应用程序模块、数据库、网站等设计思路和具体设计成果。

第9章
电子商务系统实施

【学习目标】

- 明确电子商务系统实施的主要工作内容。
- 熟悉电子商务系统的开发特点和电子商务系统编程规范。
- 了解电子商务系统测试的方法和内容。
- 掌握电子商务系统发布的主要内容和步骤。

【能力目标】

- 能够根据项目实际情况进行系统实施。
- 能够结合项目实际情况撰写测试计划和分析报告。

引导案例

软件测试不仅是软件开发的一个有机组成部分，而且在软件开发的系统工程中占据着相当大的比重。以美国的软件开发和生产的平均资金投入为例，通常需求分析和规划确定各占 3%，设计占 5%，编程占 7%，测试占 15%，投产和维护占 60% ~ 70%。软件测试是一个系列活动，贯穿软件项目的整个生命周期。很多软件项目的开发还停留在"作坊式"阶段，项目的成功往往仅靠个别程序员。但随着市场对软件质量的要求不断提高，软件测试变得越来越重要，软件测试工程师的地位和待遇将不断提高。

[问题 1] 为什么软件测试工程师的地位和待遇越来越高？
[问题 2] 你认为什么是软件测试？
[问题 3] 软件测试的方法有哪些？

9.1 电子商务系统实施概述

电子商务系统分析和设计阶段完成了系统逻辑功能和物理结构的描述，工作人员可以把握电子商务系统的应用功能、系统组成和运行环境，下一步的工作就是完成系统的实施，将系统的物理模型进一步转化为现实的物理系统，经过测试后投入实际运行中。

素养课堂

在系统分析和设计阶段，系统开发工作主要集中在逻辑、功能和技术上，工作成果主要是以各种系统分析与设计文档来体现的。系统实施阶段则要继承此前各阶段的工作成果，将

纸面上的设计蓝图转变为现实的电子商务系统。如果说在系统分析和设计阶段主要从整体角度考虑系统的功能和结构，那么在系统实施阶段则主要考虑系统开发的工具、集成的方式、性能的测评与优化。

系统实施是一个复杂的系统工程，不仅包括计算机系统等 IT 设施，还包括人员的培训等方面的内容，更涉及系统投产后的日常运行维护和管理，因此在系统实施阶段，必须做好统筹规划，使系统建设措施得当，循序渐进。在系统初步建成及正式投入使用后，要对系统性能进行监测并评价，以保证系统的正常运作。电子商务系统性能的分析与测试涉及技术与效果两个方面：技术上涉及计算机网络、计算机硬件、计算机软件等，是保证电子商务系统稳定运行的基础；效果上涉及业务人员是否对其分管的栏目及时更新，企业的信息是否及时向用户公布，系统是否真正充当了企业与用户交流的桥梁。

电子商务系统实施阶段的主要工作内容如下。

① 系统开发：按照系统设计阶段产生的有关文档，用选定的程序设计语言编写源程序，实现电子商务系统。

② 系统测试：运用一定的测试技术与方法，发现系统可能存在的问题。系统测试是保证系统质量和可靠性的关键，也是对需求分析、系统设计和系统开发的最终评审。

③ 系统发布：系统发布主要是指各种软硬件设备的安装、域名的申请以及整个系统最后的实际运行。

④ 系统切换：系统切换指系统开发完成后新旧系统之间的转换。

9.2 电子商务系统开发

电子商务系统的开发主要是完成系统的编码与调试。此外，电子商务系统一般是以企业既有信息资源为基础的，因此还有可能要完成电子商务系统与企业既有信息系统的集成。

9.2.1 电子商务系统的开发特点

电子商务系统的开发与传统信息系统的开发有一定的差别，具体体现在以下几个方面。

① 电子商务系统是基于 B/S 体系结构的，电子商务系统可以分为客户机和服务器（或者说前台程序和后台程序）两部分。在大多数情况下，前台程序直接使用浏览器而不必重新开发；而后台程序包括 Web 页面和应用程序两部分，这样后台的开发工作就包括 Web 页面开发、后台应用程序开发两部分，而在程序调试时，又需要将这两部分结合起来。

② 电子商务系统的应用程序基本上是在 Web 服务器或者应用服务器上运行的，而传统信息系统的应用程序则直接运行于操作系统之上。

③ 传统信息系统基本上是用各种高级语言进行开发的，如 COBOL、BASIC 等；而电子商务系统的开发更为灵活，除了可以使用各种高级语言开发，还可大量采用面向对象的程序设计语言 Java。此外，在应用程序的构建上，由于应用服务器的引入，各种组件技术的应用也较广，因此应用的可重用性较强。

④ 规模比较大的电子商务系统都需要与企业既有的数据库、信息系统进行集成，也常常需要与其合作伙伴之间发生数据交换，或者与合作伙伴的信息系统进行协同处理，这就涉及很多应用的互操作和异构数据源的处理问题，致使电子商务系统的开发更为复杂。

正是这些特点使电子商务系统的开发不仅复杂而且多样，存在多种应用程序的构建方式，也存在不同的开发技术。

9.2.2　电子商务系统编程

对编程的一项基本的质量要求是程序的正确性，即所编写的程序在给定的环境下能被计算机系统识别和正确运行，满足系统设计的功能要求。从软件测试和维护的角度出发，程序在保证正确性的同时，还必须保证可读性，以便其他人的阅读和维护。因此，程序的可读性是编程的一个重要质量要求。

系统编程必须遵循一定的标准和规范，电子商务系统编程包含网页编程和程序编程两个部分，一般在整个系统编程过程中应该遵循以下几个部分的编程规范。

1. 页面设计规范

页面设计规范定义了如何设计整个电子商务系统的显示风格和链接方式，其内容包括页面结构规范、页面风格规范、页面命名规范等。页面设计遵循 3 个一般性原则，即简洁、一致、高对比度。页面设计应该简练、准确，以一种简单、清晰和精确的方式满足用户的需求，如通常页面上的标题应该醒目，以给用户留下较为深刻的印象，同时限制页面字体和颜色的数量，页面使用的字体和采用的主色一般都应不超过 3 种。页面的一致性包括页面的排版一致性和风格一致性，要将不同页面按照一定的规则来排版，包括文本、图形的放置位置，各种标志的使用等。当要强调突出某些内容时，最有效的办法之一就是使用高对比度。实现对比的方法很多，最常用的是颜色和字体的对比来强调突出关键内容，以吸引浏览者。

2. 系统命名规范

系统命名规范对系统文件、变量、函数、过程等多方面内容的命名标准进行定义。系统命名规范定义了系统文件、函数、变量应该以何种方式来命名，字母的大小写应该如何区分等内容。系统命名规范的定义，可以使整个系统的程序或有关文档都看起来像一个人写的，增强其可读性，减少开发团队中因为人员变动而带来的损失。

3. 文件内容样式规范

文件内容样式规范定义了一个系统程序文件或其他文档应该具有的基本格式。文件内容样式指明了一个程序编好之后或一个文档写好之后应该是一个什么样的格式，其中包括文件的最前面应该有的版权信息，变量的定义应该在哪里进行，注释应该在何处出现等。在文件内容样式规范中出现最多的内容是关于代码排版和注释的规范内容：在代码排版方面，可以定义关于关键词与操作符之间的空格数量、独立的程序块之间的空行数量、代码行开始的缩进字符数、较长语句的分行书写等。而在注释规范方面，可以定义代码段注释的书写方式、变量的注释书写、注释与代码的一致、函数或过程的注释、整个程序文件的注释等方面的内容。

4. 编码规范

编码规范定义了系统编程过程中的一些默认约定，通过这种约定可以大大提升程序的可读性。编码规范定义了如何书写代码文档，如代码变量的命名、多个操作符的排列顺序、长表达式的书写方式、函数过程的命名、函数过程的规模限制、函数返回值和入口设置、程序可读性的规范等内容。

5. 性能规范

性能规范定义了如何采用一种统一的方式来提高系统程序性能，避免出现一些代码过于复杂且效率低下的编程方式，如无用对象的创建、频繁调用、循环的嵌套次数过多等。

上述几种编程规范是在电子商务系统开发过程中应该遵循的一些基本规范，系统开发人员可以结合这些规范并按照开发项目的具体需要制定合适的规范，保证系统开发的高效性和一致性。

9.2.3　电子商务系统集成

电子商务系统是企业信息化的一个重要组成部分，其应用系统是以企业既有信息资源为基础的，工作人员经常会遇到这样的问题：如何将电子商务系统与企业既有信息资源集成在一起，以满足企业商务活动的整体需要？电子商务系统与企业既有信息资源的集成是一个比较复杂的问题，图 9-1 所示为电子商务系统集成示意图，一般来讲，这种集成主要涉及以下几个层次。

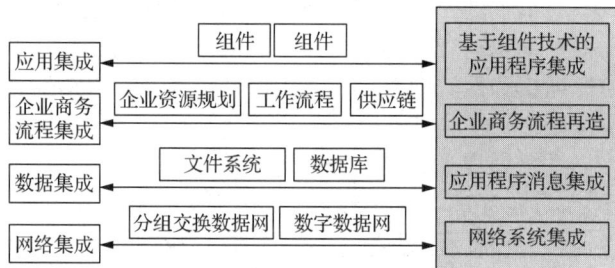

图 9-1　电子商务系统集成示意图

（1）网络集成

网络集成的主要内容是指将支持这一系统的企业内部网络、电子商务系统的局域网、互联网和企业外部网络连接在一起，构成互联的网络。

（2）数据集成

数据集成是指应用系统能够通过消息、网络文件系统等方式存取外部数据。例如，电子商务系统通过 E-Link 这样的消息中间件产品访问 IBM BS 9000 大型机。数据集成的目标是使不同系统、不同形式的数据集合能够统一在一起，为电子商务系统提供支持，即实现分布式的数据共享。

（3）企业商务流程集成

企业商务流程集成不仅意味着将企业的商务流程统一到一个信息平台上，更意味着以信息技术为依托，整合企业既有信息资源与电子商务系统，使企业的生产过程能够在一个新的平台上更为有效地进行。它和企业的商务流程再造类似，是一种商务逻辑集成。

（4）应用集成

应用集成有两个含义：一是指利用各种组件组成能够进行商务逻辑处理的应用程序，二是指应用之间的互操作。

9.3　电子商务系统测试

电子商务系统测试是保证系统质量的重要手段，在电子商务系统的开发过程中，系统开发人员不可避免地会出现差错，因此，必须对系统进行测试。系统测试是将已经确认的软件、计算机硬件、外部设备、网络等元素结合在一起，进行系统的各种组装测试和确认测试，通过与用户需求相比较，发现所开发的系统与用户需求不符或相矛盾的地方。

9.3.1　测试的目的

测试是一个查找错误的过程，但是无法查找出所有错误。测试只能尽量查找出存在的错误，测试完成也并不能证明整个系统已无任何错误。系统测试不是要证明程序无错，而是要精心选取那些易于发生错误的测试数据，以十分挑剔的态度，证明程序有错。由于人类思维的严密性是有限的，加之系统开发人员的心理、经验等方面的因素，开发的系统一般是会出现错误的，因此系统测试的目的就是发现系统的错误。

在系统测试中出现的主要错误，按其范围和性质可以划分为以下几类。

（1）功能错误

功能错误是指由于系统设计说明书、程序设计说明书等不够完整或叙述不够准确，系统开发人员在编程时对系统功能有误解而产生的错误。

（2）系统错误

系统错误是指与外部接口的错误、参数调用错误、子程序调用错误、输入输出地址错误，以及资源管理错误等。

（3）过程错误

过程错误是指算术运算错误、初始过程错误、逻辑错误等。

（4）数据错误

数据错误是指数据结构、内容、属性错误，动态数据与静态数据混淆，参数与控制数据混淆等。

（5）编程错误

编程错误是指语法错误、变量名错误、局部变量与全局变量混淆、程序逻辑错误和代码书写错误等。

9.3.2　测试的基本原则

系统测试是保证系统质量和可靠性的关键步骤，是对系统开发过程中的系统分析与设计和实施的最后复查，在进行系统测试时应遵循以下基本原则。

（1）系统开发人员应避免测试自己的程序

当一个系统开发人员完成了他的程序设计工作后，设法让他对这个程序持完全否定的态度是非常困难的，而且系统开发人员会以同样的程序逻辑来测试和衡量自己编写的程序，这样就很难有效地测试出程序中的错误。此外，如果程序中包含了因系统开发人员对问题叙述或功能说明的误解而产生的错误，系统开发人员测试自己的程序时，往往还会带着同样的误解而难以发现错误。因此，测试工作应由专门的测试人员来进行，这样测试出的结果会更加客观和准确。

（2）确定预期输出结果

测试人员在设计测试方案时，不仅要确定输入数据，还要根据系统功能确定预期的输出结果，将实际输出结果与预期输出结果相比较就能发现测试对象是否正确。

（3）彻底检查每个测试结果

在测试结果的输出表上，有些错误是非常明显的，只是由于人们未能细心检查而被遗漏，还有一些错误可能涉及一定的逻辑和推导关系，测试人员需要经过分析才能发现，因此要耐心、细致地检查每一个输出结果。

（4）要设计非法和非预期的输入情况

测试人员在设计测试用例时，不仅要设计合理预期的输入条件，还要设计非法和非预期的输入条件，当以新的、意外的方式使用程序时，也会发现程序中的许多错误。因此，用非预期和不合法输入情况进行测试，可能会比用合法、合预期输入情况的测试更高效。

（5）检查程序是否做了不该做的事情

多余的工作会带来副作用，这就意味着在测试程序时不仅要检验程序是否能正常工作，还要检验其是否做了不该做的事情，以保证程序只完成它应该完成的工作。

（6）保留测试数据和测试结果

测试记录代表一定价值的投资，当测试完成后，这些投资应该被保留下来。妥善保存测试计划、测试用例，将其作为软件文档的组成部分，为将来的重新测试、追加测试和系统维护提供参考。

9.3.3　测试的方法

目前常采用的系统测试手段有 3 种：一是正确性证明，即利用数学方法从理论上证明程序的正确性；二是静态测试，即人工评审系统的文档或程序，发现代码中的错误；三是动态测试，即运行程序并进行多角度的观察与分析，发现其中的错误。常用的系统测试方法有黑盒测试法、白盒测试法和灰盒测试法。

（1）黑盒测试法

黑盒测试又称为功能测试或数据驱动测试，注重于测试系统的功能需求。黑盒测试是把系统看作一个黑盒子，不考虑系统内部结构而运行系统，以检查在一定的输入条件下，系统的输出是否与期望相同。

利用黑盒测试法对系统进行动态测试时，只需要测试系统的功能，不需测试系统的内部结构和处理过程。黑盒测试是穷举输入测试，不仅要测试所有合法的输入，还要测试所有可能的输入。可能发现的错误类型有功能性错误，包括遗漏、界面错误、性能错误、数据库访问错误、初始化设置不完全等。

（2）白盒测试法

白盒测试又称为结构测试或逻辑驱动测试，其前提是把程序看成一个透明的白盒子，可以完全看到程序的结构和处理过程，按照程序内部的逻辑测试程序，检验程序中的每条通路是否都能按预定要求正确工作。

采用白盒测试法设计测试用例的方法有语句覆盖、条件覆盖、判断覆盖、条件组合覆盖等。白盒测试不仅要完成黑盒测试的测试内容，还要从系统内部的角度检查数据是如何从输入到达输出的。

（3）灰盒测试法

灰盒测试是基于程序运行时的外部表现，同时结合程序内部逻辑结构来设计测试用例，执行程序并采集程序路径执行信息和外部用户接口结果的测试技术。灰盒测试介于白盒测试与黑盒测试之间，结合了白盒测试和黑盒测试的要素，考虑了用户端、特定的系统知识和操作环境，在系统组件的协同性环境中评价应用程序的设计。

9.3.4　测试的内容

1. 软件测试

软件测试工程师的工作是利用测试工具，按照测试方案和流程对软件产品进行功能和性能测试，甚至根据需要编写不同的测试工具，设计和维护测试系统，对测试方案可能出现的问题进行分析和评价。执行测试用例后，需要跟踪过程，以确保开发的产品满足需求。

（1）单元测试

单元测试是对软件组成单元进行测试，其目的是检验软件基本组成单位的正确性，测试的对象是软件设计的最小单位——模块。

（2）集成测试

集成测试又称为联合测试，是将程序模块采用适当的集成策略组装起来，对系统的接口及集成后的功能进行正确性检测的测试方式，其主要目的是检查软件单位之间的接口是否正确，集成测试的对象是已经经过单元测试的模块。

（3）系统测试

系统测试主要包括功能测试、界面测试、可靠性测试、易用性测试、性能测试。功能测试主要包括针对功能可用性及实现程度方面的测试。界面测试主要测试用户界面的功能模块的布局是否合理、整体风格是否一致、各个控件的放置位置是否符合用户使用习惯，此外还要测试界面操作便捷性，导航简单易懂性，页面元素的可用性，界面中文字是否正确，命名是否统一，页面是否美观，文字、图片组合是否完美等。可靠性测试是测试软件能否在规定的时间内和在特定的环境条件下，完成指定的功能。易用性测试是指测试软件是否具有易理解性、易学习性和易操作性。性能测试包括负载测试、强度测试、容量测试等类型。

（4）回归测试

回归测试是指在软件维护阶段，为了检测因代码被修改而引入的错误所进行的测试活动。回归测试是软件维护阶段的重要工作，有研究表明，回归测试带来的耗费占软件生命周期内耗费的三分之一以上。

2. 电子商务应用系统测试

（1）可用性测试

可用性测试是对系统的"可用性"进行评估，检验其是否达到可用性标准，通过可用性测试不但可以获知用户对系统的认可程度，还可以获知一些隐含的用户行为规律。

① 导航测试。导航为访问者浏览网站的过程实现定位和导向，网站的层次一旦确定，就要着手测试导航功能，让用户参与测试与检验，效果会更好。

② 图片测试。图片测试的内容包括：保存图片的途径是否明确；所有页面字体的风格是否一致；背景颜色是否与字体颜色和前景颜色相搭配；图片的质量是否达标，图片尺寸是否尽可能小，但能清晰地说明某件事情。

③ 内容测试。内容测试用来检验网站提供信息的正确性、准确性以及相关性。

④ 整体界面测试。整体界面测试主要检测整个电子商务网站的页面结构设计如何，如用户浏览网站是否感到舒适，整个网站的设计风格是否一致等，对整体界面的测试过程可以说是一个调查最终用户的过程。

（2）功能测试

功能测试主要验证系统功能模块的逻辑是否正确，确保系统与用户之间的交互功能能正确执行。功能测试主要包括链接测试、表单测试、数据校验和 Cookies 测试。

① 链接测试。链接测试可分为 3 个方面：测试所有链接是否按指示确实链接到了该链接的页面，测试所链接的页面是否存在，保证没有孤立的页面。链接测试必须在集成测试阶段完成，即在整个电子商务网站的所有页面开发完成之后进行链接测试。

② 表单测试。用户向电子商务网站提交信息时，就需要使用表单操作，如用户注册、登录、提交信息等。表单测试的内容包括：测试提交操作的完整性，以检验提交给服务器的信息的正确性；如果使用了默认值，则还要检验默认值的正确性；如果表单只能接受指定的某些值，则也要进行测试。

③ 数据校验。如果根据业务规则需要对用户输入进行校验，测试人员需要验证这些校验能否正常工作。

④ Cookies 测试。Cookies 中保存了用户注册信息，如果系统使用了 Cookies，测试人员需要对其进行检测。测试的内容包括：Cookies 是否起作用；是否按预定的时间进行保存；刷新对 Cookies 有什么影响；如果使用 Cookies 统计次数，则还需要验证次数累计正确与否。

（3）接口测试

在通常情况下，电子商务网站不是孤立的，它可能会与外部服务器通信，如请求数据、验证数据或提交订单等。

① 服务器接口。第一个需要测试的接口是浏览器与服务器的接口，测试人员提交事务，然后查看服务器记录，并验证在浏览器上看到的是否是服务器上发生的。测试人员还应查询数据库，确认事务数据已正确保存。

② 外部接口。有些电子商务系统有外部接口。例如，网上商店可能要实时验证信用卡数据，以避免欺诈行为的发生。测试时，要使用 Web 接口发送一些事务数据，分别对有效信用卡、无效信用卡和被盗用信用卡进行验证。通常，测试人员需要确认系统能够处理外部服务器返回的所有可能的消息。

（4）兼容性测试

兼容性测试主要是验证应用能否在不同的用户浏览器上正确运行。如果用户是全球范围的，则需要测试各种操作系统、浏览器、视频设置和网络接入设备的速度。最后，还要尝试各种设置的组合。

（5）数据库测试

在 Web 应用技术中，数据库起着重要的作用，数据库为电子商务系统的管理、运行、查询和处理用户对数据存储的请求等提供空间。在电子商务应用中，最常用的数据库类型是关系型数据库，数据库中应该测试的要素包括：数据库搜寻结果相关性、查询回应时间、数据库完整性和数据有效性。

（6）容错测试

容错测试以各种方式强制系统检测不同的失败方式，以确保以下方面：系统会在预定的时间内修复错误并继续进行处理；系统是容错型的，即处理错误时并不会影响系统的整体功能。

（7）性能测试

① 连接速度测试。用户连接到电子商务网站的速度与上网方式有关，如电话拨号或宽带上网。如果访问页面的响应时间太长，用户可能会失去耐心而离开网站。

② 负载测试。负载测试是在某一负载级别下，检测电子商务系统的实际性能，也就是某个时刻能允许同时访问系统的用户数量，可以通过相应的软件在一台客户机上模拟多个用户来测试负载。

③ 压力测试。压力测试是测试系统的限制和故障恢复能力，也就是测试系统会不会崩溃以及在什么情况下会崩溃。

（8）安全性测试

安全性测试是指对电子商务的用户服务器应用程序、数据、服务器、网络、防火墙等进行测试。目前网络安全问题日益引起重视，对于有交互信息的网站及进行电子商务活动的网站尤其重要，取得在线用户的信任，是电子商务网站成功的关键。

9.3.5 测试的步骤

测试是开发过程中一个独立且非常重要的阶段，一个规范化的测试过程通常包括以下几个基本步骤。

（1）制订系统测试计划

系统测试小组各成员协商测试计划，测试组长按照指定的模板起草系统测试计划，该计划主要包括测试范围、测试方法、测试环境与辅助工具、测试完成准则、人员与任务表，然后交给项目经理审批。

（2）设计系统测试用例

系统测试计划审批后，系统测试小组各成员依据系统测试计划和指定的模板，设计系统测试用例。测试组长邀请系统开发人员和同行专家，对系统测试用例进行技术评审，通过后将执行具体的系统测试。

（3）执行系统测试

系统测试小组各成员依据系统测试计划和系统测试用例执行系统测试，并将测试结果记录在系统测试报告中，用"缺陷管理工具"来管理所发现的缺陷，并及时通报给系统开发人员。

（4）缺陷管理与改错

在前面的步骤中，任何人发现系统中的缺陷时都可以使用指定的"缺陷管理工具"记录所有缺陷的状态信息，并自动生成缺陷管理报告。系统开发人员应及时消除已经发现的缺陷，消除缺陷后马上进行回归测试，以确保不会引入新的缺陷。

9.4　电子商务系统发布

9.4.1　域名的申请

域名是能够连接到互联网的计算机的地址，是为了便于人们发送和接收电子邮件或者访问某个网站而设计的。一个域名一般由英文字母和阿拉伯数字以及"-"组成，最长可达 67 个字符，并且字母的大小没有区别，每个层次不能超过 22 个字母，这些字符构成了域名的前缀、主体和后缀等几个部分，组合在一起构成一个完整的域名。例如，百度网站的域名为 www.baidu.com，其中"www"是网络名，"baidu"是该域名的主体，"com"是该域名的后缀，表示这是一个国际域名，是顶级域名。

一个网站要想能够被用户访问，就必须取得一个域名，域名是网站的标识，起着识别作用，用户通过域名可以在网络上找到想要访问的网站。除了识别作用外，在虚拟环境下，域名还可以起到引导、宣传、代表等作用。域名注册是企业建立网站的第一步，是在互联网上开展业务服务的基础，注册域名的步骤如下。

（1）准备域名

域名的设计要根据企业的实际情况，确定需要申请的是中文域名还是英文域名，是国际域名还是国内域名，并根据企业性质和服务内容来决定是申请 com 类型还是其他类型的域名。域名应该尽量简单易记，并且尽量与网站名或者企业名称相符，一般可以用企业品牌名、企业品牌名拼音或拼音简写、企业品牌英文名称或英文简写等命名，并准备多个比较合适的备选域名。

（2）选择域名注册网站

由于 com、cn 等域名后缀属于不同注册管理机构，因此如果要注册不同后缀的域名，则需要从注册管理机构处寻找经过其授权的域名注册商。例如，com 域名的管理机构为 ICANN（The Internet Corporation for Assigned Names and Numbers，互联网名称与数字地址分配机构），cn 域名的管理机构为 CNNIC（China Internet Network Information Center，中国互联网络信息中心）。若域名注册商已经通过 ICANN、CNNIC 双重认证，则无须分别到其他注册服务机构申请域名。

（3）查询域名

准备好要申请的域名后，就可以到域名注册网站上去查询该域名是否已经被注册。如果想申请的域名已经被别人注册，则页面会给出提示并可以再次查询一个备选域名。

（4）正式申请

如果想要注册的域名还没有被注册，那么在确认域名为可注册状态后，就可以申请正式注册域名了。

申请域名

（5）申请成功

正式申请成功后，网站会发一封确认邮件到注册时填写的联系邮箱中，接下来就可以开始进行域名解析管理、设置解析记录等操作。

9.4.2 Web 服务器的选择

企业注册完系统网站的域名后，需要将系统放置在 Web 服务器上运行。目前，常用的建立 Web 服务器的方式包括虚拟服务器、服务器租用、服务器托管和自建服务器。

Web 服务器的
选择

1. 虚拟服务器

虚拟服务器又称为虚拟主机，是相对于真实主机而言的，它采用特殊的软硬件技术把一台完整的服务器主机分成若干个主机，也就是将真实的硬盘空间分成若干份，然后租给不同用户。每一台被分割的主机都具有独立的域名和 IP 地址，但共享真实主机的 CPU、RAM（Random Access Memory，随机存储器）、操作系统等资源，运行时由用户远程操作属于自己的那一部分，而这一部分对任何用户而言，就是一台"完整"的服务器，与真实独立的主机功能完全一样，用户只需对自己的信息进行远程维护，而无须对硬件、操作系统及通信线路进行维护。

一般的中小企业信息量相对较少，建立网站的主要目的是树立企业形象、宣传企业产品和服务等。而虚拟服务器具有投资少、建站速度快、安全可靠、无须软件配置及投资、无须拥有技术支持等特点，因此可为广大中小型企业或初次建立网站的企业节省大量的人力、物力，简化一系列烦琐的工作。

2. 服务器租用

服务器租用是指由服务器租用公司提供服务器等硬件，负责基本软件的安装配置和维护，负责服务器上基本功能的正常运行，用户采取租用的方式独享服务器的资源，在安装相应的系统软件及应用软件后就可运行其自行开发的程序。

一些企业（尤其是小型企业）对服务器的硬件没有研究，对服务器的选型没有经验，希望有人能提供一站式服务，因此产生了服务器租用业务。企业一般只需提出最终目的，支付包括服务器购置款和托管费在内的一笔款项，由租用公司为其进行策划实施，最终由该企业掌握服务器的产权。对于资金不足，缺乏技术力量，但又急于实现信息化的中小企业来说，租用服务器以实现信息化管理，提升企业管理和运营水平是个不错的选择。因此，服务器租用方式正在被越来越多的中小企业所接受。

3. 服务器托管

服务器托管是指为了提高网站的访问速度，将服务器相关设备托管到具有完善机房设施、高品质网络环境、丰富的带宽资源和运营经验以及可对企业的网络和设备进行实时监控的网络数据中心内，以此使系统安全、可靠、稳定和高效运行。托管的服务器由企业自己进行维护，或者由其他的被授权人进行远程维护。

服务器托管摆脱了虚拟服务器受软硬件资源的限制，能够提供高性能的处理能力，同时有效降低维护费用和机房设备投入、线路租用等高额费用，企业对设备拥有所有权和配置权，并可要求预留足够的扩展空间。一般来说，服务器托管业务适用于大中型企业及网络视频等新兴网络业务，企业不必花费太多的资金进行通信线路、网络环境的投资，更不用投入人力进行 24 小时的网络维护，相比自建机房，托管更经济、快捷和实用。

4. 自建服务器

自建服务器是指企业自己购买主机，建设机房，搭建专用通信线路来运行自己的网站。由于主机放置在自己的机房，企业对主机具有完全的控制权，因此管理更方便。如果企业需要安全、可靠、稳定、高效运行的网站系统，并且具有一定的经济能力，那么可以选择自建服务器。

相比于其他 Web 服务方式，自建服务器最大的缺点就是费用比较高。例如，为实现网络服务需要申请高速专线，在企业业务不断发展的过程中，需要使用的带宽会不断增加，企业为满足这些需求就需要承担高昂的月租费；此外，网络设备对电源、温度、湿度等运营环境也有非常高的要求，而这些是普通办公空间很难满足的。可见，自建服务器的成本较高，运行风险也较大，企业在选择时需要慎重考虑。

9.4.3　网站的发布

当网站的域名和运行的服务器都已确定后，接下来就可以正式发布网站了，也就是将做好的网站文件系统放置到相应的服务器上。发布网站通常需要使用专门的工具，如果是没有独立服务器的中小型网站，那么只需要使用类似 CuteFTP、FlashFXP、LeapFTP 的工具将网站文件上传到所申请的服务器空间就可以了；如果是具有独立服务器的中大型网站，那么直接把网站文件复制到服务器上，然后使用 IIS、Serv-U 等同类工具来架设服务器。下面以 FlashFXP 为例介绍网站的发布过程。

① 将网站在计算机上调试成功后进行发布，发布前要确定所有的网站文件都在同一个文件夹下，并且主页在这个文件夹的根目录下。

② 访问提供网页空间的网站，打开申请网页，填写个人资料，回答有关问题，申请网站的网址。当 ISP（Internet Service Provider，互联网服务提供商）审查同意后，会返回服务器的网址、网站的网址、登录服务器的用户名以及密码，此时，网页空间就可以使用了。

③ 打开 FlashFXP，在"站点管理器"标签下创建新的 FTP 站点，弹出图 9-2 所示的创建界面，输入网络服务器的 IP 地址、用户名称和密码，连接成功后回到 FlashFXP 主界面，如图 9-3 所示。其中，右边窗口为服务器空间，左边窗口是本机的文件夹。在左边窗口打开网页所在的文件夹，选中要上传的所有文件，将它们拖动到右边窗口，在提示对话框中选中"是"选项，开始上传。

图 9-2　FlashFXP
新建 FTP 站点界面

图 9-3　FlashFXP 主界面

④ 网站文件上传完成后，在浏览器的地址栏输入网站的网址，即可让它运行起来。

思考与练习

1. 名词解释

（1）系统集成　（2）系统测试　（3）系统发布　（4）系统切换　（5）黑盒测试法
（6）白盒测试法

2. 选择题

（1）电子商务系统实施阶段的主要工作内容包括（　　）。

　　A. 系统开发　　　　B. 系统测试　　　　C. 系统发布　　　　D. 系统切换

（2）系统编程必须遵循一定的标准和规范，电子商务系统编程包含网页编程和程序编程两个部分，一般在整个系统编程过程中应该遵循的编程规范有（　　　）。

  A．页面设计规范　　B．系统命名规范　　C．编码规范　　　　D．性能规范

（3）动态测试即运行程序并进行多角度的观察与分析，发现其中的错误。常用的系统测试方法有（　　　）。

  A．蓝盒测试法　　　B．灰盒测试法　　　C．黑盒测试法　　　D．白盒测试法

3．简答题

（1）请简述电子商务系统开发与传统信息系统开发的差别。

（2）请简述申请域名的过程。

（3）什么是虚拟服务器？

思维导图

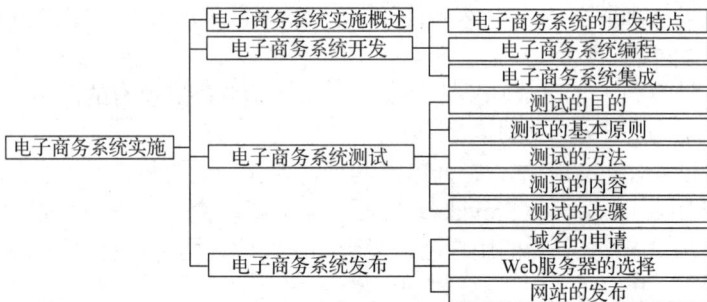

电子商务系统实施
- 电子商务系统实施概述
- 电子商务系统开发
  - 电子商务系统的开发特点
  - 电子商务系统编程
  - 电子商务系统集成
- 电子商务系统测试
  - 测试的目的
  - 测试的基本原则
  - 测试的方法
  - 测试的内容
  - 测试的步骤
- 电子商务系统发布
  - 域名的申请
  - Web服务器的选择
  - 网站的发布

任务实训

实训题目：系统实施实践

实训目标：对项目小组前期所拟定的系统进行开发、测试及发布。

实训思路：在系统设计文档的基础上，正式对前期拟定的系统进行开发，开发工作完成后进行测试，测试无问题则将系统发布至仿真实训平台，以便后续运行和维护。

第10章
电子商务系统运行维护

【学习目标】

- 了解电子商务系统管理的主要内容。
- 熟悉电子商务系统维护的分类。
- 了解电子商务系统评价的内容和常用方法。

【能力目标】

- 学会识别系统运行中的常见故障。
- 掌握故障排查的方法和工具能够迅速定位并解决问题。

引导案例

　　每年规模最大的电商促销活动就是"双十一"促销活动。每年的"双十一"，很多消费者会买一些打折力度比较大的商品，特别是数码产品，比如相机、键盘等。每逢类似"双十一"这样的促销活动，很多商家都会设置整点开售。不知道你在"双十一"零点下单的过程中，有没有经历过排队等待，或者系统不可用的情况呢？另外，细心的你可能已经发现了，历年的"双十一"活动，当天往往是不支持退款的，几大电子商务网站都会提前发布公告，对和订单无关的业务进行降级，比如退款。上面这些，都是保障系统高可用性的手段。以限制退款为例，一方面从业务角度考虑，由于活动期间流量巨大，订单数量过多，需要节省平台和商家的人力资源，简化库存盘点等工作；另一方面，退款处理并不是核心流程，在"双十一"当天，商家没有这么多的资源来处理退款请求，在服务治理中，这是典型的业务降级，目的是保护系统。

　　[问题] 淘宝"双十一"当日要处理千亿元级的交易额，堪称当今世界IT系统独一无二的挑战，其背后有着怎样的电商系统运行维护体系？

10.1　电子商务系统管理

10.1.1　系统运行管理

素养课堂

　　一个电子商务系统投入使用后，系统运行管理人员的主要工作就是系统本身的运行管理工作，即对系统的运行进行控制、记录其运行状态、进行必要的修改与扩充，使系统真正发挥作用。电子商务系统运行管理工作的主要内容如下。

1．维护系统的日常工作

维护系统的日常工作包括数据收集工作、数据整理工作、数据录入工作及运行操作工作、处理结果的整理分发工作，还包括系统的管理工作及有关的辅助工作，如硬件维护、机房管理、空调设备管理、用户服务及管理等。

2．记录系统的运行情况

这是系统科学管理的基础，数据的情况、处理的效率、意外情况的发生及处理，这些都必须及时、准确、完整地记录下来，否则，很难对电子商务系统功能进行评价与改进。

3．有计划地发布企业和商品信息

及时更换商品品种，删除过期商品，商品价格变动要及时体现，有组织地对系统进行必要的改动，如主页变更、软件工具升级等，以保证系统能正确地执行用户所要求的任务，同时适应不断变化的环境条件。

4．定期对系统数据进行备份

当病毒或意外情况对系统造成破坏时，可利用备份对系统数据进行恢复以减少损失，保证系统连续运转和积累数据的连续性。

10.1.2 系统文档管理

文档是记录人们思维活动及其结果的书面形式的文字资料，电子商务系统的文档是指在系统生命周期中，从系统分析阶段到系统实施阶段乃至最后系统退出使用的过程中运用工程的方法对整个发展过程及各个状态进行描述的文字资料。系统文档是在系统开发、运行维护过程中不断地按阶段依次编写、修改、完善与积累而形成的，表10-1列出了电子商务系统各开发阶段的主要文档。系统文档是系统开发的依据，如果没有系统文档或是没有规范的系统文档，系统的开发、运行维护会处于一种混沌状态，这将严重影响系统的质量，甚至导致系统开发或运行的失败。当系统开发人员发生变动时，系统文档显得尤为重要，可以认为系统文档是系统的生命线，没有文档就没有系统。

表10-1 电子商务系统各开发阶段的主要文档

开发阶段	技术文档	管理文档	记录文档
系统规划	系统总体规划报告	系统需求报告、系统开发计划、系统总体规划评审意见	会议记录、调查记录
系统分析	系统分析报告	系统分析审批意见	会议记录、调查记录
系统设计	系统设计说明书、程序设计说明书、数据设计说明书、系统测试计划	系统实施计划、系统设计审批报告	会议记录、调查记录
系统实施	系统使用说明书、系统测试报告、系统维护手册	系统试运行报告、系统维护计划	会议记录、调查记录
系统运行维护		系统运行报告、系统开发总结报告、系统评价报告、系统维护报告	会议记录、调查记录

系统文档的重要性决定了系统文档管理的重要性，有效的文档管理是有序规范地开发、运行维护系统所必须做好的重要工作，因此，必须建立相应的文档管理规章制度，建设文档资料室，并安排专人负责。系统文档管理工作的主要内容如下。

* 建立文档编写标准与规范。
* 指导操作人员进行文档编写，并进行监督与检验。
* 收存编写好的文档并分类妥善保管。
* 办理文档的日常借阅及使用登记工作。

10.1.3　系统安全管理

保证电子商务系统安全非常重要，电子商务系统安全管理主要涉及实体安全管理、运行安全管理和信息安全管理。

1. 实体安全管理

实体安全管理即保护计算机设备、设施及其他媒体免遭地震、水灾、火灾、有害气体和其他环境事故破坏。实体安全管理可细分为环境安全管理、设备安全管理和媒体安全管理。

（1）环境安全管理。环境安全管理是指对电子商务系统所在环境的安全保护，主要包括受灾防护和区域防护。受灾防护是指提供受灾报警、受灾保护和受灾恢复等功能；区域防护是指对特定区域提供某种形式的保护和隔离，如通过红外扫描等电子手段或其他手段对机房等特定区域进行某种形式的保护。

（2）设备安全管理。设备安全管理是指对电子商务系统设备的安全保护，它主要包括设备防盗、设备防毁、防止电磁信息泄露、防止线路截获、抗电磁干扰及电源保护 6 个方面。

（3）媒体安全管理。媒体安全管理是指对媒体的安全保管，目的是保护存储在媒体上的信息。

2. 运行安全管理

运行安全管理主要是根据系统运行记录，跟踪系统状态的变化，分析系统运行期的安全隐患，旨在发现系统运行期的安全漏洞，提高系统的安全性，主要包括审计跟踪、备份与恢复。

（1）审计跟踪即对电子商务系统进行人工或自动的审计跟踪、保存审计记录和维护详尽的审计日志。

（2）备份与恢复即对系统设备和系统数据的备份与恢复，对系统数据的备份和恢复可以使用多介质，如磁介质、纸介质、缩微载体等。

3. 信息安全管理

信息安全管理主要包括操作系统和数据库的安全维护、网络的安全维护、计算机病毒防治和访问控制授权的检查。

10.2　电子商务系统维护

电子商务系统交付使用后，为了清除系统运行中发生的故障和错误，系统维护人员要对系统进行必要的修改与完善，同时为了使系统适应用户环境的变化，满足用户新提出的需求，还要对系统做些局部的更新，这些工作就是系统维护。系统维护的目的是保证电子商务系统正常而可靠地运行，保证系统中的各个要素随着环境的变化始终处于最新的、正确的工作状态，使系统不断得到改进，以充分发挥系统的作用。

系统维护面向系统中各种构成因素，按照维护对象的不同，系统维护主要分为硬件维护、软件维护和数据维护。

10.2.1　硬件维护

硬件维护主要是指对主机及外部设备的日常维护和管理，例如机器部件的清洗润滑、设备故障的检修、易损部件的更换等，都应由专人负责，定期进行，以保证系统正常有效地运行。硬件维护主要有两种类型的维护活动：一种是定期的设备保养性维护，即例行的设备检查与保养。另一种是突发性的故障维修，即当设备出现突发性故障时，由专职的维修人员或请设备厂商来排除故障。

10.2.2　软件维护

软件维护主要是指对系统中的应用程序进行维护，由于系统的业务处理过程是通过应用程序的运行而实现的，一旦应用程序发生问题或业务发生变化，必然引起程序的修改和调整，因此必须对应用程序进行维护。软件维护按照不同性质，可以划分为如下4种类型。

（1）纠错性维护。由于系统测试时不可能发现系统中存在的所有错误，因此系统投入运行后就有可能暴露出隐藏的错误，诊断和修正系统中遗留的错误，就是纠错性维护。纠错性维护是在系统运行中发生异常或故障时进行的，这种错误往往是在遇到了从未用过的输入数据组合或是在与其他部分的接口处产生的，因此只在某些特定的情况下发生。

（2）适应性维护。其是为了使系统适应环境的变化而进行的维护工作。一方面，计算机科学技术迅猛发展，硬件的更新周期越来越短，新的操作系统和原有操作系统的新版本不断推出，外部设备和其他系统部件经常有所增加和修改，这就必然要求应用系统能够适应新的软硬件环境，以提高系统的性能和运行效率；另一方面，电子商务系统的使用寿命在延长，超过了最初开发这个系统时应用环境的寿命，即应用对象在不断发生变化，机构的调整、管理体制的改变、数据与信息需求的变更等都将导致系统不能适应新的应用环境，因此有必要对系统进行调整，使之适应业务的变化，以满足发展的要求。

（3）完善性维护。在系统使用过程中，往往要求扩充原有系统的功能，提高系统的性能，例如增加数据输出的图形方式、增加联机在线帮助功能、调整用户界面等，尽管这些要求在原系统开发的需求规格说明书中并没有，但要求在原有系统基础上进一步补充和改善，并且随着用户对系统的使用和熟悉，这种要求可能会不断地被提出。为了满足这些要求而进行的系统维护工作就是完善性维护。

（4）预防性维护。系统维护工作不应该总是被动地等到用户提出要求后才进行，维护人员应该进行主动的预防性维护，即选择那些还有较长使用寿命，目前尚能正常运行，但可能将要发生变化或调整的系统进行维护，目的是通过预防性维护为未来修改与调整打下好的基础。

10.2.3　数据维护

业务处理对数据的需求是不断发生变化的，除了系统中主体业务数据定期正常更新外，还有许多数据需要进行不定期的更新，或随环境和业务的变化而进行调整。此外，数据内容的增加、数据结构的调整、数据的备份与恢复等，都是数据维护的工作内容。数据维护工作一般是由数据库管理员来负责的，其主要负责数据库的安全性、完整性以及进行并发性控制。

10.3　电子商务系统评价

电子商务系统投入运行后，可以从多个方面评价系统，评价的结果包括系统是否令人满意，有哪些需要改进的不足之处。评价的结果一方面为系统的完善提供帮助，另一方面也可为企业管理层和决策层进一步拓展系统提供决策依据，此外，对电子商务企业而言，系统评价结果对于投资决策也是有参考价值的。

10.3.1　系统评价原则

任何评价行为都必须遵循一定的原则，评价作为经济活动中的一项技术、一门学科，有着成熟的理论基础和技术方法。电子商务系统是一个复杂的社会系统，它既有一般系统的共性，又有其特性，在对其进行评价时，不但要遵循一般系统的评价原则，还要着重考虑电子商务系统的本质特性，进行整体的客观评价。正确评价电子商务系统，一般应遵循以下几个原则。

（1）科学性。根据系统评价的目标，科学地制定系统评估方案和适用方法，以使系统评价结果科学合理。

（2）客观性。要以翔实的数据为依据进行系统评价，猜测、推理和逻辑判定应当建立在现实的基础上。

（3）独立性。系统评价机构和评价人员必须始终坚持独立的第三方原则，不能与被评价的电子商务系统有任何利益关系，不能受外界任何影响和干扰。

10.3.2　系统评价内容

对电子商务系统的评价是一个多方面、多种因素的综合过程，系统评价主要考虑系统运行后的技术性能、经济效益和社会效果 3 个方面。

（1）技术性能评价。技术性能评价是对电子商务系统最基本的评价，主要评价电子商务系统的可靠性、可用性、安全性、可维护性等方面是否达到了设计要求，目的是评价系统的实际效能，为系统的进一步改进或更新提供决策依据。技术性能评价主要包括系统安全性评价和系统可靠性评价。

- 系统安全性评价。系统安全性涉及资产安全性和数据安全性两个因素。考察资产安全性主要看资产被非法使用的可能性或是否被非法使用过，并确定其可能发生或已经发生的损失程度；考察数据安全性主要看数据错误是否可能发生或已经发生，并确定错误的大小及其可能发生或已经发生的损失程度。
- 系统可靠性评价。系统可靠性是指系统在规定的时间内无故障运行的概率，也就是系统维持其功能和性能水平的能力。电子商务系统的可靠性可以分为硬件可靠性和软件可靠性两类，硬件的故障一般来源于硬件的物理劣变，而软件的故障一般来源于软件的设计错误。

（2）经济效益评价。经济效益评价是对系统所产生的直接经济效益和间接经济效益的评价，反映电子商务系统对企业经济效益做出的贡献，即评价电子商务系统运行后给企业带来了哪些经济效益。电子商务系统的经济效益评价主要通过费用效益分析来实现，评价指标主要包括流动比率、流动资产周转率、营业周期或者资金周转时间、存货周转时间、资产负债率、销售净利率和资本收益率等。在评价过程中，可以选择一段时间，如考察运行电子商务系统前后这些指标的绝对变化情况和同比变化情况。

（3）社会效果评价。电子商务系统不仅是企业的电子经营平台，还是企业与客户、供应商、合作伙伴交流的窗口及企业文化的体现，因此，电子商务系统的评价还包括社会效果评价。社会效果是指系统为企业带来的社会影响。社会效果评价指标主要反映社会及企业用户使用并接受系统的情况，主要包括系统注册量、点击率、访问量、客户忠诚度、实际访问量、日均访问客流量、日人均浏览时间等。

10.3.3　系统评价指标体系

对电子商务系统进行评价是复杂的，其评价指标的选择既要准确反映系统运行的实际情况，又要具有可操作性。根据电子商务系统评价的特点，在构建电子商务系统评价指标体系时，应遵循如下原则。

（1）全面性原则。电子商务系统是一个完整的人机系统，需要系统各组成部分协调工作才能发挥作用，因此，系统评价指标体系应能全面地反映所评价的电子商务系统的综合情况，既要考虑正效益指标，也要考虑负效益指标，只有采用这些全方位的指标，才能保证评价内容的全面性。

（2）科学性原则。系统评价指标体系应能准确、真实、客观地反映电子商务系统的实际运行情况，在构建系统评价指标体系时应注意结构合理、层次分明、概念清晰。

（3）可操作原则。设计评价指标时，必须考虑获取数据的难易度，评价指标的含义必须明确，数据资料应尽量容易收集且计算简单，以保证后期对系统中的数据进行处理是可行的。

（4）指导性原则。评价指标不仅要能够反映电子商务系统的运营状况，更重要的是要能反映出系统的薄弱环节，指导企业的发展。

（5）独立性原则。评价指标之间应尽可能避免显而易见的包含关系，对那些具有隐含的相关关系的评价指标，应采用适当的方法加以消除。

10.3.4　系统评价方法

电子商务系统评价和其他系统评价一样，是一件非常难具体化的工作，其评价方法和其他信息系统的评价方法是相同的，如层次分析法、投入产出法、综合评价方法、经济效益评价法、德尔菲法等。其中使用较多的是层次分析法、综合评价法和经济效益评价法，下面对这3种方法分别进行介绍。

1. 层次分析法

层次分析法是指将一个复杂的多目标决策问题作为一个系统，将目标分解为多个目标或准则，进而分解为多指标的若干层次，通过定性指标模糊量化方法算出层次单排序和总排序，以作为目标、多方案优化决策的系统方法。评价电子商务系统可以从以下几个层次来分析。

（1）功能性。大部分企业评价电子商务系统的主要指标都是系统的功能性，为满足企业用户多样化的需求，电子商务系统的功能必须尽可能齐全。

（2）安全性。安全性跟企业电子商务系统所在服务器关系更大一点，但系统还是需要具备一些基本防御手段，如代码加密，采用安全协议传输、交易数据，以及采用安全套接字层等。

（3）兼容性。电子商务系统必须考虑到所有潜在用户客户端的配置，一个优秀的电子商务系统肯定是对主流浏览器和各种操作系统都兼容的。

（4）性能。电子商务系统的反应速度必须在用户可接受的范围内，这里的性能主要指数据库的性能，页面代码大小、能否生成静态页、数据库设计合理性等都是影响系统性能的因素。

（5）可扩展性。用户的需求并不是一成不变的，功能具有可扩展性是满足用户不同需求的前提。

（6）可用性。电子商务系统界面必须具有逻辑性、可访问性和直观性，系统应该能够让用户愉快且高效地访问，使每个用户都能理解和使用。

2. 综合评价法

运用多个指标对多个参评单位进行评价的方法称为综合评价法，其基本思想是将多个指标转化为一个能够反映综合情况的指标来进行评价。综合评价涉及的要素如下。

（1）评价者。评价者可以是某个人或某团体，电子商务系统的评价者通常是应用电子商务系统的企业。

（2）评价对象。评价对象可以是技术水平、环境质量、竞争能力、绩效考评等，在电子商务系统评价中企业应用的电子商务系统就是评价对象。

（3）评价指标。系统评价指标体系是从多个视角和层次反映特定评价客体数量与规模的体系，企业在进行电子商务系统评价时应根据自身的情况选择合适的评价指标。

（4）权重系统。评价目的不同，评价指标的相对重要性也不同，权重系统确定的合理与否，关系到综合评价结果的可信程度。

（5）综合评价模型。形成综合评价模型的目的是通过一定的数学模型将多个评价指标值"合成"一个能反映最终评价结果的整体综合评价值。

采用综合评价法评价电子商务系统的工作主要包括 3 个方面的内容：一是综合评价指标体系及其评价标准的建立，这是整个评价工作的前提；二是用定性或定量的方法确定各指标的具体数值，即指标评价值；三是各评价值的综合，包括综合算法和权重的确定、总评价值的计算等。

3. 经济效益评价法

企业应用电子商务系统的目的是提高经济效益，因此经济效益是评价的主要内容，也是所有经济评价的主要方面。经济效益评价是通过对费用与效益的分析实现的，费用是指系统的整个生命周期中全部开支构成的成本，效益是指系统的运行所带来的费用减少或收入增加。

电子商务系统是一个非常复杂的社会系统，它的开发、使用、维护和管理需要投入大量的人力、财力和物力，需要各种软硬件的支持，这一切就构成了系统成本。系统成本具体包括以下内容。

（1）系统开发成本。系统开发成本包括建设电子商务系统所必需的计算机及网络通信设备的购买开支，以及系统软件部分和后期应用系统的开发成本。

（2）系统运行成本。系统运行成本包括人员的工资费用、企业间的通信费用、提供电子支付手段所需的费用、电费、域名注册费、系统培训费用、风险防范成本、数据信息的收集和组织管理费用、技术资料费用、固定资产折旧费等。

（3）系统维护与管理成本。系统维护与管理成本包括系统软硬件的维护成本、出错处理费用、系统改进更新所发生的费用、系统管理费用等。

电子商务系统的收益是指企业在运行电子商务系统后增加的收入和节约的开支的总额，主要反映为缩短实现规模效应和范围效应的时间、降低交易成本、降低管理成本、减少库存积压、降低客户服务成本、提高经营管理效率、增加销售利润等所产生的利益，通过向系统外部提供信息产品或服务所获得的利益，以及系统开展其他经营活动而获得的利益。

思考与练习

1. 名词解释

（1）电子商务系统文档　（2）数据维护　（3）信息安全管理

2. 选择题

（1）（　　）是指对电子商务系统设备的安全保护，它主要包括设备防盗、设备防毁、防止电磁信息泄露、防止线路截获、抗电磁干扰及电源保护 6 个方面。

  A. 环境安全管理　　B. 设备安全管理　　C. 媒体安全管理　　D. 信息安全管理

（2）系统维护面向系统中各种构成因素，按照维护对象的不同，系统维护可分为不同的类型，以下不属于系统维护的是（　　）。

  A. 硬件维护　　　　B. 软件维护　　　C. 数据维护　　　　D. 运行环境维护

（3）以下不属于软件维护的类型的有（　　）。

  A. 设备保养性维护　　　　　　　B. 纠错性维护

  C. 适应性维护　　　　　　　　　D. 预防性维护

3. 简答题

（1）请简述电子商务系统运行管理工作主要包括的4部分内容。

（2）请从系统运行后的技术性能、经济效益和社会效果3个方面分析电子商务系统评价。

（3）请简述电子商务系统评价常用的方法。

（4）电子商务系统是一个非常复杂的社会系统，它的开发、使用、维护和管理需要投入大量的人力、财力和物力，需要各种软硬件的支持，这一切就构成了系统成本。请简述系统成本包括哪些内容。

思维导图

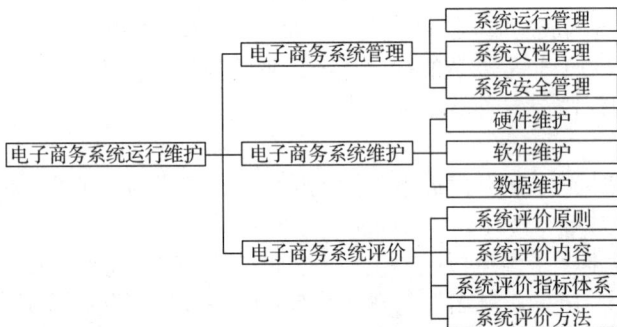

任务实训

实训题目： 系统运行维护实践

实训目标： 对项目小组已上线的系统进行管理和维护操作。

实训思路： 对已经上线的系统进行管理和维护操作，并对系统给出客观合理的评价。

第11章
电子商务系统分析与设计实验项目

【学习目标】

· 掌握解决电子商务系统分析与设计实际问题的方法。

【能力目标】

· 能够与其他人员配合完成电子商务系统的规划、分析、设计、实施及维护管理。

实验1　用例建模

1. 实验目标

（1）熟悉用例图的基本功能和使用方法。

（2）掌握使用建模工具绘制用例图的方法。

2. 实验内容

以下为"学生信息管理系统"的需求分析结果。

（1）系统管理员登录后，可以对班级的基本信息进行添加、删除、修改、查询等操作。学校领导登录后，可以对班级基本信息进行查询操作。

（2）教师登录后，可以对学生的考试成绩进行录入、删除、修改、查询等操作。学生登录后，可以对考试成绩进行查询操作。

（3）学生登录后，可以了解所有选修课程的具体信息，可以根据自己的需要选择不同课程。系统管理员登录后，可以添加、修改、查询、删除选修课程。

（4）系统管理员可以对账号进行创建、设置、查看、删除等操作。

请你在完成对系统的需求建模，得到用例模型后，绘制用例图，对系统主要功能的用例书写书面用例。

用例图中的主要模型元素如表11-1所示。

表11-1　用例图中的主要模型元素

模型元素名称	图例	说明
用例	⬭	一个用例代表系统的一个完整的功能
参与者	🧍	存在于系统外部并直接与系统进行交互的人、系统、子系统或类的外部实体的抽象

模型元素名称	图例	说明
关联关系	—————▶	表示参与者和用例之间的交互关系
包含关系	---<<include>>--▶	表示一个用例可以简单地包含其他用例具有的行为，并把其他用例所包含的用例行为作为自身行为的一部分
泛化关系	—————▷	表示一个父用例可以被特化为多个子用例
扩展关系	---<<extend>>---▶	把新的行为加入到已有的用例中，获得新用例

3．实验主要步骤

（1）需求分析。

（2）识别参与者。

（3）确定用例。

（4）构建用例模型。

（5）对系统主要功能的用例书写书面用例。

4．实验注意事项

（1）注意识别所有参与者，不能遗漏。

（2）用例、参与者、参与者和用例之间的关系需要仔细斟酌，不能出现错误的关系。

（3）将整个系统绘制为一张用例图。

5．思考题

根据以下说明进行用例建模：图书馆管理系统是对书籍的借阅及师生信息进行统一管理的系统，具体包括读者的借书、还书、书籍预订；图书馆管理员的书籍借出处理、书籍归还处理、预订信息处理；还有系统管理员的系统维护，包括增加书目、删除和更新书目、增加书籍、减少书籍、增加读者账户信息、删除或更新读者账户信息、书籍信息查询、读者信息查询等。

实验2　类图建模

1．实验目标

（1）掌握创建和编辑类图的方法。

（2）学会添加和编辑类的属性。

（3）学会添加和编辑类的方法。

（4）掌握建立类间关系的方法。

（5）能够使用软件工具绘制类图。

2．实验内容

根据以下需求描述分别绘制类图。

（1）以"远程网络教学系统"为例，在该系统中参与者为学生、教师和系统管理员。学生有登录名称、登录密码、学生编号、性别、年龄、班级、年级、邮箱等属性；教师有登录名称、登录密码、姓名、性别、教授课程、电话号码和邮箱等属性；系统管理员有用户名、密码、邮箱等属性。如果把学生、教师和系统管理员进行抽象，则抽象出一个单独的人员类，学生、教师和系统管理员分别是人员类的子类。请结合实际情况并根据这些信息创建系统的类图。

（2）森林里有美丽的桃树、梨树、松树和白杨等树木，众所周知，树木由树枝和树叶组成，树木的生长离不开充足的阳光、新鲜的空气和肥沃的土壤，桃树枝有一般树枝的特征，桃树叶也有一般树叶的特征。森林覆盖的这片地区的气候具有湿度大、降水量多、风速小等特点，同时气候也深深影响着这片美丽的森林，请根据上述描述绘制相应类图。

类图中的主要模型元素如表 11-2 所示。

表 11-2　类图中的主要模型元素

模型元素名称	图例	说明
类	类名 属性 操作	一组具有相同属性、操作、关系和语义的对象的集合
关联关系	关联名称 0…n　　1…n	表示类之间存在的某种语义上的固定关系
依赖关系	---▶	表示类之间存在的调用关系
泛化关系	——▷	表示一般类和特殊类之间的继承关系
实现关系	----▷	是分类器之间的语义关系，可以表示类和接口之间的关系
共享聚集关系	◇——	表示代表部分的对象可以同时属于多个整体对象，为多个整体对象共享
组合聚集关系	◆——	是聚集关系的一种特殊形式。表示代表部分的对象只属于一个整体对象

3. 实验主要步骤

在系统分析与设计阶段，创建类图的主要步骤如下。

（1）根据系统需求识别系统中的类。

（2）根据系统性质确定各个类的属性。

（3）结合类的属性及系统功能识别类的操作。

（4）确定类之间的关系。

（5）绘制并优化类图。

4. 实验注意事项

（1）注意识别所有的类，不能遗漏类的属性和操作。

（2）类和类之间的关系需要仔细斟酌，不能出现错误的关系。

（3）完整绘制类图，不要出现错误，绘制完成后需要仔细检查。

5. 思考题

根据以下描述绘制类图：图书管理系统中，读者可以借阅各种类型的图书，图书信息由图书编目员维护，图书管理员管理图书信息、借阅信息和读者信息。（相关属性和操作自行添加。）

实验 3　序列图（顺序图）建模

1. 实验目标

（1）掌握创建和编辑序列图的方法。

（2）掌握在序列图中添加和编辑对象的方法。

（3）掌握在序列图中添加和编辑消息的方法。

（4）根据示例建立银行 ATM（Automatic Teller Machine，自动取款机）取款业务的序列图。

2. 实验内容

序列图描述了用例图中出现的对象、参与者实例及其之间的消息收发情况，下面的 ATM 取款的场景详细描述了用户和 ATM 系统之间以及 ATM 系统和银行服务器之间的交互过程。

（1）用户通过读卡机插入银行卡。

（2）ATM 系统从银行卡上读取银行 ID、账号、密码，并由主银行系统验证银行 ID 和账号。

（3）用户输入密码，ATM 系统根据读出的银行卡对应的密码对密码进行验证。

（4）用户输入取款金额。

（5）ATM 系统通知主银行系统，传递储户账号和取款金额，并接收返回的确认信息。

（6）ATM 系统输出现金、银行卡和显示账户余额。

（7）ATM 系统记录事务到日志文件。

3. 实验主要步骤

根据系统的用例或具体的场景描绘系统中的一组对象在时间上交互的整体行为是使用序列图进行建模的目标。一般情况下，系统的某个用例往往包含多个工作流程，这时需要创建几个序列图进行描述。按下列步骤创建一个序列图。

（1）根据系统的用例或具体的场景确定角色的工作流程。

（2）确定工作流程中涉及的对象，从左到右将这些对象按顺序放置在序列图的上方，其中重要的角色放置在左边。

（3）为某一个工作流程建模，使用各种消息将这些对象连接起来。从系统中的某个角色开始，在各个对象的生命线之间从顶至底依次将消息画出。如果需要约束条件，则可以在合适的地方附上条件。

（4）如果需要将这些为单个工作流程建模的序列图集成到一张序列图中，可以通过相关脚本说明绘制出关于该用例的总图。通常一个完整的用例的序列图是复杂的，这时不必将单个工作流程集成到总图中，反而需要将一张复杂的序列图分解，分解成一些简单的序列图。

4. 实验注意事项

（1）在对系统动态行为建模的过程中，当强调按时间展开信息的传送时，一般使用序列图。

（2）一个单独的序列图只能显示一个控制流。

（3）一般情况下，一个完整的控制流是非常复杂的，要描述它则需要创建很多交互图（包括序列图和协作图），一些图是主要的，另一些图用来描述可选择的路径和一些例外，再用一个包对它们进行统一管理。

5. 思考题

假如你是广州商学院的一名学生，现在作为一名读者进入学校图书馆，你想借一本参考书，请使用软件工具绘制读者借阅图书的序列图。

实验 4 状态图建模

1. 实验目标

（1）掌握创建和编辑状态图的方法。

（2）掌握在状态图中添加和编辑状态的方法。

（3）掌握在状态图中添加和编辑事件的方法。

（4）根据需求进行状态图的建模。

2. 实验内容

图书馆管理系统中的还书业务的动态行为是由空闲、图书查找、还书、失败、归还成功这 5 种状态及激活相互转换的事件。请根据描述，对还书业务中的系统对象进行状态图建模。

3．实验主要步骤

在系统分析与设计阶段，创建状态图的步骤如下。

（1）选择初态和终态（如果有终态）。

（2）发现对象的各种中间态。

（3）确定状态转移及引起状态转移的事件。

（4）在各中间态上添加必要的活动。

（5）绘制状态图。

4．实验注意事项

（1）必须先找出状态的初态和终态。

（2）一定要找出所有的中间态，不能有任何遗漏。

（3）对状态转移的事件需要考虑清楚。

5．思考题

信用卡账户是银行系统中比较特殊的一类对象，其状态的变化伴随系统的一系列相应操作，故需要对信用卡账户对象绘制状态图，具体过程如下。

（1）发现对象的各种状态。信用卡账户对象有未开通、正常、透支、冻结、挂失、注销6 种主要状态。

（2）确定状态转移及引起状态转移的事件。信用卡账户各状态转移的情况如下。

① 初态可转移到未开通状态，当用户开卡时，账户由未开通状态转移到正常状态。

② 当用户取款至账户余额为负数时，账户状态由正常转为透支，此时引起状态转移的事件为取款，它要求账户对象除了状态转移外，还要调用自身方法来更新账户余额，因此该事件为调用事件。

③ 当用户将透支的金额还清时，账户状态由透支转为正常，此时引起状态转移的事件为存款，它要求账户对象除了状态转移外，还要更新账户余额，因此该事件也为调用事件。

④ 当账户透支金额大于 5000 元时，账户状态由透支转移到冻结，引起状态转移的事件为变化事件；若用户及时将欠款还清，则账户状态由冻结转移到正常，引起状态转移的事件为存款，它也是一个调用事件；若用户 1 年后还未还清欠款，则账户会在冻结 1 年后自动注销，此时引起状态转移的事件为时间事件。

⑤ 当用户要求挂失时，账户由正常状态转移到挂失状态；当用户要求解挂时，账户由挂失状态转移到正常状态。

⑥ 当用户要求销户时，账户由正常状态转移到注销状态，同时账户对象会更新自身的相关信息，此时引起状态转移的事件（即销户）为调用事件，处于注销状态的账户对象会终止状态转移。

（3）根据上一步的分析，信用卡账户对象在刚进入透支、正常和注销状态时，都要进行账户的编辑操作，因此为这 3 个状态都添加 entry 活动。最后请你绘制信用卡账户对象的状态图。

实验 5　活动图建模

1．实验目标

（1）掌握创建和编辑活动图的方法。

（2）掌握活动图中的动作状态。

（3）掌握活动图的泳道及对象流。

（4）能够根据需求进行活动图的建模。

2. 实验内容

图书馆中"新增读者"用例属于读者信息管理中的一个功能，主要用于在系统中增加新的读者信息。其具体的办理流程如下。

（1）"读者"填写申请表，并交给"图书管理员"。

（2）"图书管理员"将申请表中的信息通过录入界面，输入图书管理系统。

（3）系统中的"业务逻辑"组件将判断输入的信息是否合法。

（4）如果不合法则转入步骤（5），否则转入步骤（6）。

（5）显示"添加错误信息"，转到步骤（8）。

（6）在"数据库"添加相应的用户信息。

（7）显示"添加成功"信息。

（8）结束。

请根据上述内容绘制活动图。

活动图相关元素如图 11-1 所示。

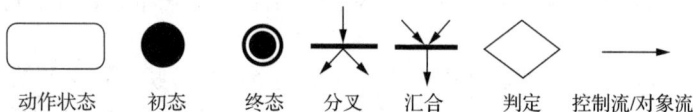

图 11-1　活动图相关元素

3. 实验主要步骤

（1）识别要对工作流描述的类或对象，目的是为每个重要的业务对象建立泳道。

（2）确定工作流的初态和终态，明确工作流的边界。

（3）对动作状态或活动状态建模。

（4）对动作流建模。

（5）对对象流建模。

（6）对建立的模型进行精化和细化。

4. 实验注意事项

（1）在活动图建模之前，首先需要确定所要建模的核心问题，这就要求确定需要建模的系统用例，以及用例的参与者。

（2）在开始创建用例的活动图时，往往先建立一条明显的路径执行工作流，然后从该路径扩展。

（3）当弄清楚系统要处理什么样的问题并建立工作流路径后，就可以开始正式创建活动图。

（4）考虑用例其他可能的工作流情况，如执行过程中可能出现的错误或可能执行其他活动。

（5）使用泳道细化活动图。

（6）按照时间顺序自上而下地排列泳道内的动作或者状态。

（7）建模过程中，不要漏掉任何的分支，尤其是当分支比较多的时候。

5. 思考题

请根据图 11-2 所示的班级信息管理用例图绘制系统管理员维护班级信息的活动图。

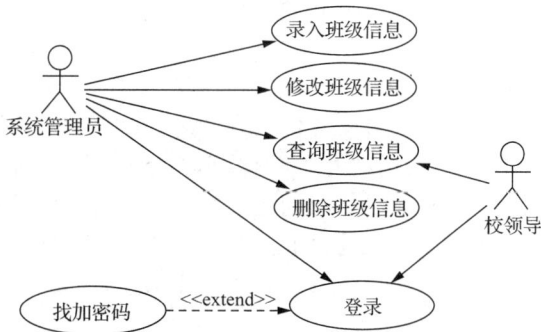

图 11-2　班级信息管理用例图

实验 6　单代号网络图和双代号网络图

1. 实验目标

（1）熟悉电子商务项目管理过程组。

（2）掌握电子商务项目进度管理过程及主要使用的工具和技术。

（3）能够根据工作排序确定各个活动之间的依赖关系，并形成文档。

（4）熟悉工作排序使用的主要工具和技术［包括单代号网络图法（又称为前导图法）、双代号网络图法（又称为箭线图法）等］，根据系统特点和项目具体情况绘制单代号网络图和双代号网络图。

（5）能够熟练使用 Visio 等相关软件绘制单代号网络图和双代号网络图。

2. 实验内容

根据表 11-3 中的逻辑关系，绘制单代号网络图。

表 11-3　活动依赖表 1

活动	A/1	B/2	C/3	D/1	E/3	F/5	G/3	H/4	I/2
紧前活动	—	A	A	B	B、C	C	D、E	E、F	H、G

问题：计算各活动的最早开始时间（EST）、最早结束时间（EFT）、最迟开始时间（LST）、最迟结束时间（LFT），从第 0 天开始计算。计算 C、E 和 G 活动的自由时差。

3. 实验主要步骤

（1）通过工作分解结构，将项目工作分解为一系列更小、更易管理的活动。

（2）进行工作排序，主要确定各个活动之间的依赖关系。

（3）分析各个活动之间存在的逻辑关系，在此逻辑关系确定的基础上再加以充分分析，以确定各个活动之间的组织关系。

（4）利用前推法计算最早时间。

（5）利用逆推法计算最迟时间。

（6）优化网络图。

4. 实验注意事项

（1）以前推法来计算最早时间。

① 某一活动的最早开始时间（EST）= 指向它的所有紧前活动的最早结束时间的最大值。

②某一活动的最早结束时间（EFT）=EST+T（作业时间）。

（2）以逆推法来计算最迟时间。

①某一活动的最迟结束时间（LFT）=指向它的所有紧后活动的最迟开始时间的最小值。

②某一活动的最迟开始时间（LST）=LFT-T（作业时间）。

（3）自由时差，是在不影响紧后活动最早开始时间的前提下，本活动可以利用的机动时间。

自由时差=所有紧后活动的最早开始时间最小值-最早结束时间（EFT）。

（4）总时差，是在不影响总工期的前提下，本活动可以利用的机动时间。

总时差=最迟开始时间（LST）-最早开始时间（EST）=最迟结束时间（LFT）-最早结束时间（EFT）。

（5）关键路径是指网络终端元素的序列，该序列具有最长的总工期并决定了整个项目的最短完成时间。

5. 思考题

根据表11-4中的逻辑关系，绘制双代号网络图。

表11-4 活动依赖表2

活动	A	B	C	D	E	F	G	H	I
紧前活动	—	A	A	B	B、C	C	D、E	E、F	H、G

实验 7 业务流程图

1. 实验目标

（1）掌握业务流程分析方法。

（2）熟练绘制业务流程图。

2. 实验内容

某材料仓库部门的管理业务包括3项：入库、出库和月底结账。

（1）材料入库业务的具体工作步骤如下。

①采购员交材料入库单。

②库工查订货单，核实入库单。

③材料入库，库工验收。

④库工填写交库单并交给采购员，把入库单存入文件柜留底。

（2）材料出库业务的具体工作步骤如下。

①由领料人填写领料单。

②库工接收并复核领料单。

③库工取出材料，发给领料人。

④库工开发料单给领料人，并把领料单存入文件柜留底。

（3）月底结账业务的具体工作步骤如下。

①会计从库工那里取来当月的领料单据及入库单，汇总并更新库存账目。

②统计员根据单据和账目做出有关的统计报表。

③主任审核各种统计报表。

④收发人员把表分送有关领导及科室。

请根据上述说明绘制业务流程图（需要在一张业务流程图中体现入库、出库和月底结账）。

3．实验主要步骤

业务流程图常用符号如图 11-3 所示。

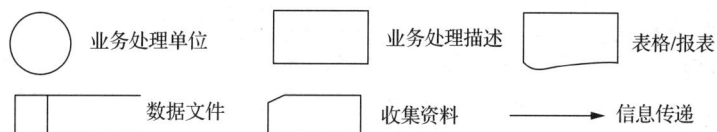

图 11-3　业务流程图常用符号

（1）列出流程图，对该流程要完成的主要工作及面对的对象等做总体概述。

（2）绘制流程图。

① 起点：详细描述该流程执行的先决条件。

② 其中某一步骤：详细描述此步骤的操作方法及执行完成的条件和标志。

③ 结束：详细描述该流程结束的标志。

4．实验注意事项

（1）在绘制业务流程图前需要弄清楚以下问题。

① 整个流程的起始点是什么？整个流程的终结点是什么？

② 在整个流程中，涉及的角色有哪些？

③ 在整个流程中，需要做什么事情？（可以是一个会议，也可以是一个任务。）

④ 这些会议和任务是可选的，还是必选的？

⑤ 分别产出什么文档？

（2）注意事项。

① 让用户参与，不要闭门造车。

② 进行恰当的层次分解，不要将所有内容都铺到一张图上。

③ 逐渐深入，先抓枝干。

④ 流程一定有开始和结束。

5．思考题

用户将订货单交给某企业的业务经理，业务经理填写出库单交给仓库保管员，该仓库保管员查阅库存台账，如果有货，则向用户发货，如果缺货，则通知生产车间。请绘制业务流程图。

实验 8　撰写可行性分析报告

1．实验目标

（1）对企业组织进行初步调查。

（2）根据项目实际情况熟练编写可行性分析报告。

2．实验内容

小组讨论后确定一个项目，在对项目涉及的企业组织进行初步调查的基础上，编写一份可行性分析报告。可行性分析就是在初步调查、分析及电子商务系统开发方案制定的基础上，运用技术经济理论与方法，分析电子商务系统的可行性，最后做出是否继续开发的明确结论。电子商务系统可行性分析要从技术、经济、管理及经营可行性方面考虑。

3．实验主要步骤

（1）成立项目小组与确定项目

① 成立项目小组。将学生分成若干项目小组，每个项目小组 4-5 人，确保每个项目小组的学生都有不同背景和能力，以便于从不同的角度进行分析和讨论。

② 确定分析项目。项目小组内部讨论并确定一个电子商务系统的项目。项目可以是模拟的或实际的，但要确保有足够的资料和数据进行可行性分析。

（2）企业组织初步调查

① 收集资料。项目小组收集与选定项目相关的企业组织资料，包括企业规模、组织结构、业务流程、现有信息系统等。

② 访谈与观察。对企业组织的关键人员进行访谈，了解他们对电子商务系统的需求和期望；同时观察企业组织的日常运作，发现可能存在的问题和改进点。

（3）可行性分析准备

① 确定分析框架。根据电子商务系统可行性分析的要求，确定从技术、经济、管理及经营等方面的分析框架。

② 设计调查问卷或表格。根据分析框架，设计用于收集数据和信息的调查问卷或表格。

（4）数据收集与分析

① 发放并收集问卷。将设计好的问卷发放给相关人员填写，并收集填写完成的问卷。

② 数据整理与分析。对收集到的数据和信息进行整理和分析，提取出与可行性分析相关的信息。

（5）编写可行性分析报告

① 报告结构确定。确定可行性分析报告的基本结构，包括封面、目录、摘要、正文（技术可行性、经济可行性、管理及经营可行性等部分）、结论和建议等。

② 撰写报告正文。根据分析框架和数据分析结果，撰写可行性分析报告的正文部分。正文的每个部分都应详细阐述分析过程、结果和结论。

③ 汇总与审核。项目小组内部对可行性分析报告进行汇总和审核，确保可行性分析报告的完整性和准确性。

（6）报告提交与讨论

① 提交报告。将完成的可行性分析报告提交给教师或指定的评审人员。

② 课堂讨论。组织课堂讨论，让各项目小组展示自己的可行性分析报告，并接受其他同学和教师的提问和建议。

（7）反馈与改进

① 接收反馈。根据教师和其他项目小组的反馈，识别可行性分析报告中可能存在的问题和不足。

② 改进报告。根据反馈意见，对可行性分析报告进行必要的修改和完善。

4．实验注意事项

可行性分析报告是系统开发人员对企业准备开发的电子商务系统进行可行性分析的结论。可行性分析报告采用书面形式，作为论证和进一步开发的依据。

编写可行性分析报告的目的是：通过对项目的详细调查研究，将系统开发中可能面临的问题及其解决方案进行初步设计及合理安排，明确开发风险及其带来的经济效益；说明该开发项目的实现在技术、经济和管理及经营方面的可行性；评价为了达到开发目标而可能选择的各种方案；论证所选定的方案的优势。

5．思考题

（1）试述电子商务系统规划的步骤。

（2）初步调查的任务都有哪些？

（3）试述初步调查的步骤。

（4）电子商务系统可行性分析包括哪些内容？

实验 9　数据流程图

1．实验目标

（1）能够根据系统逻辑绘制功能层次图。

（2）掌握数据流程图的绘制方法。

2．实验内容

功能层次图描述了为了实现系统的目标，系统必须具有的一些必要的功能。数据流程图是一种图形化的系统模型，展示信息系统的主要需求，即输入、输出、过程和数据存储，描述了系统中数据流动、处理和存储的逻辑关系。

请根据以下销售过程画出功能层次图和数据流程图。

（1）用户将订货单交给某企业的业务经理，业务经理检验后，不合格的订单要由用户重填，将合格的订单交给仓库保管员，由其做出库处理，即查阅库存台账，如果有货，则为用户开票发货，如缺货，则通知采购员采购。

（2）采购员从仓库保管员处收到缺货通知单后，立即进行订货处理，即查阅订货合同单，若已订货，则向供货单位发出催货单，否则，填写订货单送至供货单位。供货单位发运货物后，立即向采购员发出取货通知。

（3）储户将填写好的存款单、存折和存款提交给银行，银行核对储户账户，将不合格的存款单退给储户重填，合格的存款单做存款处理，处理时要修改储户账户，并将存折交还储户，而将存款放入现金库。

3．实验主要步骤

（1）了解项目需求描述中需实现哪些功能，根据功能描述整个系统的功能模块，即可以画出该系统的功能层次图。

（2）了解数据流程图的特性。与程序流程图不同，数据流程图不表示程序的控制结构，只描述数据的流动；数据流程图以多层（子图、父图概念）形式表示，从而逐步展开数据流和功能的细节。

（3）画分层数据流程图。

①画出顶层数据流程图。

②自顶向下画出各层数据流程图。

4．实验注意事项

（1）数据流程分析采用自顶向下逐层分解的方法，通过绘制分层的数据流程图来进行系统分析。

（2）绘制数据流程图时的注意事项如下。

①上层数据流程图与下层数据流程图平衡。

②对图中各元素进行编号。用数字编号为流程图的层次编号。

③图中只有数据流，无控制流。只考虑加工之间的数据流动。

5．思考题

某仓库管理系统按以下步骤进行信息处理，试画出功能层次图和数据流程图。

（1）保管员根据当日的出库单和入库单通过出库、入库处理修改库存台账。

（2）根据库存台账，由统计、打印程序输出出库日报表，交给部长。

（3）需要查询时，可利用查询程序在输入查询条件后，查找库存台账，显示查询结果。

实验 10　E-R 图构建数据库

1．实验目标

（1）能够从用户对数据的需求出发，构建概念模型。

（2）掌握将概念模型转换为某数据库支持的数据模型中的关系模型的方法。

2．实验内容

（1）某课程管理系统涉及班级、学生、课程、教师、参考书等实体。假设一个教师只可上一门课程，一门课程可由多个教师讲授，可使用多本参考书，画出该系统的 E-R 图，接着把该概念模型转换成关系模型。

（2）在物资管理系统中，一个供应商为多个项目供应多种零件，一种零件只能保存在一个仓库中，一个仓库中可保存多种零件，一个仓库有多名员工值班，由一名员工负责管理。画出该物资管理系统的 E-R 图，接着把该概念模型转换成关系模型。

3．实验主要步骤

（1）在明确系统的应用环境和目标数据库的基本要求后，建立概念模型的一般步骤如下。

① 识别目标数据库中的实体。概念模型用于描述目标数据库各表之间的联系，在确定了目标数据库要建立的表之后，要从中识别出哪些表是实体。

② 识别各实体的属性。任何一个实体都可能拥有几十甚至上百个属性，识别实体的属性要根据实体所处的系统环境来进行。

③ 确定实体之间的联系。系统中的任何两个实体之间都可能存在联系，但是否需要建立这种联系则要根据数据库要求确定。

④ 绘制 E-R 图。将实体、属性和联系以相应的图形表示，形成 E-R 图。

（2）关系模型可由概念模型转换而来，概念模型中的实体、实体间的联系都可按照一定规则转换成关系表，转换方法以实体间联系的类型为依据。

① 一对一联系转换为关系。

② 一对多联系转换为关系。

③ 多对多联系转换为关系。

（3）绘制 E-R 图的具体步骤

① 针对每一个用户做出该用户信息的局部 E-R 图，确定该用户视图的实体、属性和联系。在设计 E-R 图时，确定的内容能作为属性的就不要作为实体，这样有利于 E-R 图的简化。

② 把每一个局部 E-R 图综合起来，生成总体 E-R 图。在 E-R 图的综合过程中，同名实体只能出现一次，还要去掉不必要的联系，这样才能消除冗余。

③ 一般来说，从总体 E-R 图中必须能导出原来所有的局部 E-R 图，包括所有的实体、属性和联系。

④ 任何一个系统的 E-R 图都不是唯一的。强调的侧面不同，绘制出的 E-R 图就可能有所

不同。总体 E-R 图表示的实体联系模型，只能说明实体间的联系，我们需要把它转换成数据模型才能被实际的数据库管理系统接受。

4．实验注意事项

（1）属性冲突。属性冲突分为以下两种情况。

① 属性域冲突，即属性值的类型、取值范围或取值集合不同。例如，属性"学号"有的定义为字符型，有的为数值型。

② 属性取值单位冲突。例如，属性"体重"有的以斤为单位，有的以千克为单位。

（2）命名冲突。命名冲突分为以下两种情况。

① 同名异义。不同意义的对象具有相同的名称。

② 异名同义（一义多名）。同意义的对象具有不同的名称，如"员工"和"教工"。

（3）结构冲突。结构冲突有以下 3 种情况。

① 同一对象在不同应用中具有不同的抽象。例如，"课程"在某一局部应用中被当作实体，而在另一局部应用中被当作属性。

② 同一实体在不同局部视图中包含的属性不完全相同，或者属性的排列次序不完全相同。

③ 实体之间的联系在不同局部视图中呈现不同的类型。

5．思考题

某医院病房计算机管理系统中需要如下信息。

科室：科名，科地址，科电话，医生姓名。

病房：病房号，床位号，所属科室名。

医生：姓名，职称，所属科室名，年龄，工作证号。

病人：病历号，姓名，性别，诊断，主管医生，病房号。

其中，一个科室有多个病房、多个医生，一个病房只能属于一个科室，一个医生只属于一个科室，但可负责多个病人的诊治，一个病人的主管医生只有一个。

完成如下设计。

（1）设计该计算机管理系统的 E-R 图。

（2）将该 E-R 图转换为关系模型结构。

（3）指出转换结果中每个关系模型的主键。

实验 11　电子商务网站（或应用程序）设计

1．实验目标

（1）掌握网站或应用程序功能和内容设计。

（2）熟练进行网站或应用程序结构设计。

（3）能够进行网站或应用程序可视化设计。

2．实验内容

以前期小组拟定的项目为对象，在对电子商务系统分析的基础上，对项目涉及网站或者应用程序进行功能设计、内容设计、结构设计和可视化设计。

电子商务网站参考效果图——前端如图 11-4 所示。

电子商务网站（或应用程序）的主页通常是一个综合性的展示平台，旨在吸引用户并为用户提供快速访问核心功能的入口。一般来说，一个典型的电子商务网站（或应用程序）的主页应包括以下一些内容：网站标志、导航条、最新动态、商品列表、搜索栏、广告、用户入口、购物帮助、版权所有、友情链接。请注意，不同的电子商务网站（或应用程序）根据其定位、目标用户群体和业务需求，主页的内容可能有所不同。在设计和优化电子商务网站（或应用程序）的主页时，应注重用户体验，确保信息清晰、布局合理、易于导航，从而提高用户的满意度和转化率。

电子商务网站参考效果图——后端如图 11-5 所示。

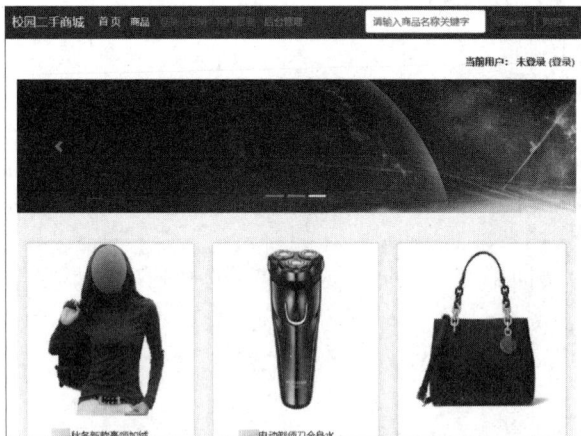

图 11-4　电子商务网站参考效果图——前端　　图 11-5　电子商务网站参考效果图——后端

3. 实验主要步骤

（1）进行网站的功能设计和内容设计。

① 确定网站功能。

② 确定主页内容。

（2）进行网站页面的结构设计。

（3）进行网站页面的可视化设计。

① 网页布局设计。

② 网页配色设计。

4. 实验注意事项

一定要按照顺序来设计，即从总体到局部进行设计。

5. 思考题

针对电子商务主题的应用程序，你认为用什么风格的配色比较合适？为什么？